律所一体化运营的卓建实践

广东卓建律师事务所　编著

法律出版社
LAW PRESS · CHINA
北京

图书在版编目(CIP)数据

律所一体化运营的卓建实践 / 广东卓建律师事务所编著. -- 北京 : 法律出版社, 2022
ISBN 978 - 7 - 5197 - 6777 - 8

Ⅰ. ①律… Ⅱ. ①广… Ⅲ. ①律师事务所 - 运营管理 - 研究 - 中国 Ⅳ. ①D926.54

中国版本图书馆 CIP 数据核字(2022)第 091601 号

律所一体化运营的卓建实践 **LÜSUO YITIHUA YUNYING DE ZHUOJIAN SHIJIAN**	广东卓建律师事务所 编著	责任编辑 赵明霞 王 斓 装帧设计 汪奇峰

出版发行 法律出版社	**开本** 710 毫米×1000 毫米 1/16
编辑统筹 法商出版分社	**印张** 19.25 **字数** 295 千
责任校对 王晓萍	**版本** 2022 年 7 月第 1 版
责任印制 胡晓雅	**印次** 2022 年 7 月第 1 次印刷
经 销 新华书店	**印刷** 固安华明印业有限公司

地址:北京市丰台区莲花池西里 7 号(100073)
网址:www.lawpress.com.cn　　销售电话:010 - 83938349
投稿邮箱:info@lawpress.com.cn　　客服电话:010 - 83938350
举报盗版邮箱:jbwq@lawpress.com.cn　　咨询电话:010 - 63939796

书号:ISBN 978 - 7 - 5197 - 6777 - 8　　**定价**:78.00 元

凡购买本社图书,如有印装错误,我社负责退换。电话:010 - 83938349

《律所一体化运营的卓建实践》

编 委 会

广东卓建律师事务所　编著

主　　编：张　斌

副 主 编：刘子平　杨　林

编委会成员：穆银丽　金振朝　任忠孙

彭　湃　成　瑾

卓建专门设置模拟法庭，卓建律师会扮演法庭的各个角色，既用于演练和比赛，也对重要案件进行案情分析和预演。

卓建设立数十间会议室，其中，泰和厅的墙上挂着一副别样的荷花图，这幅荷花图的特别之处，在于它使用了真的荷叶制作，立体、亲切，极具视觉冲击力。它还有一个十分别致的名字——和为上，以“荷”喻“和”，耐人寻味。

《法律时光长廊》是卓建倾力打造的法律文化品牌，徜徉其中，感受到法治历史与未来的交融，让我们更加敬畏法律，也能触发对构建法治中国蓝图的思考。

獬豸作为法律的象征，在民间文化的发展和传播中，逐渐形成了独具特色的“獬豸文化”和“獬豸精神”，其核心内容即法治、公平、诚信、正直。

卓建采用 3D 打印技术、设计卡通造型等做法，赋予獬豸新的形象，让獬豸所承载的法治文化和精神得到发扬和传承。

以文化兴所 以文化聚才

Culture of ZhuoJian

提到卓建文化，我们都会想到卓建文化树。三棵文化树分别是家文化树、团队文化树和学习文化树，三棵树同根同脉于和文化之根脉。

“协同共生”新生态下的一体化运营体系

（卓建一体化“10+1”体系）

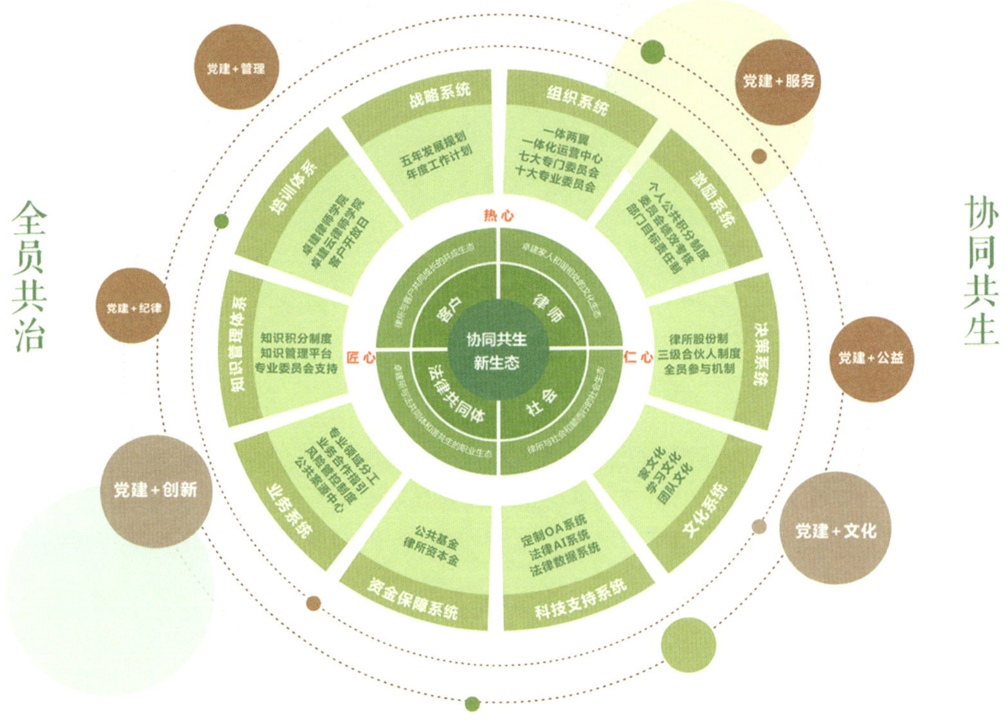

卓建一体化“10+1”体系是由“共建、共享、共成”的宗旨引领，包含文化驱动系统、科学决策系统、人力资源系统，以及扁平化的组织系统、有效的激励系统，还有共享的知识管理系统、立体化的培训系统以及资金保障体系，形成内外协同共生的循环系统。

征程万里风正劲　重任千钧再奋蹄

——卓建一体化运营十五周年记

春去春回，花落花开，杜鹃展开了腰肢，月季花姹紫嫣红，新笋长出了竹丛。自2007年7月在东风大厦扬帆起航，卓建律所伴随着改革开放的春风和日新月异的发展浪潮，在深圳这片沃土上已巍然前行十五载。十五年岁月更迭，卓建律所在特区法治领域上下求索、开疆拓土；十五载春华秋实，卓建律所在建设社会主义法治国家的道路上坚定信念、精益求精。

卓建律所奋进的十五年，是坚持中国共产党领导的十五年。坚持党对律师队伍的全面领导，是社会主义律师制度的第一要义。卓建律所自成立以来，坚持将党建与所建相结合，将个人政治素质提升与律师执业成长相结合，探索出一条“党建＋法律＋公益”的党建工作新模式。时至今日，卓建律所共有150多名党员律师，共设置10个党支部，广大党员律师积极投身于普法宣传社区服务、法律援助工作等社会公益活动，用实际行动践行人民律师的初心和使命。

卓建律所创新的十五年，是坚持文化兴所的十五年。卓建律所自创立以来，就秉承了“以文化立所，以文化聚才，创建有文化品位的律所”的理念，经过十五年的深耕厚植，长成了茂密的文化之树。从律所形象塑造、使命、价值观树立到律所精神、制度打造，卓建律所进行了创新探索，逐步形成了1.0版到3.0版的卓建文化体系。文化已经成为卓建律所的核心竞争力要素，卓建律所已经成为文化强所。

卓建律所前行的十五年，是坚持客户利益至上的十五年。律师的初心和使命是维护当事人合法权益，维护法律正确实施，维护社会公平和正义。卓建律所始终坚持“兼顾安全与效益、为顾客创造价值、与客户共同成长”的律师使命，在律师行业首创并发布《法律服务产品目录》，将规范化、流程化、可评价的240个法律服务产品推向市场，提供菜单式可选择的法律服务，基本解决了行业普遍存在的法律服务流程不清晰、收费不明确、缺乏评价标准的问题，为客户提供了更好的服务选择和体验。

卓建律所图强的十五年，是坚持专业能力提升的十五年。律师服务的本质是通过其丰富的知识储备为当事人提供专业的法律服务，卓建律所始终秉持“专业、高效、勤勉”的卓建标准，以“家文化、学习文化、团队文化”三大文化聚集行业英才，全力打造了“卓建知识库”“卓建论道”“律师学院”等专业学习模块，引进“金助理”律师协同工作平台，全方位提升律师服务水平和专业能力。

卓建律所发展的十五年，是坚持一体化运营管理的十五年。习近平总书记指出：“发展是第一要务，人才是第一资源，创新是第一动力。”律所的发展离不开管理模式的创新，在AI智能、“互联网+”等第四次工业革命的浪潮中，卓建律所充分发挥互联网平台优势，提出“一体化运营”的律所治理之路。构建“一体两翼”的律所管理模式，以大部制改革后的十大部门为“体”，七大专门委员会为“左翼”，十大专业委员会为“右翼”，三者共同构建了卓建律所的核心运营架构，同时在合伙人会议下设立了管委会和监事会，管委会统筹全局，监事会进行监督，权责分明、分工负责、有效制衡、协调互补，覆盖了律所运作的全部公共事务，为保障律所规范有序运营及战略目标的达成提供了坚实有力的组织保障。

凡是过往，皆为序章。全面建成社会主义法治强国的号角已经吹响，律师行业崭新的画卷已经铺开，卓建律所将始终秉持“尽心、尽力、尽责，专心、专注、专业，共建、共享、共成”的卓建理念，在上级司法行政部门和律协行业党委的坚强领导下，以更加精湛的业务、更加严谨的态度、更加扎实的作风迎接新挑战，创造新辉煌。

蓝图绘就，正当扬帆远航；重任在肩，更须策马扬鞭。卓建律所党委将始终坚持以习近平法治思想为指导，引领全所律师锐意进取、扎实工作，加大党委政治引领的深度，提升律师政治站位的高度，强化律所凝聚的力度，增强从严管理律师的硬度，提升品质服务的温度，奋力谱写深圳特区法治事业新篇章！

张　斌
卓建律师事务所创始合伙人
2022 年 4 月

目　录

PART 1

第一部分

新时代大潮之下的中国律师行业

第一章

新时代律师行业的机遇与挑战及应对

“这是最好的时代，这是最坏的时代；这是智慧的时代，这是愚蠢的时代；这是信仰的时期，这是怀疑的时期；这是光明的季节，这是黑暗的季节；这是希望之春，这是失望之冬；人们面前有着各样事物，人们面前一无所有；人们正在直登天堂，人们正在直下地狱。”①

目前世界正以指数级的速度发生着巨大变化，信息技术、网络、社交媒体、人工智能已经使世界由原来的隔阂到互相连通，使世界彻底扁平化。在海量的信息面前，很多专业沟壑被填平，信息不对称的问题在很大程度被解决，个体被信息时代赋予了新的能力和影响力。律师是专家职业，律所是法律专家的联合体，信息技术使人们更容易接近法律、实行自主服务，同时也对律所的组织结构和组织管理提出了巨大的挑战。英国法律学会会长理查德·斯金德在《法律人的明天会怎样？——法律职业的未来》一书中提出，事多钱少、执业泛化、信息技术将对法律行业产生重大冲击。事多钱少是指在资本寒冬下，企业削减了法律服务预算，律师需要做的事更多，但拿的钱更少；执业泛化是指越来越多的非律师（包括人工智能）开始提供法律服务；信息技术是指各种计算机技术的发展，尤其是人工智能的发展，将对法律行业产生深远的影响，这些都给律所的发展带来了重大的变革。律所必须直面这些巨大的甚至颠覆性的事实，才能勇敢变革、勇立潮头。

中国进入了新时代，新时代充满机遇，也充满挑战。中国社会的转型发

---

① ［英］狄更斯：《双城记》，石永礼、赵文娟译，人民文学出版社1993年版，第1页。

展和深刻变革、中国经济的日益复杂和升级变迁，中国民众价值观的多元综合、中国社会的区域发展不平衡、人民群众日益增长的对美好生活的向往等都对法律服务提出了更高的要求。法律不仅作为最后的裁判出现在人们的视野中，更需要在事前给人们提供行为的指导，在事中帮助人们控制风险。在提供法律服务时，人们不仅仅要求法律工作者提供严谨的法律条款，更希望法律工作者提供权变方案。作为法律提供者的律所，必须直面这种律所服务的挑战。

对于律所来说，要提供高品质的法律服务，就必须准确把握时代的脉搏，必须精准找到律所发展需要解决的痛点和难点，大胆进行律所管理体制的改革和探索，才能使律所在信息化浪潮冲击、全球价值观重塑、中国社会转型的关键时期为国家的平稳发展、为社会的有序运行、为社会的和谐共处做出重要的贡献。

一、新时代律师行业的机遇与挑战

习近平总书记在党的十九大报告中向全世界庄严宣告："经过长期努力，中国特色社会主义进入了新时代，这是我国发展新的历史方位。""新时代"是中华民族实现强起来的时代，站在新的历史方位，"新时代"呈现以下"四个新"：经济发展进入新常态，对外开放呈现新格局，社会发展步入新阶段，人民群众充满新期待。"新时代"也对律师提出了新的要求，在新时代律师应成为"五者"，即当事人合法权益的维护者、社会公平正义的保障者、国家治理现代化的推动者、经济社会发展的服务者及全方位对外开放的促进者。

（一）律师行业的机遇

1. 全面依法治国将极大改变律师执业环境和职业生态

党的十八大以来，以习近平同志为核心的党中央从坚持和发展中国特色社会主义的全局和战略高度定位法治、布局法治、厉行法治，创造性地提出了关于全面依法治国的一系列新理念新思想新战略，为律师业发展提供前所未有的发展机遇。

2014 年 10 月党的十八届四中全会审议通过了《中共中央关于全面推进依法治国若干重大问题的决定》（以下简称《决定》），就法治建设的重大理论和实践问题作出回答，充分肯定了我国社会主义法治建设的成就和经验，针对现实问题提出了富有改革创新精神的新观点新举措，从立法、执法、司法、守法四个方面做出了工作部署，《决定》是我国新时代推进全面依法治国的纲领文件。《决定》指出："加强法律服务队伍建设。加强律师队伍思想政治建设，把拥护中国共产党领导、拥护社会主义法治作为律师从业的基本要求，增强广大律师走中国特色社会主义法治道路的自觉性和坚定性。构建社会律师、公职律师、公司律师等优势互补、结构合理的律师队伍。提高律师队伍业务素质，完善执业保障机制。加强律所管理，发挥律师协会自律作用，规范律师执业行为，监督律师严格遵守职业道德和职业操守，强化准入、退出管理，严格执行违法违规执业惩戒制度。加强律师行业党的建设，扩大党的工作覆盖面，切实发挥律所党组织的政治核心作用。"为我国新时代律师事业发展既指明了方向，又提供了发展机遇。

2020 年 11 月召开的中央全面依法治国工作会议，确立了习近平法治思想在全面依法治国中的指导地位，这是我国社会主义法治建设进程中具有重大现实意义和深远历史意义的大事。习近平法治思想是马克思主义法治理论中国化的最新成果，是中国特色社会主义法治理论的重大创新发展，是习近平新时代中国特色社会主义思想的重要组成部分，是新时代全面依法治国的根本遵循和行动指南。习近平总书记指出，"律师队伍是依法治国的一支重要力量"。"要加强对律师队伍的政治引领，教育引导广大律师自觉遵守拥护中国共产党领导、拥护我国社会主义法治等从业基本要求，努力做党和人民满意的好律师。"① 这对律师参与全面依法治国提出更高要求，对律师行业的发展既是挑战，也是机遇，可以预见法治中国建设将极大改变律师的执业环境和职业生态。

---

① 孙伯阳：《以政治引领推动律师事业高质量发展》，载《人民日报》2022 年 4 月 26 日，第 5 版。

2. 高质量发展将改变律师业的发展方式

高质量发展是“十四五”乃至更长时期我国经济社会发展的主题，发展方式的转变对律师业既是机遇也是挑战。律师业要立足新发展阶段，贯彻新发展理念，适应新发展格局，用更加优质高效的法律服务保障高质量发展。要实现律师行业自身高质量发展，要以满足人民群众日益增长的对美好生活向往的法律服务需求为目标，由规模速度型粗放增长转向质量效率型集约增长，推动法律服务质量变革、效率变革、动力变革。需要律师不断探索拓展新的业务领域，推动律师业供给侧结构性改革，以创新驱动律师业发展方式转换。

3. “互联网 +”的国家战略将改变律师服务方式

在新一轮科技革命和产业变革大背景下，互联网正深刻改变着社会的生产生活方式，也将改写律师业的发展格局。互联网时代具有互联网思维和消费习惯的客户将逐步成为法律消费的主流群体。互联网金融、大数据、云计算、物联网、智能硬件产业及衍生产业的出现会培养出一批律师新秀，他们能熟练运用“互联网 +”，高效地为当事人创造商业价值和社会价值。“互联网 +”的国家战略对传统行业的改造与颠覆，对于法律行业亦有着重大意义。然而由于行业的特殊性和专业性，目前仍处于探索阶段，尚未取得突破性的进展，但“互联网 +”变革法律服务业已成大势，可以预见“互联网 +”的国家战略不仅会改变律师服务方式，也会拓展律师的服务领域。

4. 统筹推进国内法治和涉外法治将促进中国律师业国际化

习近平总书记指出：“中国走向世界，以负责任大国参与国际事务，必须善用法治。”统筹中华民族伟大复兴战略全局和当今世界百年未有之大变局，必须以国际视野统筹推进国内法治和涉外法治。法治是国家核心竞争力的重要内容，统筹推进国内法治和涉外法治是我们党统筹国内国际两个大局的重要方面。涉外法律服务关系到全方位对外开放大局，关系到保障我国经济安全和发展利益。近年来，我国涉外法律服务业有了长足发展，但同快速增长的国际业务需求并不匹配。中国律师要抓住机遇，增强涉外法律服务能力，在对外交流合作中发挥应有作用。要积极参与国际规则制定，开展国际对话交流，推动全球治理变革。这就需要加快培养一批在业务领域、服务能力方面具有较强国际竞争力的品牌律所，建成一批国际一流的律所。

（二）律师行业的挑战

1. 跨区域竞争加剧

随着律师队伍的不断分化和重新整合，随着经济发展带来的服务要求的更新及高端业务的不断出现，律师行业在本地的竞争日趋激烈，发达地区的法律服务领域和地盘已基本被分割占领，使律所的发展空间日益狭窄，从而形成律所发展潜力大和业务空间小的矛盾。由于地区经济发展的差异和律师发展的各有千秋，异地的律师加入当地律师界的业务竞争往往产生异地效应，即“外地和尚好念经”，尤其北京、上海等地的律师到其他地区和城市去竞争，其品牌竞争力和实务经验往往使其能够在竞争中取胜，即使收费相对较高当地的委托人也愿意接受。越来越多的有一定规模和品牌效应的律所已经或者正在筹划到外地开设分所以拓展异地业务，这会给当地律所带来“冲击”。

2. 行业监管日趋严密

新时代是合规时代，各行各业都要合规管理、合规运营。律师队伍作为依法治国的一支重要力量，更应该成为合规模范、合规示范，因此，要加强律所管理，发挥行业协会自律作用，规范律师执业行为，监督律师严格遵守执业道德和职业操守，强化准入、退出管理，严格执行违法违规职业惩戒制度。近年来，司法部和各级律师协会出台和修订了一系列规范律师执业行为制度，办理了一批重大违规违纪案件，在强化律师职业权利保障的同时，加强了对律师行业的监管力度，可见中国律师业已经进入了“严管厚爱”的时代。为了深化律师行业的信用体系建设，司法部建立了全国律师诚信信息公示平台，及时披露律师的不良执业信息，供社会公众查询律师诚信信息。律师行业监管日趋严密，律师违规执业成本明显加大，律师职业信息日益透明，律所的管理风险日益凸显，律师行业发展面临挑战。

3. 律师收费制度改革的“放与收”

2014 年，国家发展和改革委员会下发《关于放开部分服务价格意见的通知》（发改价格〔2014〕2755 号），提出了放开部分律师服务价格的要求。该通知大幅度扩大了市场调节价的适用范围，从此法律服务市场的价格以市场调节价为主，政府指导价为辅，因此，中国律师业进入了律师收费“放”的时代。针对部分法律服务价格放开，业内褒贬不一，有的欢呼雀跃，认为自己可以随意定价；有的则忧心忡忡，担心以明显低于成本的收费进行不正当竞争等价格违法行为愈演愈烈。价格放开本质上是对律所和律师的要求更高了，用市场来促进法律服务的提升，催生出物美价廉的法律服务产品，促进法律服务升级换代，对律师业的高质量发展提出了挑战。2021年12月30日，司法部、国家发展和改革委员会、国家市场监督管理总局共同印发《关于进一步规范律师服务收费的意见》（司发通〔2021〕87号）的通知，对律师风险代理收费作出了新的规定，采用分段累进的方式对风险代理收费设定了上限，按照100万元以下、100万~500万元、500万~1000万元、1000万~5000万元、5000万元以上5个档次，规定最高收费比例分别为18%、15%、12%、9%、6%，相较《律师服务收费管理办法》规定的30%的最高收费比例作了较大幅度的下调，并对风险收费行为进行了规范。对此，我们称为对律师收费的“收”，该文件的落地标志着律师高收费和收费信息不对称的时代已经结束。律师收费制度改革的“放与收”对律师业发展带来了挑战，一是会倒逼律师业以高品质和差异化的服务来提高收入；二是短期内受惯性影响，律师与当事人收费争议会大幅增加，行业监管和律所管理者将面临严峻考验。

4. 法律执业泛化的冲击

法律执业泛化的趋势，是指即将有越来越多不同专业的人员进入法律行业，从事法律服务。大多数国家一般只允许有执照的律师向客户提供法律服务，也仅允许以某种特定组织形式来提供服务（最典型为合伙制）。法律法规会划定谁可以成为律师，谁可以运营法律服务机构，以及这些机构可以提供哪些服务。但目前各国关于律所资格和从事法律服务人员的限定不断松绑，为非法律专业人士进入法律提供了门槛和方便。

从世界各国来看，目前英格兰和威尔士的律师监管机关开始批准设立替代性商业机构（Alternative Business Structures，ABS），这是一种新的法律服务机构形式，至今已经颁发了500多块牌照，四大会计师事务所[①]中的3家（毕马威、普华永道和安永）都在其中。这些领到牌照的机构可以在指定法律领域从业，如遗嘱认证、不动产处置和诉讼等。英国法律学会会长理查德·斯金德预计在未来10年左右的时间内，经过激烈挣扎和反复调整，西方世界的大多数国家和很多新兴国家会采用英格兰的方法放宽准入。即使他们不照改，一些国家放宽准入也会推动多数其他国家松绑。长期以来，美国律师协会《专业行为示范规则》中的规则5.4和5.5被认为是“四大”等非律师机构在美拥有律所的明确限制。但是在1983年8月27日，美国亚利桑那州最高法院发布决议，作出了删除《专业行为示范规则》规则5.4等一系列变更，允许非律师共同拥有律所。决议同时设置了ABS以许可相关新型服务机构。法院还制定了一项新的许可证发放程序，允许非律师提供有限的法律服务。这是美国律师行业历史上的一次重要变革，亚利桑那州非律师成立律所权开放具有里程碑式的意义。从更宽泛的角度来看，这意味着法律服务和法律服务机构的定义的跨越式延展——提供服务的从业人群和专业机构都将获得进一步发展，这对于已经十分成熟、相对“固化”的美国律师业来说是新一轮变革的开端。

2019年9月，海南省人大常委会通过了《海南经济特区律师条例》，不仅允许律师行业以外的其他专业人士成为合伙人，还允许设立公司制律所，并降低了律所的设立门槛。该条例有10项创新，其中6项系全国首创。海南省“律师新政”实施后，注册税务师、注册会计师、注册造价工程师等非法律专业人员都能成为律所合伙人。允许注册会计师、注册税务师、注册造价工程师等其他行业的专业人员成为律所合伙人，一方面能让其他专业人员为律师提供更专业的服务，另一方面也可以为律所的客户提供会计、税务、造价、专利等专业服务。海南省律师工作局局长王宝青说：“自贸港要吸引外资、服务国外客户，我们就得在制度上和国外接轨。”为了自贸港建设，就必须加大律师行业的开放程度，学习借鉴国外的经验。

---

① 四大会计师事务所指的是普华永道、德勤、毕马威、安永这四个知名的会计师事务所，业内人士简称其为“四大”。

法律执业泛化可以理解为非法律人在和律师竞争，开始成为法律服务的供给方，提供替代性的法律服务。比如工商注册、知识产权代理，早期都是律师可以完成的工作，现在被其他机构代替。原本属于律师的业务，现在各行各业都开始虎视眈眈，瓜分传统的原本律所专属的法律服务市场。法律执业的泛化会带来深远影响，催生着传统法律服务业的重大变革。在执业泛化的背景下，传统律所必须进行深度变革，必须提高律所的服务效率，从而更好地满足客户需求。

5. 律师行业内卷化

“内卷化”是指一种社会或者文化模式在某一发展阶段达到一种确定的形式后，长期停留在一种简单的自我重复状态，就像一颗成熟的卷心菜，始终原地卷着，既不会长高，也不会再长大了。对于一个行业而言，就是那种把行业自身锁死在一种低水平状态中循环往复的状态，这也是我们通常所说的行业“瓶颈”。目前律师行业所面临6个方面的行业“瓶颈”，需要“破卷”突破。

第一，法律服务方式过于传统。目前几乎所有法律服务方式都是面对面咨询，量身定制的顾问服务，这样传统的服务方式既有优点又有不足。优势在于能够详细确切地了解客户的法律需求，也便于律师最大程度地了解情况。但不足之处在于诉讼费用、时间成本和压力不断增加，而律师的服务产能有限。

第二，法律服务领域供给不足与过剩并存。在传统领域，如交通、婚姻纠纷案件等，律师不缺案源，因此许多年轻律师都蜂拥而至。但是在金融、知识产权、国际业务等高端法律服务领域律师人才供给不足，存在供给不足与过剩并存的现象。

第三，法律服务人才短缺与过剩并存。目前的法律服务行业存在人才供给的结构性问题。人才同质化严重，万金油律师多，专业律师少；国内业务律师多，涉外律师少；传统业务律师多，创新业务律师少；诉讼律师多，非诉讼律师少。

第四，竞争激烈的传统法律服务领域产品同质化严重。当服务的提供者所提供服务的品质相同、没有明显差异的时候，客户必然选择价格最低的一家。因此同质化竞争的实质就是价格竞争，即降价竞争，服务价格下降，这使服务质量难以保障。

第五，法律服务创新能力不足。“人民日益增长的物质文化需要”已经转化为“人民日益增长的美好生活需要”，在这一需求转型过程中会催生更多的新型法律服务；加之新型产业的不断涌现也催生了一系列新的法律服务领域，由于法律服务创新能力不足，目前仍难以满足社会经济、文化发展的需要，法律行业还远远不能满足现实生活中人们的法律需求。

第六，知识管理能力不足，新产品研发能力不强。法律服务相对于工农业手工业产品而言，是抽象的、无形的，把无形的服务有形化、具象化，使其能够体现、能够感知、能够计量、能够保存、能够评价，是知识管理第一层的第一步。目前而言，律师行业对此已经达成共识，但产品化的程度参差不齐。有的已经实现了流程化、标准化、精细化甚至人性化，但大部分还处在服务随人的初始状态，律所无法对律师的能力提升和发展提供有效支撑。

二、新时代律师行业的自我应对

我们所处的新时代是一个开放、创新、竞争的时代，在这个时代可替代的服务不断涌现，这些服务替代者不仅是你的竞争对手，而且可能成为你的颠覆者，你不改革、你不进步，消费者完全有权不选择你，面对这样的时代，律师业要想走向未来并赢得竞争优势除了改革别无选择。

（一）积极推动法律服务方式改革

律师服务的对象表面上体现为提供咨询、出具法律意见书以及办理案件等“做事”方面，但实际的服务对象是与事情有关的人。所以，律师在提供法律服务时，不能像完成一般的承揽业务一样，仅仅专注于对案件的法律专业处理，而忽略了与人的有效交流。作为以人为对象的律师服务业，做好与人打交道，应当是每一名律师执业的必修课和重中之重。“互联网+”时代的到来将改变法律服务方式，并拓宽律师的服务领域，例如，律师与客户交互软件应用，法律机器人全天候服务等会改变律师传统的服务方式；再如，法律数据库及其他管理软件和办公平台的应用会推动法律服务标准化、流程化及可视化。此外,“互联网+法律”通过法律服务品牌的构建形成市场竞争优势,同时也将极大拓展律师的自我营销渠道,形成较好的宣传效果。

(二)着力推进服务质量提升

律师服务的质量是客户最关心的问题。优质的服务才能在保障客户利益的同时给予客户最好的服务体验,我们必须以客户满意度作为衡量法律服务水平的重要标准,此乃提高法律服务质量最有效的手段。要落实律师业的质量方针必须从以下三个方面着手:首先,律所应当建立法律服务质量保障体系,形成一套体系化、规范化的服务标准。这些标准是以经验总结为基础,建立相应的业务质量标准体系,发挥大数据的作用,由专门的组织进行总结和概括,最终形成行之有效的标准。其次,持续推进法律服务流程化,通过流程化保障服务不出差错和纰漏。最后,律所应当建立法律服务考评体系,要更加关注客户的满意度,以客户满意度作为评价法律服务质量的重要指标。当然,对于客户的一些不合理甚至非法的需求也要进行认真的甄别,不能因为贪图既得利益而在刀尖上跳舞。

(三)全力推行法律服务人员素质提升计划

中国律师业在新时代要实现高质量发展需要创新型法律服务人才作为支撑。传统的法学教育培养出来的人才先天不足,最突出的短板是缺乏创新思维,加上实践中所从事的业务大多数又是同质化业务,因此,创新型法律服务人才的匮乏自是必然。如何快速培养一批创新型法律服务人才是当前律师业发展的头等大事。首先,司法行政机关及律师协会应当遴选一批有创新能力的法律服务人才进行集中培训,培养他们的创新思维和创新能力,让他们成为法律服务业的创新领军人才。其次,律所应当重视创新人才的培养和引入,律所应当向创新型组织转型,成立专门的产品研发部和创新工作组,为律师创新提供必要的条件。最后,律师应当树立创新意识,让创新从我做起、从现在做起、从小创新和微创新做起,真正让创新成为律师的工作习惯。

（四）顺应互联网潮流，探索传统法律业务开源之路

互联网时代由于改变了信息不对称局面，让法律服务的需求方可以通过多种方式了解律所的综合实力和律师的专业能力、专业方向，因此互联网将这一切都透明后，会倒逼整个律师行业的分工更细致、更专业，提高全行业的生产力。过去沟通不便，沟通成本高，而当下法律服务在线化崭露头角，在未来法律业务会搬到互联网，通过互联网解决法律难题。互联网时代，律所和律师开拓案源、拓展品牌影响力的方式将更加多样化、更加多元，形成一个法律服务需求者与律师之间对接的平台。互联网的无边界效应、扁平化效应让一部分中小律所，利用互联网迅速扩大律所的影响力，从而成功让律所跃上一个台阶，拓宽法律业务开源之路，实现弯道超车。

（五）脚踏实地地推进法律服务产品创新

律师业的供给侧结构性改革的关键在于解决律师业的法律服务产品和服务的同质化问题。我们绝大多数律所提供的法律服务或产品是同样的，鲜有自身的产品特质和服务特色，因缺乏产品意识，而不能够针对客户的需求提供个性化、定制化的服务。律师也没有潜心研究市场需求，没有对市场进行细分，没有对产品和服务进行差异化定位，因而不能提供精细化服务，进而进行精准化营销。因而形成了法律服务产品和服务的同质化，你的产品和我的同类服务没有明显的区别和差异，这种同质化最大的危害在于削弱了自身的竞争力，同质化的竞争最终只能沦为白热化的价格战。法律服务妙在创新、精在专业，能够将客户需求、案件情况和现行法律相结合，开发出适销对路的法律产品，是现代社会对律师提出的新要求。法律服务产品要不断创新，力求与市场紧密对接，努力实现专业化、精细化、现代化、跨领域的融合和发展。

（六）不断推进律所管理模式创新

实践表明，对大多数中小律所而言，管理是一块突出短板，而律所的快速发展与管理方式滞后，也正是不少律所面临的主要矛盾。对于中小型律所

而言，重点在于规模整合，利用跨边界和跨组织带来的机遇，优化资源配置，发挥规模效应。对于大律所而言，重点在于平台化建设，推行共享管理，实现知识、经验的分享，利用更广泛的社会、人脉资源，实现更优化的分享。或许未来会形成一种律所管理体制，在互联网的背景下，基于管理与营销的专业化，基于律所信息化协同的提升，基于良好的运营管理体制，可以打破公司制与合伙制、提成制的界限。律所未来的趋势就是要坚持科学管理，充分发挥文化管理的作用，在共同的愿景、宗旨、精神和价值观引领下，形成凝聚力，用管理模式创新推动资源整合和有效利用，以提高律所的核心竞争力。

三、新时代律师行业发展的政府保障

我国律师制度是中国特色社会主义司法制度的重要组成部分，律师是中国特色社会主义法律工作者，律师队伍是依法治国的一支重要力量。近年来，我国法治化程度不断提升，律师人数快速增长，律师队伍不断壮大，律师专业化程度大为提高，律师的工作越来越受到人们的尊重，律师也越来越成为国家关注的一个群体。特别是近年来国家对律师以“人民律师”的新定位，更加彰显了律师在法律职业共同体中的地位，也提高了律师的社会地位，同时也赋予了中国律师执业为民的新使命新担当。人民律师的定位彻底厘清了中国律师与商人、中介机构从业人员的边界，也决定了律师行业发展不能走完全市场化的路子，要保障律师行业在新时代的健康发展，不仅需要加强对律师工作的指导，而且政府应当制定相应的保障措施支持律师行业的发展。

（一）政府的人才政策支持

全面依法治国是一个系统工程，法治人才培养是其重要组成部分。法律的生命在于实施，法律的实施在于人。法治人才培养上不去，法治领域不能人才辈出，全面依法治国就不可能做好。律师人才在法治人才队伍中是一支重要力量，律师人才队伍建设对律师行业的发展举足轻重。各地区律师行业发展差别的背后实质上是律师人才的差别，律所竞争优势的形成本质上也是律师人才的聚集。北京、上海借助地缘及政治、经济、文化的先发优势会聚了一批优秀的律师人才，这也是北京、上海律师行业取得先发展优势的关键所在。因此，各地要发展律师行业就必须首先做好律师人才建设这篇文章。一是出台律师人才保障政策，制订《律师人才建设纲要》和《律师人才行业领军计划》，加大律师人才培养和引进力度，把律师纳入高端人才范围，将律师提高到与高新技术人才同等的地位进行保障。二是采取措施保障律师人才培养，设立律师人才培训基金，实施律师行业优秀人才和后备人才及青年律师培养计划。三是让律师享受社会保障房、廉租房、经济适用房等待遇。建立律师人才专家库，给予领军人才奖励和补助。四是引进一批优秀的、能为金融、证券、国际业务、投融资、知识产权等高端服务业提供服务的律师人才，为建设高素质律师队伍奠定基础，为律师业高质量发展提供人才保障。

（二）政府的产业政策支持

作为现代服务业的一种，产业化发展是现代法律服务业发展的趋势，这从客观上决定了法律服务业与其他产业一样需要产业孵化和产业扶持。律师职业的法治性、公益性、政治性及人民性的特点也决定了律师行业应当制定有别于中介服务机构从业人员等服务业的特殊政策。首先，政府应当将律师行业纳入高端服务业，制定符合律师行业特点的产业政策，指导律师行业按照产业化发展的要求建立起规范有序、能够承载产业发展的组织形态。其次，推行专业服务公司支持政策，让律所享受专业服务公司的扶持政策。最后，在律师行业的诸多产业政策中，最为急迫的是需要尽快出台适合律师行业发展的税收政策。充分考量律师职业的法治性、公益性、政治性及人民性与一定的产业性和经济性的平衡以及兼顾律师的执业成本隐性特点等是国家制定律师行业税收政策的关键所在。

（三）政府的科技支持

云计算、大数据和人工智能等技术的发展，加快了信息化由 IT 向 DT 和弱人工智能 AI 演进的进程，为智慧法治建设奠定了基础。在智慧法治领域，智慧法院建设独领风骚，信息化与审判、执行、司法公开、诉讼服务等各项工作深度融合，积累了大量的具有很高价值的数据，成为宝贵的重要资产。因此，如何在法治中国总目标的引领下，通过科学、合理的架构设计，将大数据、人工智能与法律行业深度集成、深度融合，是法律信息化3.0版要解决的核心问题。

在整体的智慧法治建设中，公、检、法的智慧法治建设均是由国家投资的，而律师行业的智慧律师建设则主要依靠律所或律师的私人资本投资，在当前中国的律师业态中基本上是零星投资，难有大作为，如果任其发展，智慧律师建设势必会拖智慧法治建设的后腿。因此，我们主张智慧法治建设应当树立“一盘棋”思想，首先是全国“一盘棋”，全国统一规划，加强顶层设计，在顶层设计时不要遗漏律师行业，不要忽视智慧律师建设；其次是法律职业共同体“一盘棋”，智慧法治建设就是新时代的法治新基建，就是法治基础设施，需要政府投资，智慧律师建设是法治基础设置中的重要组成部分；最后要重视法律科技产业发展，法律的科技化是基本趋势，法律科技的发展使面向政府、商业及个人的全法律服务形成了泛化和全景式的法律服务网络，也为法治建设提供了有效的支撑和帮助。在整个法律科技发展的过程中，法律科技企业起到了一定的推动作用，应将法律科技产业的孵化和支持纳入智慧法治建设的总体规划蓝图中。

第二章

律所管理的困境与转变

一、律所管理的重要性

彼得·德鲁克曾经说过，管理，从本质上讲，意味着用智慧代替鲁莽，用知识代替习惯与传统，用合作代替强制。管理在社会发展中起着举足轻重的作用，管理学应用的领域和范围也非常广泛，在人类社会的各个组织、单元中都可以使用，律所也不例外。实践证明，律师行业发达地区、发展良好的律所，往往管理理念更先进、管理体制更科学。

贝克·麦坚时国际律所成立于 1949 年，最初是由两名年轻律师 Rus SellBaker 和 John McKenzie 在美国芝加哥成立的一家合伙制律所。目前，贝克·麦坚时已发展成为覆盖 46 个国家和地区的、由 4200 多名律师组成的全球最大的国际律所之一。500 多名国际合伙人都是同一美国合伙制下的成员，但是一半以上的律师是美国以外的外国公民。律所的内部业务主要以英语进行，但是从事法律服务的律师大都通晓世界上 58 种语言。因此，贝克·麦坚时被誉为由具有不同国籍、来自不同文化背景的律师组成的国际律所的成功典范，成为许多国际律所在规模化发展中效仿的模式。贝克·麦坚时国际律所之所以能够快速发展，主要有几条经验：抓住机遇，规模化发展；明确定位，树立品牌；专业分工，团队协作。

一个律所的发展类似于人生的不同时期：婴儿期、幼儿期、儿童期、少年期、青年期、成年期和老年期。在不同的发展阶段会遇到不同的问题，对于一家律所来说，它的进步和成功要学会如何管理，如何与时俱进，不断创新。

原上海市律师协会副会长管建军认为，成功的律所管理需要具备以下要素：其一，富有凝聚力的管理团队；其二，合理的内部分工；其三，战略规划能力；其四，在业务拓展、利益分配、市场宣传、团队建设以及其他制度设计方面具有极强的优势；其五，质量和风险控制能力以及对制度和决策强有力的执行；其六，不断创新和变革的能力，能根据市场变化和现实需求对制度不断作出修正和革新。由此可以看出，目前制约律所发展最关键的因素并非外部市场和竞争对手，而是律所自身的管理体制。由此可以看出，有效的律所管理对律所的发展至关重要。

二、中国律所管理的问题

自从20世纪80年代恢复律师制度以来，中国的律师事业获得了长足的发展，无论是人员的规模还是律所的数量，都已位居世界前列，也初步形成了行业特色。但是，相比于从业人员的规模和从业机构数量方面的增长，中国律师界在律所管理方面的表现无疑是滞后的，特别是一些中小型律所缺乏科学有效的管理。目前中国律所的管理水平相对不足，主要表现在4个方面：律所缺乏专业的管理人才；松散平台运作，缺乏团队协调整合；没有文化认同，缺乏凝聚力和向心力；律师野蛮生长，缺乏职业规划指导。很多律所的管理模式已经不能适应未来社会发展和行业发展的需要，中国律所管理的改革已迫在眉睫。

（一）律所专业管理人才缺乏

德鲁克认为，经理人是企业中最昂贵的资源，而且也是折旧最快、最需要经常补充的一种资源。建立一支管理队伍需要多年的时间和极大的投入，但是彻底搞垮它可能不必太费力。对于律所来说，律所的目标能否达到，律所是否能够吸引越来越多的人才，律所是否能有越来越多的案源，是否能建立越来越强大的品牌，取决于律所合伙人的能力、资源，更取决于律所的管理能力。

德鲁克还谈到，组织的目的是使平凡的人做出不平凡的事。组织不能依赖于天才。因为天才稀少如凤毛麟角。考察一个组织是否优秀，要看其能否使平常人取得比他们看来所能取得的更好的绩效，能否使其成员的长处都发挥出来，并利用每个人的长处帮助其他人取得绩效。组织的任务还在于使其成员的缺点相互抵销。所以，组织对管理人才的要求会不断提高，管理人才会非常稀缺。

对于律所来说，这样的管理人才更稀缺。目前中国，无论是个人律所，还是合伙制律所，抑或公司制律所，都极度缺乏管理人才。这与律所管理人员的构成有关。以合作制律所为例，律所主任是律所的负责人，主任在规章制度和合伙人会议授予的职权范围内，享有充分的管理权。在这种模式下，主任具有管理律所的日常事务，贯彻执行各项规章制度，对外代表律所等职责。但同时，主任也有自己的业务压力，有自己的业务绩效压力，经常会演变为兼职管理律所事务。在律所规模较小的情况下，律所主任经常是有时间就管理律所事务，没有时间就当甩手掌柜。随着律所规模的不断扩大，管理事务日趋繁重，这就对律所主任的管理提出了挑战。在时间、精力有限的情况下，主任要么对律所的管理无暇顾及，要么使本身的律师业务受到影响，管理与业务孰重孰轻？对大多数律所主任来讲，他们既是所里的管理人才，同时又是创收大户，有些主任的收入在所里具有举足轻重的地位。因此，放弃业务是不可能的。要做业务，势必会很忙，忙于业务必然会疏于管理，疏于管理，律所的发展就会受到影响。这个矛盾在国外一些大型律所已经有了很好的解决方案，即管理与业务相分离。

除了时间资源的稀缺外，还有专业问题。很多律所主任，本身是法律专业出身。法律和管理是两个不同的专业，法律重逻辑、重事实、讲证据，而管理重权变、重沟通、重方法。培根说，凡有所学皆成性格。对于律所主任而言，同时能达到严谨而权变、自由而宽容平衡的非常少。对于律所的其他管理者来说，也面临着同样的管理难题。加之，我国高等教育几乎没有律所管理或者专业服务公司管理这样一个专业，因此，根本没有此类专门的管理人才输出，目前管理人才的稀缺是律所管理的一个重要制约因素，律所适度引入职业经理人管理律所以便分担管理层的工作，也面临人才难觅的困境。

（二）松散平台运作，缺乏团队整体协作

提成制律所是律师执业的一个平台，律师签合同、发律师函、收费等全都必须通过律所进行，需要律所盖章。如果没有经过律所审批，律师私自接的案子、签的合同或者收的费用均属违规行为。所以，从律师执业的角度讲，律师是从属于律所的，但从实际效果看，律师与律所之间的关系非常松散，缺乏凝聚力和向心力。

中国的律所还处于初级发展阶段，绝大部分律所采用的都是提成制，即律师为自己做业务。在提成制模式下，无论律所规模多大，客户请到的只是单个律师或其带领下的小团队。律师在业务方面，通常是个人负责，无论是案源的获得、办理以及收费，全都依靠自己，律所只需要给文件盖个章。律所其实是律师个体的一个集中场所，律所并没有真正成为律师的资源平台，律师的收入只与律师个人的案源多少、标的大小直接相关，而与律所的支持没有直接关系。律所也没有为律师进行职业生涯规划，帮助律师在个人职业上的成长，律师职业成功更多靠的是自己的努力。律所合伙人之间、各律师之间、团队之间也没有进行真正有效的合作，仍然是各自为政、孤军奋战。律所的这种运作模式根本不可能整合律所的优势资源，也不可能发挥一个组织的效能。即使在一些大项目需要集团合作的业务面前，这样的律所也是像“分包”一样，无法有效协同作战。对于那些规模较小的律所而言，单个律师为了满足客户的需求，不得不成为一个“万金油”律师，而无法专注于某个领域进行深入钻研，成为行业专家。

（三）没有文化认同，缺乏凝聚力和向心力

传统提成制下，律所对律师的管理往往只集中在每年的注册、业务手续的提供等程序性事务，而其他方面的管理相对缺乏。对于许多律师而言，收入和提成才是律师们关注的重点，也是决定其去留的关键。律师通常以眼前利益为重，律所对于律师而言只是挂靠的平台，许多律师将最初的律所作为跳板，一旦个人业务量提高便倾向另立炉灶，从而造成律所人员的频繁流动，不利于律所的稳定发展和规模扩大。

一个律所要发展壮大，就必须建立一支有凝聚力和向心力的律师队伍。律所拥有凝聚力和向心力，就能调节律师间的感情，化解律师间的矛盾，使全体律师在求同存异的前提下团结合作、同舟共济，为律所的壮大发展共同奋斗。凝聚力和向心力不仅关系到律所的发展问题，而且还是关系到律所生死存亡的大事。

律师之间要有凝聚力和向心力，需要对律所有文化认同、情感认同。在目前的律所运作模式下，律师很难对律所产生向心力，律师之间也很难进行真正的合作，律师对律所公共事务的关心甚少，律师之间因为办案提成分配而产生经济摩擦的情况时有发生，那些与律师个人收入没有直接联系的律所品牌宣传和文化建设等，更无法得到全体律师的普遍支持，这些都困扰着律所的发展。

（四）律所不能为律师赋能，缺乏个人成长空间

1998 年麦肯锡管理顾问公司曾指出，在未来 20 年企业最重要的资产就是人才，为了赢得这场战争，企业必须学会招募、晋升和留用人才的技巧，事实也是如此。一家律所如果想要长远发展，站稳脚跟，甚至走向国际的大舞台，就需要建立起人才梯队，确保在律所内有一批训练有素、经验丰富、善于自我激励的优秀人才接任律所未来的重要岗位。

律师是一个需要不断学习的职业，时代在变、法律在变，律师必须与时俱进，不断修炼提高自己。传统的提成制律所没有能力建立系统的培训体系，更少有完善的知识管理体系，不能为律师赋能，律师只能依靠律协的培训和自掏腰包参加商业化的培训来提高自己的业务水平，律所变成律师挂靠的临时港口，律师个人在律所平台上没有成长空间，律所的人才梯队建设和律所传承也就成为空话。

三、律师管理模式转变

在我国，有关律所管理模式法律并没有具体明确的规定，而是授权律所自主设置内部治理结构，在律所管理实践中形成了诸如“合伙人会议”“管理委员会”“执行主任”等组织管理结构，因而没有形成定型化的律所管理

模式。

律所管理同企业管理的最大区别是，企业管理贯穿于产品始终，从产品的设计、原材料、采购、生产、出库、验收到销售，企业管理是全过程管理和监控。律所则不然，有很多业务都是由律师独立完成的，律所的管理不可能深度介入业务层面，所以大多数律所的管理是事前管控，比如对律师的执业纪律、律师服务流程是否规范做事前引导。另外一种管理是事后监督，就是对律师的服务质量进行调查评估。传统的律所管理，与其说律所在管理，倒不如说律所是为律师提供一个服务平台，如行政、财务服务，而有些管理健全的律所也仅提供品牌、知识、学习培训等支持。因此，从律所管理的角度来看，除了公司制律所之外，大部分律所管理不能介入业务过程当中，只能通过价值观、文化、制度等层面影响律师的执业行为。

面对新时代的机遇与挑战，中国律所必须转变管理思想，推进律所管理现代化，具体来说，律所要实现“四个转变”。

（一）管理向治理转变

管理向治理的转变主要是指律所从自上而下的垂直命令方式转向平权治理、律所共治。律师本身的职业特点使得律所不能对律师进行强制性地管理。律所作为平台型组织，其重心不在于管理，而在于治理，也即律所信任律师，让律师参与到律所的运营当中，实施律所共治。律所应该清楚，律所的平台不是某一个人的，也不完全是合伙人的，而是属于平台之上每一个人的。要把这个平台建设好，需要依靠大家的力量。管理人员要通过一些机制的转变，赋予律师更多的参与权，鼓励、带动所有人参与到律所的治理中，将律所的成功与所有人分享，将律所的利益与律师共享。

（二）管理向服务转变

管理向服务转变是指律所不能凌驾于律师之上，而是要把律师当成自己的顾客，树立“以律师为中心”的服务理念，为律师提供贴心的服务。如果说律师的客户是建立委托关系的案件当事人，那么对于律所或者律所管理团队的人员而言，律所的客户就是在平台上执业的律师，也包括一些辅助人员在内。因此律所一定不能趾高气扬，不能去命令律师，而是要以服务的心态去服务律师、成就律师。律所管理水平的高低，最终的评价权力在律师或者合伙人。如前所述，律师是高度自由，又有相当独立性的群体。当律师感觉律所的服务水平低，律所不能满足律师的发展需求，就会重新选择执业平台。律所必须高度重视律师的需求，由管理向服务转变，以良好的服务留住律师、成就律师。

（三）管理向运营转变

管理向运营转变是指律所的管理要有综合思维，把律所看作一个系统，要进行设计、运行、评价和改进，而不是单方面的管理，通过不断的调整、运作来达到运营的目的。可以把律所平台划分为前台、中台和后台进行运营，还可以划分为市场运营、品牌运营、知识运营、资源运营等。如果管理的核心在于管控风险，那么运营的核心则在于发挥效能、激发活力。

（四）管理向赋能转变

管理向赋能转变是律所服务和运营的综合结果，律所作为平台要为平台上的律师赋能，例如，通过知识运营为律师赋能，为律师提供办理律师业务提供智力支持；律所为律师配备法律法规数据库、为律师提供案例检索平台、法律文书模板等；通过设立客户中心开展市场运营，为律师提供公共案源等。通过为律师赋能增强律所的吸引力和凝聚力，增强律师的黏性，律所在律师赋能的过程中也能分享到一定的收益，律所在赋能过程中既可以获得收益，又能保障为律师赋能的资金来源，这便形成了律所运营的良性循环。

四、一体化运营的必要性

提成制律所由管理向治理转变、由管理向服务转变、由管理向运营转变、由管理向赋能转变，其管理模式必须转变。现有律所的管理模式主要有公司制和提成制两种模式，是不是提成制只有向公司制转型这一独木桥呢？还是有第三条道路可走呢？

(一) 提成制律所与公司制律所的优劣比较

公司化运营模式与传统提成制模式（卡位制）这两种制度的律所管理和架构设计各有优点，同时也面临着重大问题。

1. 从一体化运营能力来看

公司制律所进行集中统一管理，一体化运营能力强，提成制律所则松散自由，一体化运营能力低。公司制律所是强一体化的组织，对外竞争力相对较强，但是它的灵活度低、成本很高，这是其弊端。虽然提成制律所对外竞争力相对弱一些，但是律所每一个人的积极性都很高。因为律师所得收入几乎都归律师自己，律师自带驱动力。

2. 从知识管理来看

公司制律所知识管理能力强，提成制律所知识管理能力弱。公司制律所一般都建立了知识管理体系，通过内部自建或者外部协助的方式建立了知识管理平台，将各种形式的论文、合同文本、文书范本、建议书、企划书、推广案、投标文本、案例、办案技巧等方面的智力成果进行分门别类，律师只要在平台输入关键字，就会跳出相应的模板作为参考，在一定程度上避免了重复劳动。而提成制律所单靠个人经验和案例的积累，没有形成共建共享的知识管理机制，其知识和经验散存于律师的电脑或者大脑中，如果律师离开律所其知识和经验也会一并带走，律所没有形成核心知识沉淀。

3. 从机制灵活性来看

公司制律所机制相对僵化，提成制律所机制相对灵活。从管理的灵活度出发，公司制律所体现出了强一体化、强组织的特性，律师的自由度较低，能动性调动难度大，机制死板，灵活度较低。提成制律所则自由度大，机制灵活，制度弹性大，更适合律师生存。

4. 从运营成本来看

公司制律所运营成本高，提成制运营成本低。公司制律所一般会设立行政、财务、市场、客服等前台、中台及后台部门以便促进和保障律所的运营发展，包括战略规划、品牌宣传、市场推广、作业成本等，这些运营成本均由律所承担。而提成制律所除了适当的品牌宣传、公共事务发生的运营成本外，律所把其他所有的成本都转移到律师身上，律所的大部分成本是由律师分担，因此运营成本较低，在行情不好的年景，因船小好调头、成本下沉，提成制律所的抗风险能力也较强。

5. 从薪酬分配制度来看

公司制律所的收入归律所，成本由律所承担，合伙人或律师以点数或工资为主要分配依据。提成制律所的收入归个人，成本分摊到个人。公司制律所对于所内非合伙人的聘用律师进行统一的年薪发放，其年薪数额依据各地分所的不同以及各人考勤评分、绩效考核的不同而有浮动，其薪酬体系实行的是同级同酬，律师的薪酬增长与晋升级别挂钩。在提成制模式下，无论律所规模多大，客户委托的只是单个律师或其带领下的小团队。律师在业务方面，通常是个人负责，无论案源的获得、办理以及收费，全都依靠自己，所获收入除了律所提成和上缴税费外，剩下的都归个人，与律所无关。

6. 从业务流程来看

公司制律所案件由律所统一安排适当的律师办理，所内协作程度高。提成制律所由案源律师自己承办案件，所内协作程度不高。公司制律所实行案源统一分配，律师或律师助理不会受案源或者开拓市场压力的困扰，更有精力一心一意研究某一方面的业务，更有利于其专业化发展。提成制律所只是形式上的组织模式，各个律师业务上基本上是单兵作战，缺乏协作意识，难以形成规模和特色，律师之间缺乏交流和协作，导致律所综合竞争力很难提高。

从以上两种体制的比较可见，不能简单地否定提成制，也不能全盘肯定公司制。一体化运营能力强是公司制律所具有的竞争力的关键所在，传统提成制律所应该进行创新和变革，向公司制律所学习，通过重新定义提成制律所，提升其一体化运营能力以赢得竞争优势。未来律所如何发展，如何实现二者的融合，公司制律所要向提成制律师所学习其灵活度，提成制律所要学习公司制律所的一体化能力，最后理想的律所状态会是一种介于公司制和提成制的中间状态。

（二）提成制律所一体化运营的提出

在“红圈”所中，大多数律所都实行一体化运营，例如金杜律所，无论是业务、人员、财务、行政，还是部门或者分所，都进行统一管理。金杜是国内最早实行西方计点制分配体制和实现全所一体化管理的律所，这意味着，作为创收大户的合伙人要牺牲部分个人利益，实施统一薪酬和计点的分配制度。君合律所也提倡一体化，创始人肖微认为一体化包含两个层面，一是一体化管理，包括能够打破分所间、部门间、团队间管理门槛的架构设计、分配机制等；二是具备实现一体化的能力，如数据化系统建设、后台支持部门的设立等，因此君合不强调成员团队化，认为这是内部分裂的表现。中伦律所认为管理之道不在于“管”，而在于“理”，中伦的日常管理，重点是合理调度律所资源、梳理律所工作重点及做好短中长结合的工作计划、理解合伙人和员工的需求并及时响应解决、理顺职能部门分工和工作流程等方面。方达律所在管理模式上实行“垂直一体化”管理，体现在合伙人内部利益分配以及业务上的无障碍跨区域、跨团队协同办案等诸多方面。在许多中国律所选择团队制的当下，方达坚持采用“扁平化的公司制”管理模式。方达目前的管理制度更像是英美的普通法，只是根据市场的变化有所增补，而从未进行过急转弯式的变革。

公司制律所从接案到办案、办案到分派等都是一体化的，它是非常完整线条的一体化。因此“一体化运营”的概念也是从公司制律所中诞生的，当然公司制律所也未曾提及一体化这个概念，他们采取公司制，就像公司一样去管理。曾经有人认为公司制是律所最优秀的、最正确的选择，结果很多提成制律所改制成为公司制后成功率很低。实践证明公司制律所只能在特定的条件下形成，可能是限于某一个专业领域或者某一特定时期的市场氛围下创设的一种特殊类型的律所。大部分律所很难实现公司制的运作方式是由律师行业天然的特点决定的，与律师追求自由、追求个人成就的天性有关。传统提成制律所能够给律师更大的空间、更多的可能，能够有效地调动律师的积极性，律所管理成本低、律师执业成本低，这些都是优势，如果传统制律所能够提升其一体化运营能力，既能最大化地激发律师的潜能，同时又能最大化地发挥律所这个平台组织的作用，就能让传统提成制律所得到改造，从而得以焕发生机。

广东卓建律所作为一家传统提成制律所，较早地提出了提成制律所的一体化运营概念，并提出了系统的落地方案付诸实施。通过推行一体化运营改革，集中了律所的人力、财力、物力、品牌宣传等优势，增强了提成制律所的融合能力和律所为律师服务的能力。通过律所的一体化运营让律所大而不散，实现律所内部的强而有序。一体化运营的核心是让律所朝着一个共同的方向和目标有序运行，同时也让律师回归到有组织的生活中，充分发挥律所作为一个平台的作用。

一体化运营本质意义上就是增强一个律所调动资源的能力，律所的资源包括人、业务、资金、设备。通过一体化运营，首先是要把人调动起来。如果按照生产力的三要素来看，在律所当中，人是所有要素的重中之重。律所的一体化运营，要让律师回归有组织的生活，让律师参与到公共事务中来，通过律所的激励，通过新的机制，让律师愿意为律所的公共事务奉献出自己的时间和精力。其次，通过一体化运营，能把律所的业务、资金、设备等统筹运作，增强律所为律师的赋能能力。

在这里，需要注意的是，律所的一体化运营是渐进性改革，不能一蹴而就。一体化运营过程当中最难的是业务的一体化，每个律师的业务水平、业务量、创收能力大相径庭，如果将业务一体化就相当于吃大锅饭，便是不可取的。所以一体化运营也可以分成低级、中级和高级三种不同程度，还可以划分为基础性的一体化和综合性的一体化，比如平台支撑的一体化、知识管理的一体化、公共活动的一体化等。律所的一体化可以分步实施，不是所有环节全部一体化，可以先将某一些领域、某一些环节当中一体化，逐步实现全所一体化。（见图 2. 1）

图 2. 1　律所管理模式关系

PART 2

第二部分

卓建发展史

第三章

卓建发展之路

伴随着香槟和鲜花，广东卓建律所于2007年7月18日在深圳福田区成立，开启了卓建创始人的寻梦之路，卓建人的追梦之路！卓建谓之曰“建设卓有建树的优秀团队”，梦想的“卓建”，是由一群怀着执着人生信念、孜孜求索奋斗的律师精英，一批铁肩担道义、热血铸法魂的行业楷模，一个个卓越团队组成的永葆生命活力、永不言败、卓有建树的团队。它的成员既要有不畏权势的铮铮铁骨，又要有满腔的芸芸爱心，既要成为依法治国大厦的基石，又要成为法治天下的拓荒耕牛。15年前卓建创始人就是怀揣这样的梦想启航了卓建，15年来卓建人就是追寻着这样一个梦想在拼搏奋斗。15年来，卓建创始人从初创期思考律所的发展方向，从点点滴滴地总结卓建应该有什么而不能有什么；从初创期的每一个律所制度都要考虑到与卓建发展的匹配与适应，更是随着新成员的加入而进行适度的调整；从初创期律所LOGO的精神入手，进行系列标识系统的建立，并将这种精神贯穿整个律所的管理；从初创期的杂志编辑到每一条卓建格言的整理，到今天的文化体系，都倾注了卓建人的辛勤和汗水。卓建创始人在15年前栽下卓建小苗，卓建人用15年心血浇注其成长为卓建之树。

宝剑锋从磨砺出，梅花香自苦难来。在15年的奋斗历程中，卓建经历了重重考验，在困境中突破。卓建始终希望吸引人才、培养人才、留住人才，为此卓建在发展过程中一直在孜孜不倦地进行着管理体制的创新和改革，并进行了大胆的尝试，到如今卓建已经成为深圳法律界的一道独特风景线，成为全国知名的律所，“在万木丛中生根发芽，长成一棵挺拔的大树”。

事有因果，卓建深信，今天所取得的成果是卓建“事业之心”、“奋斗之路”、“创新之念”、“好人之责”理念、价值观体现的必然结果，也是卓建未来持续发展的初心。

在法律行业蓬勃发展的大潮中，卓建能够异军突起、越战越勇的原因在于，卓建始终守护法律的是人心，做一个好人，尽律师责任；卓建始终是一个理想主义者，绝不会为了短期利益而交换律师的职业操守；卓建始终是一个人本主义者，尊重律师、爱护律师、培养律师、相信律师，“律之所忧，我必念之；律之所盼，我必行之”，以为律师创造良好的执业环境和平台为出发点，以依靠和带动律师来共同建设卓建为落脚点；卓建始终是一个勇敢的行动派，不惧失败，不断探索，点滴改进，永无止境；卓建是一位制度主义者，卓建赞美优秀，鼓励模范，但卓建更知道，一个优秀的组织是因有着适合自己发展的制度而优秀，有着优秀的团队合作而成功，所以卓建始终如一地在探索、完善适合卓建发展、适合律师发展的管理体系；卓建是一位务实主义者，卓建从不让“雷锋”吃亏，尽可能让每个成员的贡献都能得到组织的认可，让每个伙伴公益的善心能够得到回报；卓建是一位长期主义者，能够立足未来看待现在，能够为未来而大胆投资；卓建是一位学习主义者，始终能够与时代同兴，在时代的洪流中历练自己、充实自己、提高自己。

回望过去，是为了更好地面向未来。回顾卓建的创业史和成长史，有助于理解和检视卓建成长和发展的根脉，厘清卓建理念对一体化运营实践的作用和意义。

卓建发展到今天，（存在并）经历了三个不同的发展阶段。这三个阶段，正好伴随着卓建办公场所的迁移升级，对应着卓建发展迭代更新的不同阶段。从东风大厦培根筑基，到平安银行大厦筑巢引凤，再至国银金融中心大厦凤凰涅槃，卓建 15 年的发展，已然从小树苗长成了挺拔的参天大树。

东风大厦是卓建的第一个办公职场，这里是卓建事业的起点，也是卓建培根筑基的初创期。在这里的 5 年，卓建把“建立一个可传承的百年律所”作为奋斗目标，把“律师职业作为律师的事业”作为奋斗理想，把“让律师回归有组织的生活”作为自己的责任，把“在律师文化荒漠中种下生命的种子”作为己任，种下了“家文化、学习文化、团队文化”的种子，以富有吸引力的文化成为青年律师的摇篮、独树一帜，扛起了律师行业中的文化大旗。

在平安大厦的8年，是卓建事业的发展期，也是卓建筑巢引凤的壮大期。在这里，卓建锐意改革，依托三大文化，持续推进体制创新，创造性地提出了合伙人不同份额表决制、一体两翼的大部制、参与公共建设积分制、一体化运营等多项改革措施，由文化标杆所向管理强所升级，成为一体化运营的先行典范。

落地深圳市中心的国银大厦，是卓建事业的转型升级期。在这里，卓建对标国内外一流大所，总结卓建“三五”成果，制订“四五”发展规划，管理、产品、硬件等迭代升级，升级为卓建3.0版本，从文化标杆、管理先进的大所向各项兼优的强所出发，为卓建的可持续发展奠定坚实的基础。

一、卓建的发展历程

就像任何一个成功的企业一样，卓建的发展也经历了不同的阶段，我们可以把卓建的创业过程划分为初创期、成长期、转型升级期。卓建在每个阶段，都能根据现实的市场环境和竞争环境，结合自身的发展特点，确定其战略重点和管理举措。我们下面就对卓建的创业过程进行梳理。

一个企业的发展与人的成长一样，需要在关键时刻对关键领域进行投资。卓建在发展过程中，本着为律师伙伴考虑的原则，总能超前规划、全局思考，从软件到硬件、从文化到管理都进行了全方位的升级。卓建作为2007年成立的律所，在短短的15年时间里迅速发展，与卓建创业者的远见卓识和战略领域重点投资的意识有关，更与卓建创始人对律所律师的关心和爱护有关，也是卓建发展理念和文化根源的必然结果。

（一）卓建1.0（2007～2012年）：以文化为主导的培根铸魂期

2007年盛夏，39岁的张斌怀着满腔的热血和做法律人的理想，毅然决定走出稳定舒适、报酬丰厚的地产国企，走上充满竞争的律师自主创业之路。在这之前，张斌已与刘子平、杨林、单志军三位律师进行了一年多的有组织的法律能力学习和案件办理，有了团队的雏形。面对未来之路，选择有两种：一种是团队整体加盟一个律所，以团队专业建功立业。在当时，放眼律师界，基本只有两类律所，即公司制管理和提成制管理的律所，此两类律所的方式，难以实现团队理想信念；另一种，则是以自己的理想信念创办一家全新的律所，在深圳这块创业热土上开始自己人生的大胆创业，办一家与众不同的律所，办一所有信念、有理想、有品牌、有文化的律所。共同的理想信念、公共的价值观，让卓建创始人选择“卓建”这个“建设卓有建树的团队”在深圳东风大厦启航。

卓建这个有情怀的团队在设立前后，已然深刻地感受到律师的职业孤独感，在当时的业态下，许多律师虽然挂名在律所，但貌似个体户，从市场到业务，从文案到庭审，都是律师独立完成，律师并不会从律所获得实质意义上的帮助，律师也不会对律所产生归属感，律所变成了“个体户”的集中营，变成出租场地的房东，律所完全没有发挥组织的功效，没有发挥集体作用。基于卓建的这种感受，在成立之初，卓建就决心做成一家能够凝聚人心、有温度、有情感的律所，让律所真正成为律师的心灵家园，让“律师回归有组织的生活”。要凝聚人心，让律所成为一个强有力的组织，就需要有共同的文化理念，由此，卓建提出了“以文化立所，以文化聚才”的建所理念。当时中国律师行业处于律所文化荒漠，很少有人探讨律所文化，更鲜有人实践律所文化建设，卓建希望能在处于“律所文化荒漠”的律师行业中，开荒拓土，建起一片律所文化的绿洲。

曾有很多人向创始合伙人张斌提出疑问，为何卓建所要打造文化特色，而不是专业特色？创始合伙人张斌的回答是——“组织不能没有文化，更不能没有灵魂。一家有文化的律所一定能够把专业做好”。

卓建在思考如何打造一个最有凝聚力、最具稳定性的组织时，发现在中华文明5000多年的发展史中，“家庭”是最稳定的组织结构，家人荣辱与共、患难共担、互相扶持、不离不弃，共同撑起一片属于自己的天空，卓建的律师为什么就不能像个大家庭一样，共同撑起卓建这片天空呢？创始团队在建所前就有兄弟般的感情，感受着家一样的温暖，卓建“家文化”应运而生。卓建为律师举办集体生日，各种节假日律师们一起聚餐，为卓建家人操办婚庆，慰问家属一系列温馨的举动，让同事们建立了亲人一般的感情，大家都体会到了家庭一般的温暖。在办公室配置如冰箱、微波炉、咖啡机等各种生活设施，让冰冷的工作环境带有家的味道。通过这种种点滴细微的关怀和温情，潜移默化的“家文化”在卓建人心中成为割舍不断的情怀，产生了密不可分的凝聚力和感召力，留住了人才，并不断吸引律师界新秀和精英加入卓建，卓建规模不断扩大。

律师行业既是一个高度智力密集型的行业，也是一个高度依赖专业知识的行业，律师个人能力和水平的提高对律师个人的职业发展起着决定性的作用，对律所的专业化发展有着重要的作用，随着市场经济的不断发展，法治建设的不断完善，知识更新成为律师不可回避的问题。带动和帮助卓建人提高自身的执业能力、业务能力，不断地学习，以更新知识，是律所的责任。卓建创立前，创始人团队已然以“锐智论坛”的形式开展了一年多的学习，将该论坛的学习形式延续至卓建，转化为“卓建论道”，让卓建人融入集体学习，“学习文化”在卓建落地开花。内部的学习不足以拓宽视野，卓建又定期邀请知名专家、教授公开授课，开展“名人大讲堂”，为了帮助青年律师提升业务技能，使“青年律师成长之路”及时落地。为打造卓建的专业服务能力，“公司法特训营”随之开营。卓建的这些公开课不仅对卓建内部开放，而且对同行开放，对客户开放，不但提升了卓建人的专业能力，还尽到了律所对行业的社会责任。随着律所、部门、团队三个层级学习活动的开展，卓建形成了学习的良好氛围，为了让学习体系化、系统化，卓建建立了“卓建律师学院”，制定了自己的培训计划、培训纲要，以学院的组织方式让“学习文化”得到了组织、人员和经费保障。“家文化”“学习文化”逐步提升了卓建所的知名度与辐射影响力。

面对如何将业务办理的孤军奋战、各自为战，转变为团队集合作战、群体作战，形成优势互补，取得“1 +1 >2”的聚合效应，卓建在建所第三年时正式提出了“团队文化”。实际上卓建有着团队文化的天然基因，创始团队在建所前就是一个学习的团队，卓建取名就是建设卓越的团队，卓建 LOGO 就是象征着团结的法律人、雁阵般和接力赛接力的团队精神。卓建团队文化从打造专业团队开始，就投资法律顾问部、知识产权部等专业部门，鼓励和帮扶专业带头人建立团队，卓建团队文化逐渐形成。到了建所第五年的时候，卓建提出了有利于综合所专业发展的“大所小团队”模式，由合伙人带头成立专业团队，让游离于团队外的律师组建或加入团队，引进外部专业的律师团队，真正形成了团队办案文化。同时卓建作为孵化器也经常向行业输送优秀团队，在这样的良性循环中，不断地通过这种团队化建设引入人才、输送人才，激活律所潜能，促进行业发展。

在卓建1.0时代，就已经将律所文化体系中的三大核心文化“家文化”“学习文化”“团队文化”一一树立。在这三大核心文化的引领下，卓建在成立第5年时就获得了深圳市优秀律所的称号，当时获得该荣誉称号的律所在全市只有10家，卓建就是其中之一，而且是成立时间最短的一家新锐律所。当时行业中就有人评价，卓建是一支新秀，一支劲旅，通过卓建的精神能够看到未来律所的发展前景。卓建，也带着这份祝福与期许，怀着虔诚与热忱，走入了卓建的2.0时代。

（二）卓建2.0（2013～2019年）：以制度创新为基础的高速发展期

文化是一个组织的基因，优秀的文化能造就优秀的企业。卓建三大文化为卓建的发展之路奠定了基石。这些文化为卓建的发展注入了灵魂、注入了生机，为卓建的快速发展保驾护航。在搬离东风大厦之后，卓建搬迁到了平安银行，开启了卓建的2.0新时代。卓建的2.0时代是勇于探索、不断奋进的时代，是不断探索有效的管理体制、为卓建的长远发展完善框架的时代。

卓建的三大核心文化获得了律师，尤其是青年律师的认可。成立短短3年的时间，随着人员规模的不断扩大，卓建就从空置率过高的场地运营困扰矛盾，转变为场地不足不能满足发展的需求矛盾，原有的半层办公场所已不能适应卓建的发展需要，场地扩充至全层1000多平米。即使是这样，在第五年时，东风大厦的办公环境和面积就与卓建的发展不相匹配，遂萌生了办公场所升级换代的想法。卓建五周年庆典后，适逢深圳市委市政府对面的平安银行大厦有一整层2000多平方米的写字楼在招租，平安银行大厦的空间更大，但使用成本也更高，搬迁就会增加巨大的运营成本。对于搬迁的问题，合伙人之间有不同的意见，但毕竟有着共同的发展理念，经过多次商议，合伙人最终达成了共识，搬迁至平安银行大厦，开启了卓建的 2.0 时代。

在决定搬迁过程中，律所顺势完成了合伙份额制改造。1.0 时代的卓建，投资合伙人还只有创始合伙人张斌和创始合伙人刘子平律师，经营律所的费用大多出自两人，决定搬迁新址，需要拿出 450 万元的装修费，那么这个款项要从哪里来？是仍由两位创始合伙人投资，还是吸引更多的投资合伙人，这是卓建面临的新问题。最终，创始合伙人张斌决定实行合伙制改制，他认为，“律所要想做大，不能是一股独大，一股独大没有出路，正好我们那时候发展团队，也引进了很多团队，他们也想成为投资合伙人。因此我们借搬迁装修，就搞了一次改革，这个改革我们叫作份额制的改革”。这个改造实际上是创始合伙人张斌律师和创始合伙人刘子平律师把占大股的地位和百分之百的合伙人份额对外开放，让有意向投资的律师通过增资的方式成为投资合伙人，各人按出资比例享有对应的合伙份额和合伙人权利。具体的做法就是他们把前期两人对律所的投入进行作价，作为两人对律所的出资并投入部分新的资金，由新加入的投资合伙人投入资金，合伙人根据原始出资时间、投资时间、是否出资等因素界定为初级合伙人、高级合伙人、创始合伙人三个层级的合伙人结构。这样的改制，不仅解决了搬迁新址的资金来源问题，也让律所的治理结构趋于合理，标志着卓建进入了崭新的 2.0 时代。

卓建此番合伙人份额改制，展现了其“因势而谋、应势而动、顺势而为”的决策智慧，借由搬迁平安银行大厦的契机，通过产权结构的改革带动整个治理结构的整合，为卓建注入新鲜的血液，焕发了卓建新的生机。2012 年新搬入的平安银行大厦，办公室宽敞明亮，不仅提升了工作的舒适度，也鼓舞了整个律所的士气。

搬迁新址后，卓建在合伙份额制改造的过程中，开放创始合伙人通道，将创始团队中的杨林律师吸收为创始合伙人，以不断完善合伙人制度，让三级合伙人制度更加稳定。在此基础上，还扎实推进了一系列的管理体系改革，在律所合伙人会议下设置了律所管理委员会和监事，将律所的管理模式由原有的两位创始合伙人担任正副主任管理，转化为由 3 名创始合伙人和 4 名高级合伙人组成的管委会管理，高级合伙人担任监事并承担监督职责的管理模式，并在管委会下设7个专门委员会，由管委会委员分别兼任专门委员会主任，具体负责各项律所的服务与管理事宜。卓建完善了章程，将三级合伙人制度、管委会、监事等制度及“党建促所建、所建促党建”写入章程，将一系列改制成果用法律文件的方式固定下来，使之制度化、规范化。

在平安银行大厦发展到第十年时，卓建逐渐形成了“一体化运营”的模型。在卓建深化管理的过程中，卓建非常强调律所的服务能力，认为律所的管理，是一种服务型的管理，而非行政化的管理。在服务型管理理念的指引下，卓建逐渐演化出了一体化运营管理理念，激发合伙制律所的合作潜力，给律师提供坚实的支持，同时也发展壮大卓建。大部制改革、一体两翼、公共积分制度、知识管理系统，这些务实有效的操作都为卓建一体化运营进行了有效的探索和经验积累，为卓建的管理升级奠定了坚实的基础。卓建在“平安”这块福地，以果决而坚实的步伐，慢慢从新秀小所成长为知名大所，人员规模不断扩大，业绩收入每年都有30%的增长，卓建进入了高速发展的快车道。

（三）卓建3.0（2020年至今）：以平台化管理为导向的提质创优期

2020年5月25日上午，卓建在国银金融大厦12楼的新职场举办了一场简单而又不失喜庆的乔迁揭幕仪式。本次卓建乔迁，进驻拥有6000平方米、食堂、咖啡厅、健身房等配套齐全，彰显法律文化的卓建博物馆的新办公场地，标志着卓建3.0时代的开启，卓建的发展进入了一个新的历程和起点。此次搬迁于卓建而言，意义非凡，既是机遇，也是挑战。

在“平安”的7年，随着卓建的高速发展，卓建由小所成长为大所，原本规划使用10年的“平安”办公场所又一次不能满足发展的需求，许多优秀团队由于办公场所原因无法加入卓建。于是，2019年10月，卓建下定决心要再次搬迁。本次搬迁，卓建规划的新办公场所能够满足未来10～15年，甚至更长的发展需求，写字楼定位高端，内部装修要契合卓建特质。位于深圳市中心的国银金融中心映入卓建眼帘，这里地处深圳的CBD，属于深圳的黄金地段，虽租金昂贵，但配套完善，交通便利，且有着更大的发展空间，此时的卓建俨然有了更高远的目标，要建设成为具有国际化视野的一流律所，为了律所长足的发展，合伙人团队一致决定入驻。

得益于卓建2.0优秀的改革机制，卓建合伙人全部按份额参与投资，在良性的运营模式下，抗风险能力不断增强，律所营运收支基本平衡，这一次的搬迁成本1500余万元，在合伙人没有额外增加投资的情况下，用卓建合伙人的公共积累资金就全部完成。3.0职场办公面积比2.0面积增加了将近两倍，30余间大小不同的多功能会客室，独立大气的阶梯培训讲堂，规范的模拟法庭，巨大的电子展示屏，以及独具匠心、带有卓建文化气息的法律博物馆，让当事人感受到了卓建的厚重与文化气息，让卓建人感受到了新办公场所的温馨与气派。除了硬件设施全面上档次之外，卓建针对律师的一体化服务也进行全面升级。虽然在新职场装修时，突如其来的新冠肺炎疫情为卓建新办公场所搬迁带来了压力，但卓建管理团队顶住压力，克服种种困难，在疫情转好后立即搬迁入驻，开启了律所转型的新征程，朝着强所的目标迈进。

卓建3.0时代的开启，标志着卓建实现了第三次飞跃，而其中最重要的是实现了由律所文化向法律文化的转型。卓建把法律博物馆的概念引进了律所，让卓建的当事人、同行和客人穿梭在法制时光长廊之中，受到法治的洗礼，提升对律所的观感，感受到卓建具有穿透力的文化力量。如今卓建的文化已经超越了最初的文化，实现从卓建文化到法律文化，从律所文化向法律文化的升级，这是一个巨大的变化，也让卓建能够站在更高的起点，并以更高的格局来审视法律服务行业。

“今天是个好日子，在举国翘盼中华人民共和国第一部民法典诞生之际，在全国人民决胜小康之际，我们迎来了卓建新办公场所的乔迁盛典，由于新冠肺炎疫情管控，我们没有邀请高朋参与，今天的幸运与快乐只属于我们卓建家人，我相信不久的将来我们会补上这一课，也许就在摘下口罩之时，那时就是抗疫最终胜利之时。今天卓建家人共同见证卓建正式开启3.0时代，高端大气上档次的新办公场所堪称全国一流，不仅装修考究，功能齐全，而且蕴藏着深厚的法律文化底蕴。我相信未来卓建一定会成为同行参观的胜地，也将成为法律文化展示和交流的胜地。”创始合伙人张斌律师在乔迁揭幕仪式上的这番话，既是感言，也是预言，感慨于15载卓建的付出与收获，艰难与甘甜，期望于卓建未来的新篇章，也感怀于与祖国共命运同呼吸的大国小家。

二、卓建的卓越成绩

15 载砥砺前行，而今的卓建已接近卓建其名的内涵——卓尔不凡、卓有建树。如同在《文心卓建》书中，《卓建的“歌”》中所谱写的那样，卓建是一道令人心生澎湃的壮丽风景——“十三载风雨征程，和弦而歌、气冲霄汉；十三载砥砺前行，斗转星移、群芳争艳；十三载栉风沐雨，瑰丽画卷、大幕拉开；十三载披肝沥胆，无悔青春，宏图再展。”卓建在深圳这片沃土上，生根发芽、汲取营养、枝繁叶茂、谱写华章，卓建与深圳相携与共，快速发展，让我们盘点一下卓建 15 年所取得的成绩。

（一）文化积淀

卓建所是一家有文化品位的律所。在卓建，企业文化是一个不断丰富发展的动态过程。卓建坚定“以专业立所，以文化聚才”的理念，进而演变为“以专业立所，以文化兴所”“以文化兴所，以文化聚才”，并不断完善律所的愿景、使命、价值观。（见图 3. 1）

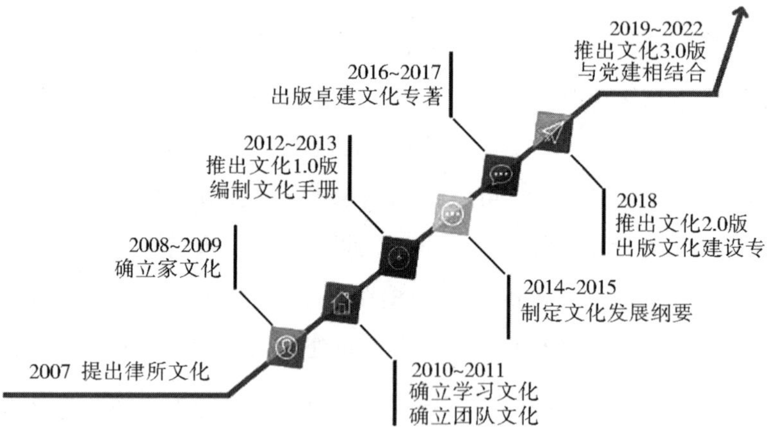

图 3. 1　卓建的律所文化发展历程

从建所之初就笃定“文化立所”的理念，通过15年的文化塑造、文化积淀、文化熏陶，卓建已经养成了以“家文化”“学习文化”“团队文化”为特质，以“全员共治、和谐共生”为底蕴的文化之树。律所领导通过有效的传播机制和各种方式，使卓建文化深入人心，在所内外得到有效的沟通和顺畅的传播，在业界独树一帜；卓建还打造了一系列文化传播途径及平台，以《卓建律师》杂志、文化墙、广播站、乐队等形式传播卓建文化，汇编内部文化专辑《文心卓建》，让卓建的使命、愿景、价值观和理念深入人心；汇编内部优秀案例集《匠心卓建》，宣传卓建优秀的案例，宣传卓建的专业度。同时，律所高层领导以身作则、身体力行落实卓建价值观和经营理念。创始合伙人张斌一直鼓励和引导卓建人关注社会法治建设，其积极组织、参与和支持各种法治宣传教育活动，被中央宣传部、司法部评为“全国法治宣传教育模范个人”。卓建所通过文化凝集了人心，汇聚了人才，激扬了正能量，感染了客户，温暖了社会，树立了业界标杆，形成了鲜明的律所特色，成为卓建所制胜的重要法宝。

（二）行业领先

卓建所是一家具有专业优势的律所。卓建不仅拥有专利代理机构资质、商标代理机构资质和破产管理人资质，在短短10多年时间，一直走战略引领发展的路径，在中国律师界异军突起，快速发展。多年来，卓建荣誉卓著，这些荣誉见证了卓建的发展轨迹。2010年，卓建荣获深圳首届十佳律所称号；2014年卓建荣获广东省律所Ⅵ项目综合设计一等奖、评比单项创意奖；2015年，卓建被评为深圳市知名品牌，是当年度法律服务行业唯一入选的品牌；2016年，卓建被评为全国优秀律所；2017年卓建荣获深圳市知识产权保护金奖；2017年，卓建荣获ALB2017中国法律大奖2项提名，分别为“最具潜力律所”“年度最佳南部律所”；2017年、2018年连续两年卓建进入中国专利民事诉讼代理机构TOP10；2018年，卓建荣获执业纪律规范化律所；2019年，卓建荣获广东先进党组织称号。这些资质和称号的取得是对卓建律所服务实力和信誉的肯定和认可。（见图3.2）

图 3.2　卓建的荣誉墙

卓建具有综合全面的业务体系，业务范围囊括了几乎所有的传统法律业务，在卓建主要产品与交付方式方面，卓建以“为客户创造价值，推动社会法治进步”为使命，着力打造并实现了产品市场化、部门专业化、服务团队化。

卓建从立所之初只有 5 名律师的小所，成长为合伙人近百人、律所凝聚力强、专业门类齐全、业绩优异、管理先进的综合性大所，离不开领导层的远见卓识及文化的凝聚力。近 3 年，卓建执业律师人数、业务收入及律师人均收入均稳步增长，规模和实力不断壮大。截至 2021 年年底，卓建总部执业律师、实习律师、律师助理及行政辅助人员等超过 500 人，律所人员平均年龄 31 岁，是一支年轻高智的强力队伍。卓建现在广州、西安、重庆、杭州、福州 5 个省会城市，中山市、马鞍山、大连等地级市，深圳龙岗、龙华、坪山、深汕合作区等多地开设了分所，分所执业律师及辅助人员超过 200 人。未来，卓建分所将在全国省会城市、大湾区城市、经济发达的地级市陆续开设分所，传导卓建文化、提供法律服务。

根据司法部公布的数据，全国现有律所3.6万家，律师人数62万人。深圳现有律所近1100家，执业律师人数即将突破2万人。卓建人数规模已进入深圳律所前6，业务总收入已进入前10。全体卓建人上下一心、众志成城，律所治理规范有效，各部门各司其职、各尽其责，保障了律所的稳健发展，律所规模和创收逐年增长，员工对律所文化的认可度也在不断提升。（见表3.1）

表3.1 卓建的成效治理数据

项目	2020年	2021年
管委会成员绩效考核达标率/%	100	100
合伙人人数	76	87
文化认可度/%	99.6	99.8

（三）品质服务

卓建是一家注重为客户提供高品质法律服务的律所。卓建已经形成了独具特色的知识管理体系；形成了相对完善的业务审核与风险防控体系；形成了门类齐全的专业律师队伍，并且有十大专业委员会和十大专业部门作为法律服务作业支撑；卓建导入了ISO9002质量管理体系及卓越绩效管理体系。卓建律师长期养成的精益求精、追求卓越的匠心，决定了卓建能够为客户提供高品质的法律服务。得益于卓建人根植于内心的善良、规则意识，以及律所纪律与律师考核委宣导工作和督促，律所成立至今一直保持零有效投诉率。（见表3.2）

表3.2 卓建的执业纪律与投诉情况

单位：%

指标名称	2019年	2020年	2021年
律协层面有效投诉率	0	0	0
所内投诉/需求解决率	100	100	100
顾客满意度	85.73	86.97	87.85

卓建产品主要分为市场化法律服务产品及公益法律服务产品，聚焦的客户群体主要包括企业、个人、政府单位、公益机构，为他们提供法律咨询、法律顾问、专项服务、诉讼/仲裁/调解等法律服务，帮助他们预防法律风险或解决已经出现的法律问题。卓建树立了“以客户为中心”的理念，建立了系统的顾客管理流程。(见图3.3)

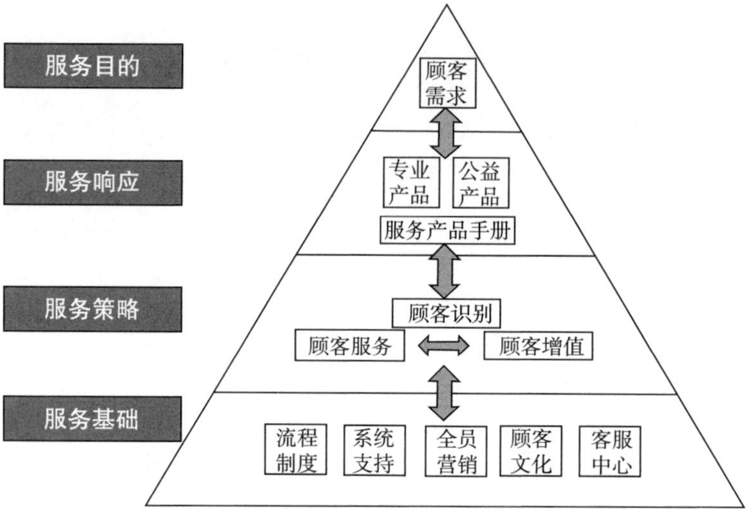

图3.3 卓建的顾客管理系统

在聚焦顾客满意度方面，卓建秉持以顾客为中心的服务理念和原则，建立了全方位的客户满意度调查与分析体系。收集顾客意见和信息，进行分析和判断，从中识别出客户真实需求，通过改善服务、优化和创新产品与服务更好地满足顾客需求。(见图3.4)

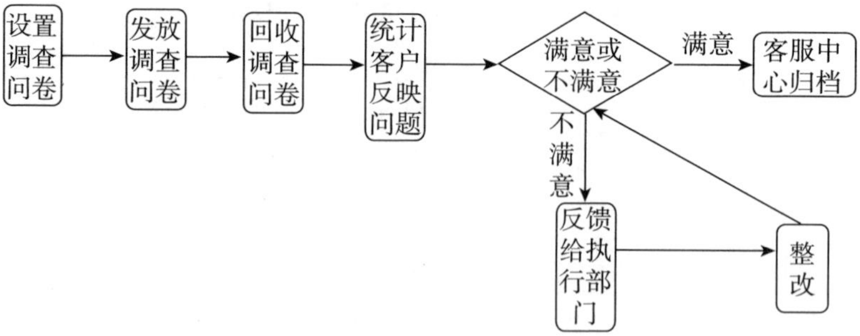

图3.4 卓建的顾客满意度调查流程

创新是卓建的灵魂，卓建力图通过不断的更新迭代，打造更优质的服务，回馈社会。卓建每年定期举办法律服务产品创新大赛，并选拔优秀作品到市律协参赛，参赛作品均获得优异成绩，创新产品推出市场后，也获得了广大客户的好评。（见图 3.5）

图 3.5　卓建法律服务创新大赛

2018 年，卓建在律师行业首创并发布《法律服务产品目录》，将规范化、流程化、可评价的 240 个法律服务产品推向市场，提供菜单式可选择的法律服务，解决了行业法律服务流程不透明、收费不明确、缺乏评价标准的问题。卓建仍在不断优化升级《法律服务产品目录》。2022 年 1 月推出的《法律服务产品目录》2.0 版本，能够为客户提供更好的服务选择和体验。

2020 年问世的《匠心卓建》，是卓建律师的第一本经典案例集。它收录了自 2007 年卓建律所创所以来，卓建律师亲自办理和总结的部分经典案例，根据专业方向分别归入 8 个不同的篇章。具体为公司法案例篇、房地产与建设工程案例篇、知识产权案例篇、金融保险案例篇、劳动人事案例篇、刑事案例篇、行政诉讼案例篇以及其他争议案例篇。《匠心卓建》将持续推出，汇集更多的经典优秀案例。

“超越自我，追求卓越”是卓建人的座右铭，持续保持“匠心、匠艺、匠心之作”也是卓建人孜孜不倦的追求。卓建人正是秉承这份“匠心”持续前行，力图把每一个案件都办成精品，无愧于卓建所，无愧于客户。

（四）深耕党建

卓建是一家将党建与所建相结合的律所，力争打造党政双优。卓建所和卓建党委始终坚持“以党建促所建，以所建促党建”的工作方针，党建工作取得丰硕成果。自创立伊始，卓建所就已经将“党建促所建、所建促党建”的党建工作写入卓建所章程，在深圳地区律所中开创了党建入章程的先例。作为深圳知名的综合性大所，卓建党员数量也已超过150人，中国共产党广东卓建律所委员会是一个直接从党支部跃过设立党总支环节而成立的一家二级党委，下设7个支部。卓建党委将支部建在业务部门上，以开展党员活动作为推动党建工作的有利抓手，定期开展党员文化活动，如为庆祝新中国成立70周年，卓建合唱团、卓建乐队录制了摇滚版《歌唱祖国》视频，被中华全国律师协会收录并在官网首页展示；在建党100周年时，组织党员律师宣读律师誓词等。系列党建活动的开展，形成了党建工作和律所业务发展良性互动的局面，使党建文化成为卓建文化的重要组成部分。(见图3.6)

图3.6 卓建的党建文化

现在卓建党委下设有10个党支部，正式党员155名，预备党员2名，入党积极分子2名。为充分发挥党组织在律所的政治引领作用，卓建将党建工作与律所管理紧密结合，充分发挥卓建党委的政治核心作用，发挥卓建党员的先锋模范作用，将律师培养成拥护中国共产党领导、拥护社会主义法治的人民律师。(见图3.7)

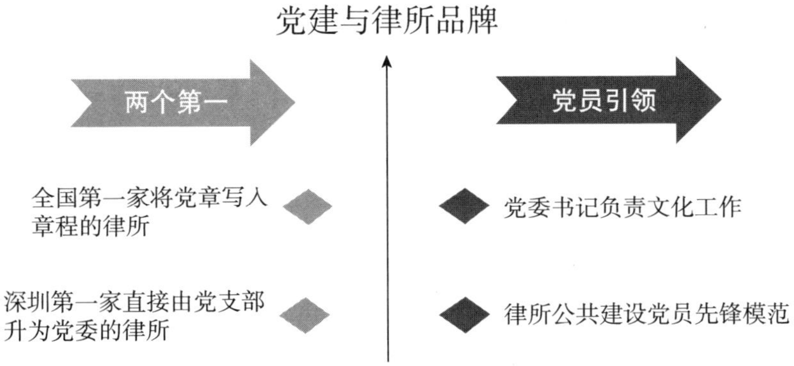

图 3.7　卓建的党建与品牌建设

2020 年，适逢中国共产党成立 99 周年之际，卓建律所喜讯频传，卓建党委获评广东省律师行业“先进基层党组织”，穆银丽同志、张斌同志、罗先娥同志荣获深圳市律师行业“优秀共产党员”荣誉称号，杨斌同志、邱建辉同志被评为深圳市优秀党务工作者。这是继 2017 年、2018 年，卓建党委连续两年荣获深圳市律师行业“先进基层党组织”，多名党员律师获得“优秀共产党员”“优秀党务工作者”等荣誉称号之后，再获殊荣。卓建律所积极探索践行“党建 + 文化”“党建 + 管理”“党建 + 纪律”“党建 + 公益”“党建 + 服务”“党建 + 创新”的“党建 6 +”工作新模式，发挥律师党员的专业优势，努力履行律师公益职责，广大党员律师积极投身于普法宣传（开展“民断是非”系列普法活动等）、社区服务、法律援助工作，曾在 2017 年和 2018 年分别获青少年普法“新雨计划”合作机构“雨点奖”及“十佳律所”，卓建律所主任、党委副书记、纪委书记张斌律师获得深圳律协成立 30 周年“优秀专业律师”及“服务律师奖”等。

（五）体制优越

卓建是一家一体化运营的律所。卓建所自 2007 年成立以来发展迅速，目前已经形成超过 500 人的专业法律服务团队，卓建致力于塑造优秀文化，以优秀文化驱动一体化运营，注重文化传承，以文化立所，以文化聚才。截至目前已建立律所管理委员会、7 个专门委员会、10 个专业委员会、10 个专业部门，以及“10 +1”体系，其中，“10 +1”体系涵盖文化体系、决策体系、战略体系、组织体系、激励体系、业务体系、知识管理体系、培训体系、资金保障体系、科技支撑体系，配合“党建6+”模式保障，让文化内化于心，外化于行，从而凝聚人心。同时，卓建提出了“共建、共享、共成”的办所理念，引导、协商、共识的决策机制，以及有序、和谐、高效的科学管理方法。尽管目前非一体化运作的律所仍占据多数，但基于不断紧张的行业竞争态势以及不断升级的客户需求，从长远发展规律来看，一体化是律所发展的必由之路。卓建所一体化运营的创新实践，驱动律所业务的进一步拓展。2017 年卓建所年创收突破 1 亿元，近 3 年每年业务总收入、业务数量及各业务收案数持续增长 30%。近 3 年顾客满意率达到 96.97%。律界“品牌打造师”段建国律师曾在全国律所一体化运作先锋论坛上这样评价卓建一体化运营：卓建所经验是中国提成制律所转型升级的一面旗帜，相比公司制的一体化而言，从另一个角度诠释和丰富了律所一体化运营的内涵。

（六）回馈社会

卓建是一家有社会责任感的律所。在经济贡献方面，并不单纯体现在经济创收，而是主要体现为顾客提供法律服务创造价值，即通过担任法律顾问、原告或被告等的代理合法人、辩护律师等方式，为顾客挽回、减少或避免经济损失，维护合法权益。

社会公益方面，卓建同样自觉肩负着义不容辞的使命。卓建人始终牢记“做一个好人，尽律师责任”的誓言，把推动社会法治进步作为使命。2014 年，卓建发起创办了“民断是非”大型思辨性公益普法活动，同时，卓建积极参与捐资助学以及各种社会公益活动，2021 年开展普法宣传 20 次，为企业和个人提供法律咨询 200 人次，为企业提供法治体检活动 15 次。（见表 3.3）

表 3.3 卓建的“民断是非”数据记录

项目	2019 年	2020 年	2021 年
“民断是非”举办次数	12	8	8
“民断是非”参与人数	2500	1800	1700

2020年新冠肺炎疫情暴发以来，卓建所和卓建党委心系湖北同胞，积极响应广东省及深圳市律师协会号召，在所内启动了抗击疫情爱心捐款行动，号召全所党员同志为湖北省黄冈市进行定点捐款，卓建所捐款人数累计205人，捐款累计319,080.00元。其中，中共广东卓建律所委员会捐款118,100元。新冠肺炎疫情防控期间，党委书记穆银丽同志身先士卒，从新冠肺炎疫情暴发初期就带领卓建党委进行周密部署，带领全体党员积极参与防控阻击战。在2022年1月深圳新冠肺炎疫情出现反弹时，卓建率先成立“抗疫应急先锋队”，由管委会主任刘子平任队长、党委书记穆银丽任临时党支部书记，并确定将这支队伍作为常备应急队伍，以支援疫情防控工作及可能的其他应急事项，截至2022年3月10日，卓建抗疫应急先锋队参加抗疫志愿者130人次，抗疫支援活动还将持续至疫情结束。这样的例子不胜枚举，在过往的15年来，卓建人不忘初心，牢记“三心”，以“匠心”服务社会，以“热心”温暖社会，以“仁心”扶助弱势群体，努力践行社会责任，回馈社会。

“绿水青山就是金山银山”是习近平总书记于2005年8月在浙江湖州安吉考察时提出的科学论断，生态文明建设和环境保护关乎人民福祉，关乎子孙后代和民族未来。环境保护既不是空洞的目标，也不是抽象的遐想，它与公众生活密切相关，并需要社会公众的积极参与。随着“推进环境公益诉讼”相关法律法规的推出，以及相关公益诉讼案例的出现，环境公益诉讼议题更是不可阻挡地进入了公众的视野。卓建积极培育环境保护法专业律师，积极代理环境保护相关的公益诉讼案件，为环境保护的法治建设提供律师智慧。

深耕15年，卓建树立了良好的专业形象，具有广泛的社会知名度和良好的社会美誉度。律所多名律师长期在深圳广电集团各节目担任嘉宾律师，卓建合伙人多次接受深圳及全国部分媒体的采访。(见图3.8)

图 3.8　卓建合伙人接受媒体采访

卓建坚持认为，一个优秀的律所，不仅应该为客户提供优质的法律服务，而且还必须勇担社会责任，为法治的健全、社会的进步贡献力量。基于此，卓建律师具有高度的社会责任感与时代使命感，始终身体力行，感恩社会对自身的培育，同时也不忘对社会的回馈。

三、卓建的优秀经验

15 年来，从当初自嘲的“草根所”到如今深圳本土的一家大型特殊普通合伙制综合型律所，卓建正以它的实力和魄力在中国律师行业异军突起，并愿意与律师同行共同分享卓建的管理经验，为中国律师行业的发展做出自己的贡献。

都说商场如战场，《孙子兵法》认为战争成功的要素是“道、天、地、将、法”。今天卓建的快速成长，我们也一样可以用“道、天、地、将、法”五大要素进行解释。

（一）道：律所文化根植人心

何为道？《孙子兵法》中称：“道者，令民与上同意也，故可以与之死，可以与之生，而不畏危也。”在卓建的发展历程中，卓建之“道”正是其浸入卓建血液，并以此立足成长的卓建文化。

15 年来，卓建一直没有忘记“打造一家有文化品位的律所”这一初心，坚定不移地坚持律所文化建设，形成了“家文化、学习文化、团队文化”三位一体的卓建文化体系，绘制了一幅枝繁叶茂的卓建文化树。（见图 3. 9、图 3. 10）卓建已经从文化建所走向文化自觉，卓建文化对推动卓建所的健康发展发挥了积极作用，同时也影响了律师行业的文化建设。

图 3. 9　卓建的文化墙

图 3.10　卓建风采

卓建文化是卓建发展的灵魂。卓建的文化为卓建的业务发展指明了方向，为卓建提供了行动指南。卓建把“做一个好人，尽律师责任”作为卓建人的初心，并写入卓建誓词中。“做个好人”是卓建人做人的基本要求，只有这样卓建才能心存为他人着想的善意，才能团结他人、获得他人的尊重和帮助；“尽律师责任”是卓建人做事的基本要求，也是卓建人的职业操守。“尽律师责任”时刻提醒卓建人对客户“尽心、尽力、尽责”，对业务“专业、专心、专注”，对平台“共建、共享、共成”。15 年来卓建人始终没有忘记这一初心，全心全意地服务客户、服务社会，赢得了社会各界的良好口碑。

卓建的文化建设，对外打造了卓建的卓越形象，促进了法治社会的发展，对律师也形成强大的吸引力。卓建所在 15 年发展过程中，从设立之初到如今深深吸引青年律师的首要因素就是卓建所的“家文化”，这让“初出茅庐”却又潜力无限的青年律师找到了一个温暖的港湾，一个可以托付的组织。卓建在生活、学习、工作中给律师们带来家庭般的关怀和温暖。卓建的“学习文化”也同样吸引了青年律师。由于律师行业的特性，对律师的要求不断提高，社会上各种各样的收费培训很多，但都比较松散，而卓建所开展的有组织的学习，形成了开放、和谐、良好的学习文化，让卓建的律师切实获得了成长，同时卓建外的同行通过实地考察或是口口相传也了解、感受到卓建文化，从而产生源源不断的吸引力。卓建创立之初所创建的“团队文化”，更是在长达 15 年的发展中不断迭代，历久弥新，发挥着重要作用。从卓建创始人提出“回归有组织的学习”的共同愿望，到“大所小团队”的律所团队运作模式，再到“协力团队”的组建，卓建的团队文化规划越来越清晰，内涵越来越丰富，更具有开放性和包容性，促进团队成员追求自由和共同发展。

目前卓建在专业化团队建设方面，由自发走向自觉，主动性和计划性越来越强，全所的理念不断深入发展。律所鼓励建立专业化的服务团队，对于新建团队给予人力、物力和财力方面的支持，帮助他们制订规划、招揽人才。同时，律所实施“海星计划”，着力培养团队带头人和业务骨干，根据业务发展的需要对现有团队进行拆分、重组、优化。另外，在本所较为薄弱的专业领域实施“猎鹰计划”，从所外引进专业人员或团队，按照卓建的团队文化加以改造、融合。至今，卓建已经拥有五十多个专业的律师团队，具备了综合性的专业服务能力。

面向未来，无论是卓建所还是卓建人，勿忘初心，方得始终。卓建的初心，首先，必须是一颗“热心”，对社会、对组织、对个人，特别是对当事人要心存善意，满腔热情，尽心尽力提供服务，做有温度的法律人。其次，必须是一颗“仁心”，没有仁心就没有仁术，要把握职业操守，不坑人、不蒙人、不骗人、不害人，不做法律打手，不玩弄法律，要遵守法律，维护正义，维护当事人的合法权益。最后，必须有一颗“匠心”，发扬工匠精神，把每一次法律服务都当作一件作品，精雕细琢、精益求精，把专业做精、做细、做强。

只要抱有热心，怀有仁心，持有匠心，卓建人一定会尽好律师责任，卓建所也会永葆文化青春，由一棵枝繁叶茂的文化大树成长为一片茂密的文化森林。

（二）天：高屋建瓴审时度势

何为天？《孙子兵法》中称："天者，阴阳、寒暑、时制也。"对于卓建，则是能高屋建瓴、审时度势把握时机做出正确的选择。

卓建在发展历程中，几乎没有走过错路，在每一个行业发展和企业发展的关键时刻，都做出了正确的选择。在关键时刻，卓建能够冷静地观察或者洞察行业的发展趋势，并能够迅速调整企业发展战略，卓建的这种战略调整能力、适应环境变化的能力，也是卓建成功一个很重要的因素。

在改革开放初期，特别是20世纪90年代，律所提成制特别盛行，但是随着律所的不断发展，律所数量越来越多，律师的选择也越来越多，律师不愿意给律所交太多的费用，因此从广东省开始，特别是从深圳开始进行了改革，由原来的提成、分成制变成了律师只需上交固定的费用和税费，其他收入均归律师所有的模式。有一些律所为了吸引律师，除了必须的一定税费外，不收取任何费用。于是，各大律所之间出现了白热化的竞争，律所进行了一次大洗牌，很快就催生出了一些巨无霸的大型律所。

但随着行业的发展，原来靠低价吸引律师加盟的律所面临着一个巨大的挑战，也即那些成本敏感性的律师往往会出现闯红灯的行为，与客户产生纠纷，遭遇投诉，连累律所。于是之后，这些大型的律所也都在进行改革。卓建所正是在这样的行业环境下诞生的，卓建创始人认为，律所要持续发展，以低价吸引律师的模式行不通，律所只有成为律师赋能的平台，才能真正吸引到优秀律师，律所只有助力律师做大做强，才能可持续发展。因此卓建提出了一种新的运营模式，即一体化运营。

最早提出一体化运营的并非卓建，但卓建却是提成制律所中第一个提出一体化转型的律所。实际上，一体化运营的概念来自公司制的律所，公司制背后体现了完整的一体化运营思路。相较于行业内95%以上散兵游勇式的律所，像公司一样去管理律所确实有其调动资源的优势之处。

目前律师行业有一种说法，认为提成制将被历史淘汰，律所必须以公司制为趋势。但是，部分试图改制为公司制的提成制律所的成功率往往特别低，原因何在？公司制律所的成功实际上具有很大的偶然因素，要把具有偶然因素的业态变成一个普适状态，必然会产生问题。两种体制相比，一体化运营能力是律所竞争力高低的关键，传统的提成制律所应该做出一些创新和变革，通过重新定义提成制律所，提升其一体化运营能力，方能赢得竞争优势。

《律所再造：律所革命的宣言》一书中有一句话，“合伙人常常关注外部竞争的敌人，然而律所的内部机制才是真正的敌人”。在当前面对提成制律所的困境，很多人把它归结为外部竞争激烈，实际上内部松散、一体化运营能力低是传统提成制律所“真正的敌人”。传统提成制律所应当向公司制律所学习其一体化运营能力，通过重新定义传统提成制律所，消灭传统提成制律所“真正的敌人”，从而赢得竞争优势。

在律所的演化过程中，传统律所的经营模式接受着考验。许多律所需要彻底改变原有的商业模式才能生存和发展，否则将导致律所在市场竞争中出局。卓建，对律所的发展形势有着清醒的判断，主张在提成制律所分步实施一体化运营，并从某一些领域、某一些环节率先实现一体化，从而带动其他部分的逐步一体化。卓建一改以往律所散兵游勇的运作模式，激活律师的主人翁意识，从“乱拳出击”到打出漂亮组合拳。

（三）地：搭建平台赋能共赢

何为地？《孙子兵法》中称：“地者，远近、险易、广狭、死生也。”在战争中至关重要的要素地势、地利，代表着能掌握的资源与以此衡量的胜算，在企业经营中，则对应企业搭建的平台。卓建在实践中，不仅从物质方面，通过三次搬迁，对员工的工作环境予以改善，从而带动了律所整体的发展；还从精神层面，明晰并尊重律师职业特性，搭建开放、共享、共赢、能为律师赋能的平台，实现了律师与律所的良性发展。

卓建律所的三次选址、三次搬迁，都体现了卓建对团队注入的心力与期许。每一次办公场所的选择，卓建首要考量的都不是经济因素，而是卓建人的办公体验，即使每一次的费用对于当时的卓建都不是最稳妥、最具性价比的选择，但卓建始终都把律师的体验和诉求放在自己考虑问题的优先级上。

如今回首，看似冒险的选择最终都证明是一项正确的决策。卓建一直以硬件升级带动软件升级，以软件、硬件升级推动卓建管理升级和服务升级，不吝投资，力求打造最具底气和实力的律师团队，为大众提供更加丰富、优质的法律服务产品和更具竞争力的服务。

2020 年，对于中国来说是特殊的一年，在这一年，卓建搬迁进了新的办公场所。国银金融中心大厦被称为“会呼吸的写字楼”。呼吸式幕墙，不仅能够大大节约能源，其优异的通风系统，更能创造十分良好的办公环境。卓建办公场所配有 30 余间大小不同的多功能会客室、独立大气的阶梯培训讲堂、规整的模拟法庭以及独具匠心的法律博物馆。同时，国银金融中心还为大楼办公人员配备了专属食堂、健身房等设施设备。从 15 年前东风的 800 平方米，到平安的 2000 平方米，直至如今的 6000 平方米，除了硬件设施的全面上档次，和卓建人职场体验感的提升外，卓建针对律师的一体化服务也将全面升级。

虽然 3.0 时代的这次搬迁，由于疫情环境给卓建带来了不小的挑战与压力，但卓建仍然做到了“乔迁与业务两不误、乔迁与抗疫两不误”，卓建借助此次乔迁实现转型升级，更扎实地做内功，也更注重提升自己的管理水平和能力，在疫情期间，卓建律所的业务量仍然稳步上升。

卓建律所的卓越成绩，离不开管理者的远见卓识，也离不开执业者们的辛勤付出。只有搭建一个开放包容的平台，才能带来效益的最大化。卓建律所是全体卓建人的舞台，只要律师有想法，就能在卓建律所的舞台上尽情展现，卓建律所都将给予最大的支持和帮助。目前的管委会成员和高管成员，有一半是在 2012 ~ 2013 年加入卓建律所的，现在已经成长为高级合伙人和管委会成员。卓建律所作为一个平台，因地制宜努力做到内外和谐，打造协同共生、协力共赢的卓建律所共同体，营造齐心协力，共同发展，共同克服困难的氛围。

（四）将：团队建设齐头并进

何为将？《孙子兵法》中称：“将者，智、信、仁、勇、严。”战场之上，将领的重要性不言而喻，卓建律所用更包容的胸怀，赋予“将”更深厚的内涵，卓建律所的成长不仅归功于“将领”的果决，更依赖于“将士”的付出，甚至在于一体化运营的卓建律所，模糊了将领与将士的界限，卓建律所的所有人，在卓建律所文化的浸染下，拧成一股绳，劲往一处使，发挥出“1+1>2”的最大化效益。

“将”才最重要的是能够凝聚人才、激励人才。卓建成立较晚，“80后”“90后”的年轻律师占了绝大部分，但执业律师人数超300人，在深圳近千家律所中排行前十。虽然目前业务及人数规模还有很大的增长空间，但是业务收入增长及律师人均收入保持着较快的增长速度，仍可见卓建未来的潜力。

卓建广聚英才，离不开合伙人包容开放的心态。海纳百川，有容乃大。卓建所的开放、包容吸引了很多优秀的青年律师加入卓建。随着卓建事业的进一步发展，越来越多的优秀律师踊跃加盟卓建、与卓建共同成长。卓建不仅对律师有极大的吸引力，而且也在加大力度引入跨界人才，如营销人才、管理人才。随着未来卓建法律服务的创新和深度发展，这种跨界人才引进制度的实施，将会改变法律服务业的传统思维模式，带动整个律师行业的管理升级。

卓建能吸引天下英才，也离不开其营造的创新氛围。卓建将创新理念融入卓建人的血液中，通过多种形式鼓励人人成为创新者。创新是卓建的灵魂，为培养创新意识，激励各项创新规划与计划的落地与实施，卓建制定了行之有效的创新激励制度与措施。为促进法律服务创新产品的研发与切实落地，卓建所不仅对参与法律服务产品创新大赛的优秀参赛者给予奖金鼓励，而且还在法律服务创新产品的市场推广中加大资金支持力度，给予其市场推广机会及优先案源配给。卓建所始终坚持开放式创新，把跨界融合与创新结合起来，倾力打造协同共生的创新生态。以聚法案例及聚法HOLO系统的开发为例，为了打造案例运用的生态链，卓建融合了法院、企业、高校、行政机关及律所的资源，协同开发出了中国智能性最强的案例库，推动了司法大数据的应用。

“超越自我、追求卓越”是卓建人孜孜不倦的追求，关于律所经营及创新，卓建一直在探索的路上。

卓建在赋予律师最大化的自主权，激发其行动力的同时，对于法律红线仍紧抓不放，没有一丝松懈。卓建依照《律师法》等法律成立、运营，严格遵守《民法典》《会计法》《劳动法》等法律法规及行业规章制度，接受国家司法行政部门和律师协会的管理、监督、指导。同时，卓建也非常重视道德建设，从职业观、执业态度、执业纪律、执业技能、作风操守等各方面，通过制度保障、过程管控等方法保证律师诚信执业。对此，卓建提出了“八条戒律”。（见表 3.4）

表 3.4　卓建的“八条戒律”

戒律	内涵
一戒越位	自守本分，尊重他人
二戒主观	言必有据，言必成理
三戒懒惰	熟能生巧，勤可补拙
四戒偏执	兼听则明，知错能改
五戒攻讦	就事论事，适可而止
六戒浮躁	宁静致远，笃定深沉
七戒贪心	坚守底线，不近横财
八戒逃避	直面考验，勇于担当

卓建的“八条戒律”既是对律师工作的指南，也是对律师的保护。这些文化和行为准则，潜移默化地影响着律师的意识和行为。现在卓建的律师有很强的卓建的烙印、卓建的风格。

（五）法：科学制度全力推行

何为法？《孙子兵法》中称：“法者，曲制，官道，主用也。”对于企业而言，有一套科学完善的制度也是成功的重要因素，卓建的卓越成绩就来自其自设立起就实行的一体化运营模式。

卓建自创所以来，深感提成制律所经营之弊端，不懈地探索律所发展新机制，试图在提成制与公司制之外，走出一条适合自身实际的第三条律所发展路径。经过 15 年的不断探索与实践，卓建以制度为基，以文化为魂，逐步走出了一条介于提成制与公司制之间的律所管理新路径，形成了协同共生的一体化运营模式。

卓建对构建系统、改进管理系统非常执着，充满热情。卓建提出一个理念，假设你遇到一个人，他能够不看手表就能报出时间“今天是某年某月某时”；但另一个人，能制造出可以永远精确报时的时钟。虽然两者同样让人惊叹，但显然后者能够爆发出更强大的能量。造出的时钟可以让无数人知道精确的时间，而报时的人只能让他身边的人知道时间，甚至这个时间还不一定精确。那些高瞻远瞩的公司之所以能够给顾客持续提供优秀的产品，正是因为它们拥有杰出的组织，而不是因为他们的产品优越或者是领导人受欢迎。要知道，无论多么优秀的产品或者设想都会过时，而领导也是人，也会出错。所以领导者把自己定位成一个造钟的人，为公司构建一个完美的组织，才能够保证公司的基业长青。①

如果一个企业家、一个管理者，只是把注意力集中在解决具体的问题或完成每个单项任务上，他就会不可避免地深陷其中，成为问题和事件的奴隶，陷入疲于奔命的恶性循环。那些真正优秀的企业家和管理者，都会把注意力放在打造和完善企业的管理系统和企业人才的开发培养机制的建设上。这样，他就能够建立起不依赖于个人的组织能力，通过组织和系统的力量完成日常工作的有效处理，而把自己从具体的事件中解放出来，专注于企业的重大决策和系统本身的改进，达到事半功倍的效果。

“造钟”这是卓建领导者孜孜以求一直持续在做的事情。卓建始终致力于构建整体的管理体系和运营体系，所以卓建在一体化运营上花费的心血最多，同时这种运营体系也给卓建带来了丰硕的成果，为律师赋能带来了勃勃生机。卓建经过多年的探索及改革，创建的“协同共生、全员共治”新生态的一体化运营管理模式，是卓建的核心竞争力。基于这个管理模式，卓建与客户、员工、合伙人、社会协同共生，相互促进，共同进步，赋予律所源源不断的发展动力。卓建实行委员会负责制，即在合伙人会议下设立管委会，律所创始人亲自牵头统领战略。其余委员分别负责战略规划、一体化运营、业务指导、培训、文化宣传、分所管理与发展、纪律与考核等工作。另外设监事会，对各委员会的工作进行监督。各委员会权责分明、各司其职、有效制衡、协调运作的治理结构，形成了较为完备的律所治理体系。

卓建的一体化运营体系可以概括为“10 +1”体系，具体而言，“1”是以“党建6 +”模式为引领，“10”体系包括温情的文化体系、科学的决策

① 参见［美］吉姆·柯林斯、［美］杰里·波勒斯：《基业长青》，中信出版社2019年版，第30页。

体系、富有前瞻性的战略体系、扁平化的组织体系、有效的激励体系、流程化的业务体系、丰富的知识管理体系、多维度的培训体系、充裕的资金保障体系以及先进的科技支撑体系，该一体化运营体系有效保障了律所有序、和谐、高效、科学的管理。

在卓建的一体化系统中最具特色和成效的是文化驱动系统，通过多年的持续运营，卓建构建了以和文化为根的“家文化、学习文化、团队文化”。其中，以家文化为基础，可以温暖人心；以团队文化为核心，可以凝聚智慧和力量；以学习文化为支撑，可以开阔视野，增强才干。卓建能够走到今天，得益于卓建持之以恒的文化建设，15 年来矢志不移培植卓建文化之树，文化改变了生态，文化软实力已成为卓建的竞争利器。2017 年，卓建通过大部制改革，建立了以部门为网兜，以团队为网格的网格化管理，真正形成了“大所小团队”的格局，确保不再有律师游离于团队管理之外，解决了散兵游勇问题，确保律所人员思同源、行同轨。卓建还建立了委员会制的人力资源系统，形成了“一体两翼”的新格局，十大部门为“体”，七大专门委员会为“左翼”，十大专业委员会为“右翼”，一体化运营中心为服务支持。各司其职，各尽其责，确保律所各项工作开展得有条不紊。同时，卓建引入知识管理体系，搭建了统一的知识管理平台，引入了知识积分制，鼓励知识共享，促进知识流动，确保了律所的知识协同。其中，被创始合伙人张斌喻为一体化运营最重要的核心密码之一的公共积分制度，通过将公共积分与管理费、评优及合伙人升降等挂钩，解决了公共事务没人干和干好干坏一个样的问题，有效地激励律师参与到律所内部公共建设事务中。由卓建所首创的这一举措，也因为卓建特殊的文化土壤而施行顺畅，找到了提成制律所公共治理的一个痛点，并成为解决问题的“金钥匙”。

通过以文化驱动为根基创立的“10+1”一体化运营体系，卓建构建了与员工、客户、法律职业共同体以及社会协同共生的新职业生态、新文化生态和新社会生态。通过筑牢事业发展的平台，实现了与员工协同共生；通过与客户共同成长，实现了与客户协同共生；通过与法律职业共同体的平等交流，构筑良性关系，实现了与法律职业共同体协同共生；通过与社会共同繁荣，实现了与社会协同共生。

PART 3

第三部分

一体化运营的卓建实践

第四章

卓建一体化运营的现实探索

卓建律所设立之初，在充分了解和比较了各种律所管理模式的利弊后，卓建就开始考虑应该走哪一条路的根本性问题，是选择公司制还是传统提成制？还是有第三种路可循？传统提成制管理模式比较灵活，不仅与律师本人追求自由的职业特征相匹配，同时也能最大限度地调动律师的工作积极性。但这种管理模式也存在很大的弊端，诚如我们在前述内容中所讲的一样，传统提成制下的律师或者团队，彼此之间缺乏融合，各自为政，单打独斗，无论律所本身的规模有多大，内部运作往往都如同“一盘散沙”，不能像公司制律所开展“一盘棋”运作，难以形成真正的规模化、体系化，甚至缺乏统一的品牌宣传和营销体系。尽管互联网上的宣传大都是以卓建的名义发布内容，但是每个团队、每个律师依然停留在各自宣传的阶段，就连最基本的对外宣传的标识系统也不统一，对外宣传的效果更是堪忧。那么，公司制的律所运行方式是否就是完美无瑕的呢？答案也是否定的。公司制由于过于强调“齐步走”的统一效率，尤其是把律师服务的创造性工作，分解成若干环节的流水线式作业，弱化了律师工作的个性特征，不仅不能满足律师大都希望全面锻炼发展的意愿，也一定程度抑制了律师工作的积极性和能动性，导致成熟律师的“跳槽”率居高不下。存在即是合理！这就是为什么公司制律所相比传统提成制律所尽管有诸多优势，但在律师业界公司制律所的数量占比仍然很小的原因。

卓建律所设立的初衷是成为有文化、强组织、分专业的律所。卓建在实践中思考是否能把公司制和提成制律所两种运行机制的优势结合起来，于是萌生了探索介于公司制和传统提成制之间的卓建模式这第三条路。最初在寻找第三条路的时候，卓建还未有过“一体化”的概念，所以还是从两位创始合伙人业务为一体，其他律师为提成这样一个基础。在此基础上，在律所的治理框架中嵌入文化建设，用文化内涵的界定引领律所发展。比如，首先提出家文化，“让律师回归有组织的生活”，就是为了克服传统提成制律所中律师与律所之间相互依赖程度低的问题。这是卓建一体化的雏形，一体化运营的初衷是希望律师不要只把律所当作一个仅提供手续，不参与管理，不受约束的简单平台，而是让律师回归到“受组织管理、被组织激励、获得组织温暖”的工作生活状态。卓建探索第三条路的想法与卓建律所的三大文化（家文化、学习文化、团队文化）实际上是一脉相承的。随着卓建在管理体制改革上的不断创新，卓建最终形成了完整的一体化运营系统。本章我们将系统地介绍卓建一体化运营的目的、结构、优势以及相应的支撑系统。

一、卓建一体化运营的目的

传统提成制模式的律所中，经常能听到抱怨的声音，许多律师埋怨个人的案源有限，并将此归因于外部竞争过于激烈。不可否认，这有一定的道理，但是扭转困境不能只针对外部环境，更应该在内部机制上进行改变。不难发现，传统提成制律所真正最大的敌人是散兵游勇式的管理机制，在制度中没能整合律师们的个体能量。因此，卓建就从律所的内部机制开始改革，将律师之间独立、分散的状态转变成相对有黏性和集中度的组织机制，然后通过团队的力量打出强有力的组合拳，最终形成律所强大的综合竞争力。在律所管理中，最早提出一体化概念的并不是卓建所，但在提成制律所中最早提出“一体化”转型的应该是卓建。一体化运营主要是在不改变提成制的底层体制基础上，借鉴公司制律所的经营方式，将一体化运营拆解成不同层次、不同领域和各个环节，采取“温水煮青蛙”渐进式的改革。但对公司制的制度并不全盘接收，而是取其精华去其糟粕地合理吸收。

卓建的一体化运营主要通过集中律所的人力、财力、物力等各项资源的优势，对整体律所、律师团队和执业律师进行统一管理、统一宣传、统一服务标准等，形成卓建一体化运营的基本概念。卓建从“大所小团队”出发，将几百位律师分为若干个专业团队，在业务上由每个团队自行负责，在整体的财务、人力资源管理以及其他辅助服务方面主要由律所通盘考虑和统筹实施，为律师业务提供高效的后台服务和有力的中台支持。简单而言，卓建的一体化运营就是“平台＋小分队”模式，律师团队就像冲锋陷阵的英勇战士，律所为律师统一提供后勤、宣传、补给保障。卓建之所以进行一体化运营改革，主要目的在于以下三点。

首先，提高律所的整体营运效率。卓建的一体化经营融合了公司制事务所的强组织以及提成制事务所的强激励特点。从管理的灵活度出发，公司制律所体现了强组织的特性，对外竞争力十分强势，但是公司制的弊端在于灵活度较低，管理成本较高。传统提成制的律所虽然没有形成强大的内部合力，但是每个律师或者团队的工作积极性高涨，这主要是因为律师的工作同收益直接挂钩，有极强的自驱力。而且提成制模式由于律所在一定程度上是将成本转移到了律师身上，执业成本由律师分担，律所的管理难度和成本相对较低，具有“船小好调头”的优势。律所的改革发展，在未来实际上应该是实现两种不同的管理方式的融合，公司制律所学习传统提成制律所的灵活度，提成制律所要学习公司制律所的一体化能力。目前，卓建律所探索的第三条道路，是介于公司制和提成制律所的中间道路，既要保持提成制律所的自由度和灵活性，充分发挥每个团队和律师的积极主动性，又通过学习公司制律所的强组织性，进行一体化的培训、品牌宣传、知识管理等，以循序渐进的思路，先在“培训、宣传、知识管理、服务标准、总分所运营”等方面逐步开展一体化运营，并最终聚焦于全所的业务一体化，形成“你中有我，我中有你”的格局。

其次，提高律所的专业服务能力。卓建的一体化运营推动了卓建业务的专业化分工。未来律所的发展趋势会走向强制性的专业分工，每个律师或者团队的业务领域如同大医院的专科医生或者法院法官审案，各自有着很细的业务分工。在此趋势下，将逐步淘汰全科“万金油”式的律师。卓建的一体化运营，就是提前规划，引导团队和律师选好自己业务领域的“一亩三分地”。当然，基于平稳过渡的考虑，卓建目前不是要求每一团队只能做某一类业务，而是根据特长和资源自主选择“一主两辅”，持续引导，渐进发展。

最后，在卓建向全国布局时进行有效的风险防范。卓建律所的目标之一，是由地方性大所向全国性强所迈进。由此，卓建就需要在全国乃至国际领域进行布局，在不同城市发展和建立分所。但通常向大所发展的道路并非一帆风顺，律所在不断进行扩张时首先面临的就是管理问题。如果管理不到位，就会导致整个律所的巨大风险，有可能在口碑和声誉上将多年努力的成果付之一炬。卓建通过一体化运营，在吸收其他律所发展分所经验的基础上积极进行风控管理，通过总所与分所之间的一体化运营，对卓建的健康发展大有裨益。近年来，卓建在总所以及全国 10 多家分所之间，全部实现了客户有效投诉零记录，无任何不良记录的良好局面，为迈向强所的目标奠定了扎实的基础。

本质上讲，一体化运营的本质和核心就是强化律所调动资源的能力，让律所强而有序，朝着一个共同的方向前进，让律师能在平台上获得充分的支持和发展。卓建认为一体化运营是整个律师行业克服管理瓶颈，实现行业提升的重要抓手，更是律所未来发展的出路所在。卓建在一体化运营方面的探索与创新，一方面增加了律所内部各项事务、要素的融合能力；另一方面增强了律所平台为律师的服务能力。卓建通过渐进式的改革实现了为律师赋能，为律师执业提供更多支持，同时保证了律所的各个组成单元充满活力，使律所不断向大所、强所迈进。

二、卓建一体化运营的内涵

一体化可以细分为不同的领域和层次，循序渐进，分步实施。一体化运营并不意味着所有领域全部一体化，也不是相关领域的同步一体化。律所可以从某些领域、某些环节率先进行一体化探索，并逐步推开，最终实现律所全面一体化，其中最难的是业务的一体化。卓建推行的一体化经营，到目前为止除了案源一体化尚未进行外，其余领域都在有条不紊地进行。律所的资源大体包括人力、业务、资金、设施设备、案源、品牌等方面。在律所一体化过程中，要使系统能够良好运作，要解决的核心问题是人力资源的一体化，就是让律所全员积极参与律所公共事务的活动，方向明确，步调一致，形成合力。具体来说，卓建的一体化有以下几方面的内涵。

首先，一体化的内涵要有一体化的组织架构。卓建一体化先搭建了一体化的组织运营机构，建立了卓建一体化运营中心。卓建的一体化运营中心除了涵盖原来的行政、财务功能之外，还增加了客户服务、知识管理、市场开拓、宣传营销、强制执行等职能。更重要的一点，一体化运营中心不仅仅是简单的职能增加和名称变更，而是要实现从“以管理为主向服务为重”的理念转换，一体化运营中心要把律师视为客户，重服务轻管理，在为律师的服务中融洽关系、提高效率，增强律师对律所的认可和依赖度。同时卓建的一体化运营中心也与管委会属下的“战略、文化、培训、业务、纪律、分所管理”等各个专门委员会进行全面协作，提供支点服务，形成了整个律所的平台功能。从目前的情况来看，卓建的一体化运营中心在律所的一体化战略执行中，起到了重要的枢纽中心和全面的执行推动作用，从而产生了律所平台与律师团队个体之间的有效互动，将律所每个单元的主动积极工作机制与律所一体化运营平台进行有机结合，形成良好的融合联动效果，这是卓建实施一体化运营的首要内涵。

目前卓建的一体化运营中心，将行政、财务、知识管理、客户服务、网络技术、品牌宣传等后台服务集中办公，实现了“智能化、集约化、窗口化”一站式服务，更好地促进和保障了律所的高效运营和健康发展。（见图4.1）

卓建以一体化运营中心为依托，实现了提成制律所最重要的人力资源一体化。在实现人力资源一体化的基础上，卓建又进一步深入开展了多层次全方位的一体化，包括品牌运营一体化、宣传营销一体化、对外服务一体化、内部管理一体化、学习培训一体化以及知识管理一体化等多个层面的一体化。

其次，一体化运营的内涵还包括业务层面的一体化。对于提成制律所而言，由于律师和团队之间各做各的业务，各有各的资源，彼此差异很大，所以，最难的就是全所业务的一体化。卓建希望全所的业务能够达到“资源完全整合、专家级别服务、统一标准交付”的标准，尽量朝着一体化的最终目标—业务一体化—迈进。从实现路径来讲，律所业务一体化要解决以下方面的问题。

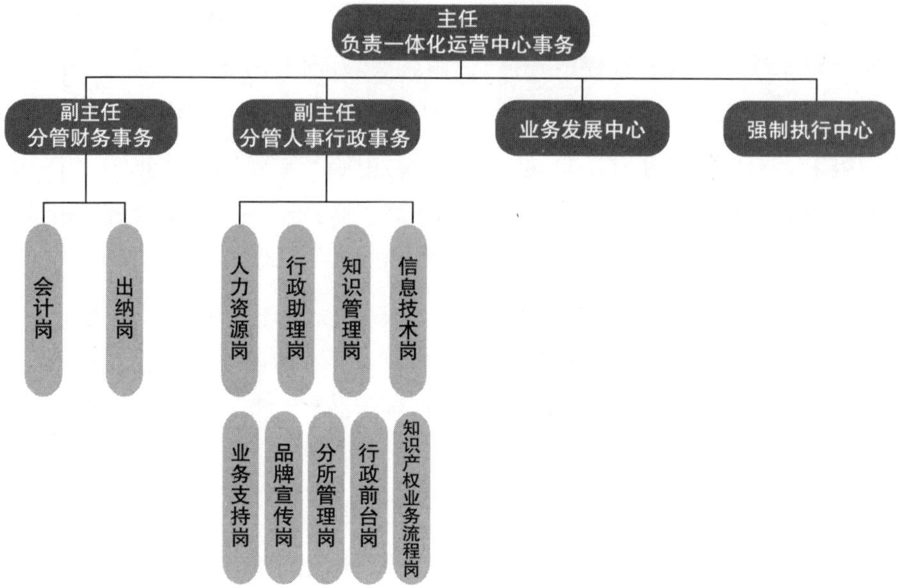

图 4.1　卓建的一体化运营中心架构

第一，解决律所业务整体营销和推广的问题。即使目前还处在摸索阶段，卓建在律所层面尝试开展了公共营销和推广工作，已经取得一定成效。业务的整体营销主要是通过互联网全面打造卓建律所品牌，增加卓建的知名度和美誉度，除了促进客户更愿意委托卓建律师代理相关业务，提高签约率以外，仅是通过宣传获得的律所公共案源，每年都能达到数百万元。同时，在打造律所整体品牌的同时，还着重推广卓建有影响力的律师和特色服务，通过以点带面的方式让客户更详细、更立体地了解、认同卓建。目前，卓建在推广方式、活动形式、资金投入和人员配备等方面实现了迭代升级，招募和组建了专门的营销团队进行宣传推广，初步实现了业务营销一体化目标。

之所以考虑和首推业务营销一体化，是因为在提成制律所中，律师本身往往既是业务员又是办案员，所以律师本身也需要自我营销树立口碑，而卓建希望将律师的自我营销与律所的整体宣传融合并行，形成品牌影响，通过营销一体化实现宣传效果最大化。

第二，解决业务一体化方面的专业架构问题。卓建现在已是人数超过500 人的大型综合性律所，为了做到专业分工明确、覆盖全部市场，卓建通过对法律服务市场的调研分析，在全所设立了十大业务部门对应大的业务领域。每个业务部门又有不同的团队，再在专业领域上进行不断明确细分。在卓建“三五”规划（2007～2022年）期间，卓建要求每个律师最多只能有一项主业和两项辅业的“1+2”模式。2022年卓建进入“四五”发展规划期间，将实行每个律师一主一辅的“1+1”模式。通过对律师的大力引导和倒逼专业分工，推动律师走专业化的道路，不允许有例外。过渡期间，卓建还成立了争议解决部，其主要职责就是解决专业分工暂时不明确的律师的归队问题，达到全所“人人进团队，团队有专业”的效果。

第三，解决律所在业务专业化之后的合作问题。要解决合作问题，业务管理规范化是前提。卓建要求对业务的承接、登记、归卷到考评、反馈实现一体化管理。随着智慧管理系统的使用，引入ISO9000质量管理体系；另外，通过近几年连续参加“深圳知名品牌”、深圳市市长质量奖以及福田区区长质量奖的评选，卓建积累了大量关于律所内部管理和外部评价的经验。在如何评价律所组织、如何提升效率达到更高质量的出品和服务方面，卓建打造出一套借助智慧系统开展内部运作的完整流程等，包括利益冲突检索、业务品质管控、风险防范与化解等内容。卓建还在合伙人中成立了审核委员会，负责如律师见证书、律师函、尽职调查报告、法律意见书等文书出具和并购重组、破产重整、资本市场等相关业务的严格审核，既提高了品质，也进一步控制了风险。

专业化分工之后，面对法律服务市场的综合性要求，不同专业团队之间的紧密合作成为必然。为了推动律所内部团队之间的大力合作，卓建律所还出台了合作分配指引，鼓励律师团队之间进行合作，使不同专业领域的律师团队能够形成良性互动，以更专业、高质量的服务完成对客户的业务交付。只有在律师、团队之间开始广泛分工合作之后，业务合作的一体化才会逐步形成。促进律所内部合作的关键有两点：一是要永远保障案源人的利益，促使律师愿意把自己的案源交出来；二是建立诚信合作的机制，通过实施合作“白名单”和建立分配争议内部协商仲裁机制，持续营造合理分配和诚信合作的氛围。到目前为止，整个卓建律所内部的合作已从自发合作走向自觉合作，从局部合作走向全面合作，合作在卓建已经蔚然成风。但实现全所业务一体化尚需要时间沉淀，业务合作仅仅只是开启了有效的探索，当然，这一步至关重要。

再次，卓建律所的一体化内涵还包括总所与分所的一体化。目前卓建律所的分所都还处在发展中，而且各个分所的发展程度不尽相同。有的是营运多年的成熟律所，有的尚处于初创阶段；有的为总所直营，有的属于加盟。在规模上差别也很大，有的是超过百人的大型所，有的是几个律师或者十几个律师的小型所。卓建要实现全国性强所的发展目标，不仅需要在全国大力发展分所，更需要总所对分所有强大的管控和赋能，推行以“共享品牌、同一文化、统一模式、知识共享、整合资源”为主要内容的一体化建设。卓建主要通过对分所进行文化、知识和制度输出，对分所律师统一开展业务培训，组织和举办不同主题的发展论坛，推动分所的有序运行和平稳发展。目前卓建的分所战略在持续推行，卓建“四五”发展规划提出的实现对深圳各区、大湾区各地级城市以及全国各省会城市的三圈覆盖目标正在逐步完成。

复次，一体化内涵还涉及知识管理的一体化。在几年前，卓建聘请第三方机构开发了知识管理平台，通过兑换积分的方式邀请全所的律师贡献专业知识，建立了卓建知识库。目前已经有超过 5 万件的知识成果，发展态势良好。卓建知识库的内容包含了各种论文、合同文本、文书范本、建议书、投标文本、经典案例、办案总结、演讲课件等方方面面的智力成果。通过分门别类，律师只要在智能平台输入关键字，系统就会跳出相应的模板作为参考，极大地避免了重复劳动，这也是卓建发展成为强所的软实力体现。卓建计划在“四五”发展规划期间，知识储备能够超过 10 万件，并对知识库内文件的初始状态、高级状态、开放状态进行优化，实现文本管理的更加精细化，进一步提升了知识成果的适用性与匹配度。

最后，律所的一体化内涵还包括了资源一体化层面。所谓资源一体化指的是如客户资源、市场资源、人脉资源以及社会资源等都能够合理利用。律所最重要的资源主要分为两大板块，第一板块是对律所发展和对律师业务发展有直接帮助的资源，第二板块是解决律师职业之外遇到的其他社会问题和生活问题的资源。卓建在此方面尝试在律所统一登记资源和需求，再对相应

的资源进行匹配共享，产生了一定效果，也增强了律师对卓建之家的感受。(见图4.2)

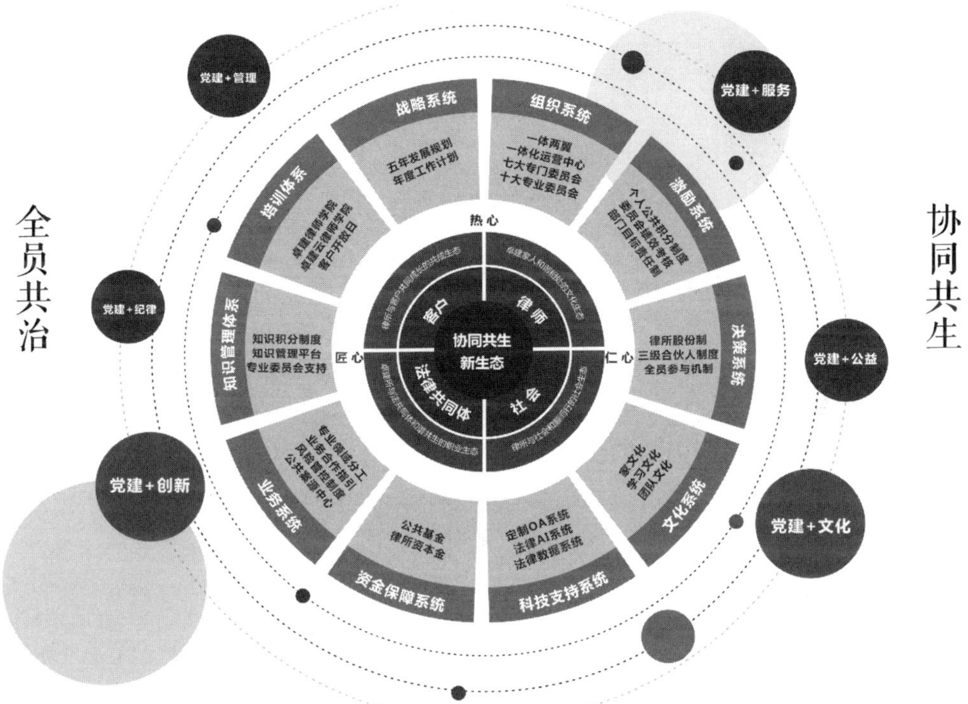

图4.2 “协同共生”新生态下的一体化运营体系

没有任何创新的道路是一帆风顺的，如果卓建能够把一体化运营的各个层面逐步推行到位，坚持一体化运营的各项内涵，那么，卓建就一定具有强劲的持续推动力，在“四五”发展规划期间登上更高的新台阶。

三、卓建一体化运营的基础

卓建律所推动一体化运营多年来，效果之所以显著，原因在于卓建自建所以来打下的良好基础。卓建实施一体化运营的基础有5个方面。

第一，卓建有卓越的领导团队。卓建领导层在对卓建推进一体化运营创新方面功不可没。首先，卓建领导层作为卓建律所一体化运营的倡导者，在律所的运营中不止于做好日常管理，而是不断总结，积极反省，勇于改革，起到了至关重要的作用。其次，卓建领导层善于因地制宜，制定务实且可操作的改革方案，并不遗余力地推进。最后，卓建领导层能够团结和带领全体卓建人齐心协力执行各种方案，共同描绘卓建的美好宏图。

第二，卓建拥有浓厚的律所文化。以“家文化、学习文化和团队文化”为内容的三大文化是卓建的立所之本，是律师融合的润滑剂，是卓建发展的源动力，也在卓建的一体化运营探索中发挥着重要作用，增强了律所的内聚力、创造力和持久力，保障了改革的顺利进行。

第三，卓建推行先进的制度管理。多年来卓建不断完善规章制度，修订了内容全面的《卓建手册》，坚持用制度说话，推行科学管理，减少和克服了“人治”管理的随意性，形成了“人人守规则，遇事讲原则”的良好风尚。制度管理的确定性增强了律师对于一体化运营改革的可信度和自觉性。

第四，卓建具有很强的创新精神。创新是一个民族进步的灵魂，是一个国家兴旺发达的不竭动力。同样，创新也是律所生存和发展的灵魂。卓建通过实行一体化经营摆脱一些旧体制的弊端，开辟了一条全新的道路，保障律所沿着正确的方向发展，为律所带来了更大的效益。

第五，卓建拥有一流的职场环境。2020 年 5 月，卓建乔迁至深圳市福田区 CBD 核心地带，与深圳市民中心（市政府）仅一路之隔，办公面积超过 6000 平方米，正式进入了卓建全球总部 3.0 时代。律师拥有了高效、完善的办公设施和高度智能化的办公环境，律所还创建了全国屈指可数的法律博物馆。优渥的职场环境和一流的办公设施，也为卓建一体化运营提供了良好的物质条件。

以上 5 个方面构成了卓建实施一体化运营的良好基础。

四、卓建一体化运营的效果

首先，一体化运营克服了传统提成制律所的种种弊端。这些弊端有以下几方面。

第一，传统提成制律所中的律师往往自由发展，难以形成专业分工。由于律所内部律师或者团队各行其是，各显神通，没有统一而明确的专业导向，同时又为了满足不同客户的多样化需求，使律师只能成为兼顾各种业务的“万金油”律师，很难有时间和精力就某一领域进行专门研究，更遑论成为该领域的专家律师，这将限制律师开展深度的专业研究，无法为客户提供专业优质的法律服务。

第二，传统提成制律所中存在激烈的内部竞争，无法形成合力。由于律师之间的业务领域重合，专业技能同质化严重，必然导致律所内部的业务竞争。在律所到了一定规模后，律所越大，竞争也就越激烈。主要体现为客户竞争，律师之间主要是相互防范和竞争的关系，不大可能像公司制律所的律师那样握紧拳头一致对外，形成更大的竞争优势，从而裂变成为更强的市场竞争力。

第三，传统提成制律所由于追求更高的提成比例，缺乏公共积累。传统提成制律所中律师的创收都是自己的，分配时在缴纳了国家的税收和提取了律所最基本的费用之后，剩下的就全是自己的。所以，在资金方面，提成制律师一心追求更高的提成和更多的分红，一般都不会关心律所的长期规划和公共建设的投入等，导致律所缺乏公共的积累用于对青年律师的培训、对知识库的建立等，造成律所后续发展乏力。卓建正是通过一体化运营的探索改革，克服了传统提成制律所的上述种种弊端，焕发出了蓬勃生机，也为提成制律所克服瓶颈做大做强树立了标杆。

目前，卓建的管理水平和发展势头在律师行业可圈可点，反响良好。卓建一体化的管理更加符合现代律师行业的需求，既没有公司制的僵化，也克服了传统提成制的散漫，同时集合了两种体制的优势，可以在律所中形成长期稳定的专业化团队，开展专业领域的深入研究，推动律师之间的专业合作。同时，还可以积累财力进行知识库以及智慧系统的建设，大大提高了律所的管理效率和平台价值。

其次，一体化运营更适应新时代的法律服务市场，进一步提升了律所市场竞争力和客户满意度。

律师的专业化已成不可阻挡的发展趋势。律师只有在业务领域深耕细作，把自己淬炼成专家律师，才能更好地服务客户。伴随着律所对律师服务和支持力度的加大，律师团队向客户提供法律服务的质量以及拓展业务的效率也会稳步提升。卓建一体化运营模式下组建的律师后台服务团队和律所中台支持团队，能让律师心无旁骛地精进业务，更容易在术业专攻方面达到一定的突破。当然，卓建通过一体化运营，促进律所专业化团队之间的紧密合作，最大的价值，就是让每一项业务都由最专业的律师团队完成。通过做好专业化，能够更大程度获得客户的满意和信任。

总而言之，卓建实行的一体化运营在传统的提成制律所和公司制律所的优劣之间取得了较好的平衡。卓建的一体化运营，经过短短几年的探索，可谓意义重大，成效显著，主要表现在“四个有助于”：一是有助于律所形成科学的发展战略和品牌打造策略；二是有助于实现律所内部的信息共享和快速决策，及时应对市场变化；三是有助于帮助律师实现团队化、专业化和精细化作业；四是有助于推动律所标准化管理，促进律所可以快速实现规模化发展。

五、卓建一体化运营的提升方向

卓建经过多年的一体化运营，在品牌建设、创收业绩、业务质量以及律所规模发展等各方面均取得了优异的成绩，最根本的一点就是得益于一体化运营打下的坚实基础，达到了牵一发而动全身的良好效果。同时也必须清醒地认识到卓建的一体化运营仍是初级水平，很多方面还处于起步探索阶段，还存在不少短板弱项，需要进一步改进和完善。正如卓建人所言“卓建提出一体化运营实践，目前看起来初见成效，亟须解决的问题都在尝试改变与矫正，但是相关的理论以及能够借鉴的经验还比较匮乏，卓建人只能不忘初心，摸着石头过河，不断试错往前走”。对于卓建的探索而言，要实现完全的一体化运营，还需要从三个方面进行提升。

第一，一体化运营管理水平还需提高。卓建一体化运营的指导思想已经明确，运行机制已经形成，现在的问题是如何更广泛地调动律所内部的资源，将一体化运营和科学管理有机结合起来，互相促进，相得益彰，真正让一体化运营成为律所腾飞的发动机。

反观中国律师行业，当前首要的专业化课题并不是律师业务的专业化，而是律所管理的专业化。众所周知，律师业务专业化，可以由行业竞争来推动，市场竞争的优胜劣汰，加上每个律师自身精力的有限，都会不断倒逼律师在专业化道路上作出取舍。但是，律师行业发展中最突出的问题是，律所管理人才奇缺，绝大部分的律所都是由律师兼职管理，除了律师可能精力不济之外，律师对于律所的现代化管理知识和经验往往不足，习惯采用处理业务的思维应付律所管理，管理效果常常不佳。令人欣慰的是卓建在进行一体化改革的同时，已聘请了职业经理人担任一体化运营中心的核心领导，跨出了正确的一步。但卓建整个一体化运营团队的素质还需不断提高，通过团队成员整体的职业化，推动律所一体化运营的水平不断提升。

第二，获取公共案源的能力亟待提高。目前律所的获客渠道主要来自律师个人，主要通过律师的个人影响力和专业能力获取案源，较少通过律所平台的品牌宣传获取大量的业务。互联网时代的律师行业，这一点也一定会发生改变。在咨询服务领域的众多知名公司，如美国的麦肯锡、波士顿等咨询公司都是着力打造整体品牌，通过公司的品牌效应获得业务。这一点，律所也应该借鉴咨询公司的经验，通过对律所品牌的全面打造和宣传，提升律所的平台影响力，通过平台获得案源和收入，这正是律所业务一体化的阶段性目标所在，可喜的是卓建已然迈出了这一步。

需要说明的是，卓建所推行的业务一体化，目前阶段并非公司制律所实施的彻底的业务一体化，而是在拓展公共案源和个人案源专业化分工合作方面的局部一体化。卓建可以通过发挥平台优势扩大公共案源，提高招投标中标率或者由律所进行牵头，通过公关拿到一些前期孵化投入大、未来成长性高、仅依靠合伙人或者律师无法承接的业务项目来获得更多的案源，从而加速业务一体化。

第三，卓建律所的行业影响力人才短缺的问题亟待解决。目前，卓建从规模人数来讲，已经是名副其实的大所，但是距离强所尤其是与“红圈所”相比，仍有不小的差距，主要表现为律所专业在行业中的贡献度和影响力缺乏。大学之大，在于大师；强所之强，强在专业。判断是否为强所的重要标准之一，就是看律所是否涌现出了一批有分量的专业领军人物。目前，卓建的年轻律师相对较多，在行业中有影响力的专家律师和顶级律师相对较少，这是卓建应当加强的方面。除了需要影响力的律师人才之外，卓建还要在业务上更加突出自己的专业特长，至少要有三四个专业领域在深圳乃至全国处在领先的位置，这也是不容忽略的问题。卓建目前重点发展的公司法、房地产、知识产权、刑事辩护与合规以及政府顾问等业务，通过重点打造，已经在深圳乃至华南区域形成了一定影响力，仍需百尺竿头，将影响力辐射到更广地区范围。

总结探讨提成制律所的一体化运营话题，目前案例较少，难以深入总结。行业中对于一体化的认识和理解，也还存在很多分歧。当然，本书提到的一体化运营也只是针对提成制律所的某些弊端而实施的解决措施之一，一体化运营，不是包治百病的灵丹神药，对于律所发展和管理中的各种问题，不能完全寄希望通过一体化运营解决所有问题。目前，卓建的一体化经营已经初见成效，但离理想中的“协同共生、全员共治”的目标，还有很大的距离，还需要坚持不懈地探索和完善。

第五章

文化驱动　凝聚人心

卓建坚定地认为：律所的关键资产和核心竞争力是律师。如何吸引优秀的律师加入律所并使之愿意与律所共同、长远发展下去，是作为律所管理者始终需要思考的核心问题。卓建的创始人自创所之初就坚定地认为：以利聚人实难长久，唯有文化，才能在根本上起到聚人、凝心的作用，才能让人才在律所找到归属感和认同感，进而促进律所的专业化和规模化发展。

卓建创办于2007年，不同于企业，彼时律所数量较少，律所几乎还是一片文化荒漠，律所与律师之间的关系好比菜市场与档口，少有提及文化者。卓建自建所之初即确立了“以文化立所、以文化聚才”的办所理念，实践也充分证明卓建这一办所理念的正确性。卓建创办时只有5名律师，创始人当时大多资历较浅、在行业内缺乏影响力，也不具备资源优势和专业优势。而今，卓建所经过短短15年的时间就实现了跨越式发展，目前，卓建执业律师人数已经超过300名，其规模及律师人均创收均进入深圳律所前列，斩获了多项全国性荣誉，在全国设立了十多家分所。

卓建所之所以能够实现后来者居上、成功逆袭，原因就在于卓建非常重视文化建设，始终一以贯之。正如《卓建律师》文化特刊卷首语上所描述的，“我们的文化，不仅是字里行间的只言片语和生活花絮，更是践行在律师执业和律所管理过程中的点点滴滴”。文化兴所，是卓建所的名片，文化聚才，是卓建所的利器。在卓建文化滋养下的卓建律所，展现着团结一致、昂首阔步、奋勇向前的风貌，向着第四个五年再次出发。文化驱动，卓建一直在路上。

一、为什么要文化驱动

关于“文化”的解释一直都存在争议，没有明确的定义。根据《辞海》的解释，广义的文化是指人类在社会实践过程中所获得的物质、精神的生产能力和创造的物质、精神财富的总和。因此，文化兼具精神性和物质性，既有抽象化的一面，也有具象化的一面，而文化的诠释、表达又可以通过一定的仪式进行。

律所文化作为一种组织文化，首先，是精神层面的，是存在于人的脑海中的认知并影响人们的思考与行动，属于抽象化的东西。其次，它必须要有表现的载体并通过这些载体在成员之间传达、向外界辐射，因此，它也是物质的。再次，外界对某种律所文化的体验、认知，也是基于精神性和物质性两者的结合。抽象化是指对律所文化精神内核的设定、归纳与总结；具象化是指通过语言、文字、行为等方式对其进行表达、诠释、传播，使组织成员能够感知、记忆并理解。最后，卓建的文化通过切实的企业政策、奖惩、激励，通过卓建管理层的身体力行、通过企业英雄、榜样的塑造、通过卓建文化的仪式化、通过卓建真真切切的一系列行动落实下来，最终卓建的文化不仅挂在墙上、写在书里，最终种在卓建人的心里，并生根发芽，成为指导卓建人行动的思维指南和行动准则。

卓建在建设文化的过程中，也是不断更新、不断迭代的。在文化指导卓建前行的过程中，卓建也在不断丰富自己的文化内涵，并不断进行提炼、凝固和升华，这是一个动态过程，确保卓建文化生生不息，为卓建的发展提供源头活水。

正是因为认识到了文化在律所发展过程中的重要性，所以卓建主动进行了律所文化建设，不断进行着律所文化的提炼工作，并把这种核心理念具体化，同时也通过种种措施落实下来。下面我们将具体分析卓建律所文化建设的初心、过程，并将卓建律所文化系统性地呈现出来。

如前所述，卓建一直在探索提成制律所的转型。在此过程中，卓建打出了三张牌，其中的王牌正是“文化牌”，卓建的文化建设是通过一个不断完善、不断升级的过程逐步完善起来的。在 1.0 阶段，卓建的理念是“以文化立所，以文化聚才”。到了2.0阶段，形成了“家文化、学习文化和团队文化”三种文化并行的特色文化体系。卓建的3.0文化，是一种“全员共治、协同共生”的“和”文化和由律所文化向法律文化的升级，在卓建所看来，“和”文化是提成制律所发展的大趋势。

卓建坚定地认为，“文化兴所”是正确的道路和方向。虽然外界都在倡导“专业为王”，但卓建却对自己“文化兴所”的理念坚定不移。卓建有清晰的定位和规划。卓建并不是不重视专业，相反，卓建非常重视专业。但卓建认为，对于律所而言，专业属于“外功”，文化属于“内功”，内功比外功更为重要。从卓建过往的经验来看，文化上的进步必然带来专业上的提升，而专业上的提升反过来能够提高文化上的自信。在2017年度召开的卓建所全体合伙人会议上，卓建提出了在下一个5年应当实现5个方面的转变，包括由大所转变为强所、由区域性地方律所转变为全国性律所、由文化强所转变为专业强所、由传统型律所转变为创新型律所、由提成制律所转变为一体化运营的律所。这5个方面是文化与专业并重、文化与专业相互促进的关系，很好地诠释了“以专业立所，以文化兴所”的转化。

文化能给律所带来什么好处？在卓建看来，文化首先是一种价值观，是律所成员共同的信仰和行动指南。在这种价值观成为全体成员共同遵守的总则之后，就会逐渐地在律所内形成一种组织气质。在这种组织气质形成之后，会形成一种组织生态，也就是文化生态。像森林一样，会改变律所的环境。目前卓建形成的文化生态，就是全员共治、协同共生，核心理念是共建、共享、共成。没有共建不可能有共享，没有共享就不可能有共成，三者相辅相成。

卓建协同共生的新文化生态有三个层次：首先，是律所要与员工和律师协同共生，协力把律所打造成一个事业发展的平台；其次，卓建要与客户协同共生，与客户共同成长；最后，卓建还要与社会协同共生，要与社会共同繁荣，促进社会法治进步。文化建设不是最终目的，文化要转化成生产力和竞争力。有了协同共生的文化生态，再推行一体化运营，就有了文化基础和文化环境，推进起来就会更加顺利。卓建文化宣传图，就是三棵代表着卓建文化的树，每棵树的树叶都是卓建开展的文化活动的缩影，这三棵树中最核心、最根本的就是“和”文化，就是和谐、协同共生的意思，正是有了“和”，卓建的文化之树才能生生不息，才能不断地繁衍，逐渐改变整个的职业生态。

下面我们就将具体介绍卓建的整个文化体系，包括卓建的愿景、使命、价值观、律所哲学、律所道德、卓建的三大子文化、律所的行为规范、律所的各种呈现形式以及律所文化落地的各种方法。

二、卓建的愿景

在卓建看来，文化建设就像种树一样，它不像种花种草，需要年年栽种细心呵护，并且花开凋谢后就死了，不会留下什么生态。但是种树不一样，种树虽然慢一点，但是树一旦长成荫之后，形成一片森林就会改变整个生态，造福千秋万代。正如卓建创始合伙人张斌所言：“我觉得卓建在进行文化建设的过程中，就像种树，我们精心培植，目前通过十五年的发展，卓建的文化大树已经形成了郁郁葱葱的三棵大树，它们同根同系。”卓建非常重视企业文化建设，有很完备的文化体系，卓建有自己的愿景、使命，有自己的核心价值观，经过 15 年的培育，卓建已经形成了自己独具特色、深入人心的文化体系。

对于优秀的组织来说，建立组织的愿景非常重要。愿景是一个组织对自己方向的确定。愿景告诉你组织要去哪里，要成为什么样的组织状态。确定愿景，能够让组织打破混沌迷惘状态，达成统一的共识、目标和方向；确定愿景，能够让组织进行取舍、选择、决策时有参考的标准；确定愿景，尤其是激励人心的宏图伟愿，能够激发团队的动力和激情；确定愿景，能够让组织有所为、有所不为，集中优势资源进行有效的组织变革，实现组织的目标。

对于卓建这样一个有理想的组织来说，已然确定了自己的愿景并为实现自己的愿景迈出了坚实的步伐。卓建的愿景是要将卓建打造成全国性、创新型、一体化运营的强所。具体来说，全国性是要放眼全国，心怀天下。卓建在深圳已经具有一定的知名度和美誉度，但卓建不满足于此。卓建要在全国布局，整合各地的法律资源，同时将卓建优秀的管理模式复制到其他城市，身体力行投入法治建设，传播法律文化，共建法治社会。

卓建的愿景不仅着眼于未来战略，还立足于现实实际。卓建的愿景不是空洞的愿景，里面也内涵了实现愿景的方法。创新型和一体化运营就是卓建对自己未来状态的描述。卓建的愿景不是挂在墙上的愿景，卓建是要实现自己的愿景。从创新型的愿景可以看出，卓建一直是一个永远都在进步、永远都在奋斗的组织，卓建始终在推陈出新、自我否定、自我扬弃、自我发展、永不停息。卓建的每一次成就都是下一次飞跃的积淀，卓建的每一次失败也是下一次升华的前奏，卓建始终通过持续创新实现快速发展，实现快速强所。

卓建在愿景中明确了一体化运营，其实也明确了“卓建”对自己的定位，卓建始终致力于和谐共生，致力于建立生态系统，致力于律所平台化。“一体化”是卓建的一个支撑，也是一个手段，在助力卓建强所落地的同时，也为卓建人提供平台赋能共赢。

卓建在愿景中明确自己要成为一个强所。大不等于强。组织的强大不仅仅外在性地表现在组织的市场份额、市场地位、品牌知名度，更重要的是体现在组织的内部能力、内部机制，组织调动资源、整合资源的能力，组织面对不确定性的机会捕捉能力、面对挫折的调整能力以及强大的学习能力。真正的强所会突破管理瓶颈、经历市场考验，当然也会收获市场成果。

卓建人也明白，“我们现在是大所，但不是强所，在强所之路上，就像中国梦一样，可能有很长的路要走，这就是真功夫，你吹嘘不了”。但是卓建还是勇敢无畏，一步一个脚印去实现自己的理想。卓建要通过什么方式实现强所的愿景呢？

首先，就是要成为“全国性”律所，把卓建的旗帜插在中心城市，卓建每年以不少于3家的速度在进行扩张。目前卓建已经在全国拥有13家分所，郑州分所、乌鲁木齐分所、光明分所现也在紧锣密鼓地筹建当中，正在迈向国际化。在实现创新的过程中，卓建制定各种政策倾斜创新业务、培养创新业务、孵化创新业务。而且卓建非常重视组织工作，通过组织化、系统化的方式实现卓建的创新和全国强所的愿景。在卓建看来，卓建就像一台大客机，客机的机身就是卓建十大部门，两翼中的左翼就是卓建七大专门委员会，右翼是十大专业委员会，这也就是所谓的“一体两翼”。一体化运营就是飞机的发动机，支撑着卓建这个客机向前走，提供源源不断的动力。

三、卓建的使命

使命是一个组织之所以存在的理由，是一个组织的灵魂。卓建的使命就是为客户创造价值，推动社会法治进步。这一使命充分体现了卓建的利他精神，以及卓建平台搭建的天然利他性。这一使命的形成，是源于卓建人对自己身份的定位。律师绝不能成为商人，律师有自己独特的使命感和正义感。律师是神圣而光荣的职业，律师是维护社会公平正义的，是要保证法律的正确实施的。对于律师来说，其永远都有公益属性。在卓建看来，如果把律所定义成商业组织，那是完全错误的。如果律师失去了对公平正义的追求、失去了对理想信念的捍卫，就不成其为律师。如果律所只是为了追逐利润而存在，那么律所也就失去了其道德力量，同时也会失去其市场力量。当然，对于律师和律所来说，都面临着生存的问题，律师和律所需要赚钱谋生计，但这不是律师存在的唯一价值。

因此，对于卓建来说，其首要使命就是与客户共同成长，为客户创造价值。如果卓建的服务不能够为客户创造价值，那卓建就没有存在的必要，卓建也不能获得客户的信任。卓建只有不断提高自己服务客户的能力，使法律得到正确的实施，在法律允许的范围内维护客户的合法权益，在每一项服务中都能为客户创造价值、为客户增值，就能留住客户，业务也会随之越做越大。卓建通过对客户的信守承诺、对客户背景的认真调查、对客户业务的深思熟虑、对客户风险的严格防控，为客户提供最可信的服务，切实实现客户的价值增值。客户的成功与卓建的发展，互利共赢，和谐共生。

作为律所，卓建还要对所有律所平台上合作的律师和同仁负责。卓建尊重每一位律师和同仁的智慧、才华和自由；卓建也会充分考虑每一位律师和同仁的合理诉求。卓建尽其所能为每一位律师和同仁提供展现才华的平台和舞台，尽其所能为每位律师和同仁的发展提供帮助和支持。卓建深知，只有凝聚律师、吸引最优秀的律师加盟，卓建才能为客户提供最好的服务，卓建自身也才会有更好的发展。卓建也深知，卓建是所有律师的卓建，并非只是合伙人的卓建，是所有卓建人的卓建。卓建在进行决策时，必须考虑卓建律师与卓建同仁的愿望和需求。

作为律所，卓建还要把促进社会法治进步视为己任。卓建认为，律师是法律职业共同体的重要组成部分，律师工作的目标是宣传、弘扬社会主义法治，为社会提供优质、高效的法律服务，帮助社会定分止争、促进社会的和谐、稳定与发展。卓建的使命是团结一批志同道合的律师同行，以科学和人性化的管理，打造一个优秀的律师事业平台，以此更好地宣传、弘扬社会主义法治，为国家的经济建设、社会和谐、政治昌明做出应有的贡献。卓建深知，整个社会的法治环境是与法治社会中的每一个个体的努力密切相关的，每个人的一点点贡献都会推动社会的整体进步。所以，卓建非常重视为社会做贡献，无论是法律义工还是普法宣传，无论是与学校的互动还是在公众平台持续发文进行普法教育。卓建相信，自己的每一个行动都会让法治的森林更加茂密，让法治生态更加良性。

由上可知，卓建的使命是利他，在利他中寻求自我发展，在利他中寻求自我突破。这也是所有优秀组织的共同特点。

四、卓建的建所哲学

由律所的使命，产生了卓建的建所哲学。卓建的建所哲学要解决的是律所由谁建立、为谁建立、如何建立的问题。卓建认为，律所并非一个纯粹的营利性组织，而是其成员共同的工作机构和事业平台，“人合性”是它的重要特征。这种“人合”并非简单的人员聚合与数量的叠加，而是在成员之间形成相互信任、相互帮助、共同奋斗的关系，必须让每一个成员树立主人翁的意识、发扬主人翁的精神，不能让成员感觉到自己游离于律所之外，不能让成员产生“律所成败与我无关”的想法。基于上述，卓建提出了“共建、共享、共成”的建所哲学。

所谓共建，就是倡导律所应当由全体成员（包括合伙人与普通律师，也包括律师助理和行政辅助人员）共同建设，这种共建既包括物质上的共建，也包括精神上的共建。大家对律所的发展都要有实际的付出和贡献，这种贡献既可以是创收方面的贡献、经济方面的支持，也可以是知识产权、资讯方面的提供，还可以是对律所公共活动的策划、组织与参与。

所谓共享，是建立共同利益空间，在公开、公平、公正的前提下实现利益共享，让律所的资源、资讯和其他建设成果惠及每一个成员。同时，律所也尽量为每个成员的工作、学习提供便利和帮助，在硬件与软件方面为律师的个人发展提供支持。

所谓共成，指的是成员之间应当相互成就、实现共同发展而且是高出一般效力的共同发展。俗话说独木不成林。一棵树再高大也难以成为一片风景，难以抵挡风雨的摧折，只有许许多多的树木共同生长在一起才能成为茂盛的森林，在相互扶持中历经风雨而屹立不倒。由于各自的教育背景和工作经历不同，律所成员在专业知识、执业经验、社会资源等方面各有自己的优势，也各有自己的短板，只有共同分享、相互学习、相互帮助，才能让自己、同伴和团队更强大，才能达到扬长避短、化劣势为优势的效果，从而增强律所的整体实力和市场竞争力。“共建、共享、共成”就是卓建协同共生的3.0文化版本的核心内涵。

15年来，卓建通透地理解着律所与律师的关系、律所与员工的关系，通透地理解着律所与客户的关系、律所与社会的关系，以“共建、共享、共成”作为核心理念，成就着客户、成就着律师、成就着员工、服务着社会，最终也成就了自己。

五、卓建的价值观

（一）核心价值观——做一个好人、尽律师责任

《基业长青》中提道：“核心价值是公司的精神和持久的原则——是一套不需要外部调整的永恒指导原则。它对于公司内部的人拥有固有的价值和意义。”律所的价值观就是律所决策者对律所性质、目标、经营方式的取向所做出的选择，是为律所成员所接受的共同观念。正所谓“道不同不相为谋”，对于律所而言，这个“道”就是律所的核心价值观，为律所提供决策、选择的依据。

卓建的核心价值观与卓建的使命相融、契合。卓建的核心价值观就是做

个好人，尽律师责任。“做个好人”是强调律师的个人特点；“尽律师责任”是强调律师的责任品质。

从整体来看，“做个好人，尽律师责任”朴素的含义就是要律师先做好人，然后再做事，若是律师本身品行不端，那么事情肯定做不好，即使事情做完了，可能也经不起推敲。“哪一天可能就因为你不是个好人，做了自认为是好事的事，你可能就栽进去了，就会变成法律的打手。”因此，做一个好人就是要求律师与人为善，不仅与自己的当事人为善，也要与对方当事人为善，绝不能够坑、蒙、骗，甚至跟对方建立敌对关系。做一个好人不仅要求律师不能同利益相关方建立敌对关系，而是要建立一种和谐关系，包括同法律职业共同体，同公检法之间建立一种和谐关系。卓建对律师的要求，就是要尽量摆脱精致的利己主义，杜绝唯我独尊，做一个好人，而非行业内的害群之马。

除了对自身的道德约束外，卓建也鼓励律师以好人的目标对自己提出更高的要求，多做善事，对社会做出更多贡献，以“匠心”服务社会，以“热心”温暖社会，以“仁心”扶助弱势群体，努力践行社会责任，回馈社会。因此，卓建的很多律师勇当义工，肩负起社会责任。很多人利用周末休息时间活跃在普法领域，例如，深圳的新雨计划，专门为中小学生免费上法治教育课，卓建就有相当多的律师担任法治教师，每年表彰的时候都有很多奖状、奖牌，这都是卓建长期鼓励大家做好人，多做好事的成果。

卓建核心价值观中另一个重要的关键词，就是责任，“尽律师责任”，这是卓建人的本分，因为卓建的职业理念就是要“尽心、尽力、尽责”。“三尽”原则讲的就是尽律师责任，守住律师底线。若是律师收了钱不出庭，收了钱不办事，那就是没尽责任，与卓建的初心大相径庭。卓建的核心价值观不是空话套话，而是真正能在关键时刻稳定人心的精神力量。而它真正起效的时候，就是律师处在越界边缘的时候，该不该越界，就需要用价值观进行衡量，哪些业务该接，哪些业务不该接，也需要这个价值观去衡量。2018 年卓建的一个律师接了一个大案，由于个人拿不准因此找到了卓建的创始合伙人张斌，“主任，这个案子很大，可能一年能上千万元，咱们两个团队合作”。当时创始合伙人张斌一听就觉得不太靠谱，先派人和这名律师一起去摸了一下底，后来又亲自去实地考察了解，在创始合伙人张斌的坚持下，最后确定这个业务不能做。因为这个业务虽然看似利润丰厚，但却是涉嫌传销性质。这个例子就生动地说明了卓建的核心价值观是真正融入卓建人心里、血液里，真正被卓建人了解和接受，在面对是非进行正确的抉择时，卓建的价值观就是一杆秤，帮助卓建做出正确的选择。

（二）律所精神——匠心、热心、仁心

律所精神是律所核心价值观的具体化，律所“做一个好人，尽律师责任”的核心价值观在律师精神中得到了充分的体现。具体来说，律所精神包括匠心、热心、仁心。

2018 年 9 月 8 日，吉林大学法学院举办纪念吉林大学法学学科创建 70 周年晚会，并举办校友捐赠仪式。当时卓建创始合伙人张斌律师应邀出席了晚会，并代表卓建所为母校捐赠人民币 50 万元。捐赠款项将用于吉林大学法学学科及法学楼建设。卓建所创始合伙人张斌系吉林大学 1991 级硕士、2000 级博士，多年来一直心系母校的发展，此次捐赠亦希望能为母校建设尽绵薄之力。这并非个例，2019 年，卓建创始合伙人杨林律师和 1995 级法学院的同学们一起发起成立了面向武汉大学法学院老师们的“尊师重教基金”。这仅是卓建成立多年来做过的无数奉献中的一件，足见卓建文化对律所全体人员的影响。

卓建所是一个具有社会责任感的律所，卓建人不忘初心，牢记“三心”，以“匠心”服务社会，以“热心”温暖社会，以“仁心”扶助弱势群体，努力践行社会责任，回馈社会。卓建人在法律服务过程中不仅求真务实、勤勉尽责，也常怀“仁心”“热心”“匠心”，对每一位客户心存善意，为每一位客户热忱服务，致力于把每一个案件办成精品。

1. 匠心打造，服务社会

2020 年 10 月 13 日，卓建经典案例系列《匠心卓建》新书发布会在卓建总所 12 楼沙龙区举行，三年光阴，匠心打磨，卓建的第一本经典案例集《匠心卓建》终于问世。创始合伙人张斌对《匠心卓建》之“匠心”的内涵，有很深的感悟，创始合伙人张斌认为律师应当像匠人那样，能够针对当

事人的法律问题提出切实可行的解决方案，向客户交付能满足客户需求的合格产品。匠人怀有一种认真、敬业的精神，不仅把工作当作赚钱或养家糊口的工具，卓建非常注重细节，精益求精，精雕细琢，不断追求完美和极致。创始合伙人张斌把律师的匠人精神称为“匠心”，并希望卓建律师始终保持“匠心”，不断提升“匠艺”，向客户交付匠心之作。

“匠人精神”这一说法因2011年日本纪录片《寿司之神》的播出而在国内流行，2007年卓建自诞生以来，就在践行着所谓“匠人精神”——即使那个时候还并不流行这样的词汇。卓建的“匠心”，就是对职业的全情投入，对职业的精细打磨，不仅将律师作为自身谋生的手段，同时也在对职业工作尽善尽美地完成，不断加强自身能力，增强律所的知名度和影响力。认真对待本职工作虽然是每个人的本分，但能在“完成”这一项标准之上，投入更多的时间精力，力争“完善”，做到匠心打造，大道至简，也许这样从平凡中来，到平凡中去的所作所为与坚持，才是最难能可贵的。

卓建于立所之初就提出“人无我有、人缺我先”等十六阶运营理念，突出创新，敢为人先，高度重视营运质量，并将其作为卓建长远发展的生命线与保护伞。卓建始终以客户需求为导向，着力打造并实现了产品市场化、部门专业化、服务团队化。为确保卓建服务质量的实现及提升，卓建从接受客户委托至产品交付、售后服务各环节均设置了质量把控关键节点，以保障服务质量。

在经济贡献方面，卓建作为从事法律服务的律所，其经济贡献并不单纯从经济创收方面体现，还主要通过为顾客提供法律服务创造的价值体现，即通过担任原告或被告等的代理人、辩护人等方式，为顾客挽回、减少或避免经济损失；在组织规模方面，得益于卓建文化的生命力，卓建真正做到了以文化聚才，人员数量、业务数量均有较大程度的增长。卓建自2015年起导入ISO9001：2008质量管理体系，从卓建组织管理、业务指引等着手建立相关的控制指引及纠正改进措施等，保证卓建的管理体系稳步有序进行。在诚信守法经营方面，卓建近几年来不存在律所或员工违法违规事件，同时，得益于卓建人根植于内心的善良、规则意识，以及律所纪律与律师考核委的宣导工作，卓建所成立至今一直保持零有效投诉率。

古先圣贤认为，成人之大本，一曰，发心。二曰，愿力。成大人成小人全看发心，成大事成小事都在愿力。把简单的事情做到极致，功到自然成。对于卓建人来说，能把自己分内的事做好，坚守好自己的岗位，为客户争取权益保障利益，也许就是卓建“匠心”最好的注脚。

2. 热心投入，温暖社会

卓建作为一家优秀的律所，不仅为客户提供优质的法律服务，还勇担社会责任，为法治的健全、社会的进步倾尽全力，身体力行。卓建律师积极参与相关立法咨询和建议，积极参与法规规章的讨论和修订，关注社会、关注民生；卓建所也坚持不懈地开展法律援助和普法活动，打造了“民断是非”这一著名的普法品牌，入围深圳十大法治事件的评选提名，获得了广泛的社会关注。

关注社会法治建设，是卓建全体同仁的追求。2020 年 9 月，被司法部评为全国优秀律师的创始合伙人张斌提出的“做一个好人，尽律师责任”的所训，是每一名卓建新人加入卓建时必须宣誓的誓词。创始合伙人张斌担任中共深圳市委首批法律顾问，为落实人大主导立法，促进科学民主立法，他积极参与市人大常委会在市律师协会设立立法调研基地的磋商，让全市律师参与立法调研、论证和评估等工作。同时，“民断是非”这项大型公益普法活动就是创始合伙人张斌一手创办的，深受群众好评，为宣传法制贡献了力量。创始合伙人张斌还特别关注青年学生与律师的培养，他担任华南师范大学法律硕士专业学位兼职硕士生导师，指导多名实习律师训练提升业务技能，强化执业道德与纪律观念，帮助他们顺利取得律师执业资格。创始合伙人张斌认识到为当事人提供高质量的法律服务、服务社会、推动法治进步是一名律师价值的最终体现，也是党建工作的应有之义。在其倡导下，卓建党委自 2018 年年底积极探索践行“党建 + 法律 + 公益”的党建工作新模式，发挥律师党员的专业优势，努力履行律师公益职责，起到了良好的社会效果。

同年 7 月，卓建所业务指导委员会主任金振朝律师、高级合伙人李兰兰律师被聘为“广东省律师行业民法典宣讲团”总团成员。“广东省律师行业民法典宣讲团”是在广东省司法厅党委、省律师行业党委的指导下，广东省律协成立由100多名资深专业律师组成的民法典宣讲“百人团”。金振朝律师、李兰兰律师作为广东省律师行业民法典宣讲团的成员，将以高度的社会责任感和职业操守，依法依规开展普法宣传工作，立足专业，发挥优势，做好宣传，让民法典能够得到切实践行、充分维护、有力保障，为全面推进国家治理体系和治理能力现代化做出律师行业应有的贡献。卓建所也将充分发挥律师在民法典宣传教育中的骨干作用，积极营造良好的遵法学法守法用法氛围，深入研读民法典，制作相关普法宣传课件，为民法典宣传普及开展系列讲座，深入基层开展系统化、常态化民法典普法宣讲活动。

创始合伙人张斌曾说：“普法，我们一直在路上；让法律住进每一个人的心里，我们一直在努力。”在卓建的带动宣传下，一批卓建律师深入社区、学校、电视台等平台进行普法宣传教育。长期以来，卓建律师利用自身的专业知识和社会影响力，多次进行普法宣传活动。卓建律所与深圳市劳务工博物馆、维德中心等机构长期合作，长期为相关法律援助活动提供支持，每月还定期开展劳动法律公益普法讲座，至今已开展过近百场公益普法活动。卓建律所于2017年和2018年分获青少年普法“新雨计划”合作机构“雨点奖”和“十佳律所”，卓建律所的晏新荣律师、谭征律师、于智亮律师、高超律师、邱建辉律师等荣获“新雨计划”公益普法教育“雨点奖”“十佳律师”等个人奖项。

书不尽言，用再多笔墨也无法穷尽过往十五载卓建所、卓建人温暖社会的种种贡献，多年来，无论是自2014年开始的大型思辨性公益普法活动“民断是非”，还是卓建律师数年来对社会法治建设日积月累的投入与付出，都源于卓建人内心根植的“热心”，用热忱的心赋予投入的动力，让身体不再疲惫，让心更加充盈。

3. 仁心奉献，回馈社会

俗话说“饮水思源”，卓建所始终感恩社会各界的关心支持帮助，尽己所能回馈社会、回报他人，卓建热心社会公益和慈善，积极捐款救灾、扶贫帮困、捐资助学、关注和扶持弱势群体。

庚子新年，一场新冠肺炎疫情袭击武汉并蔓延全国。新冠肺炎疫情就是命令，防控就是责任。与此同时，卓建人在做好自身防疫措施之余，秉承

“做一个好人，尽律师责任”的宗旨，自发捐款捐物，开展了多项行动以抗击疫情。截至2020年2月7日18时，卓建所累计捐款人数205人，累计捐款约31.9万元。2月8日，这些爱心捐款全额划至新冠肺炎疫情发生地湖北省黄冈红十字会。此外，卓建累计向其他慈善机构捐款数万元，捐献口罩2000个。卓建律师以自身的行动为湖北人民防控战役助力，充分展现了卓建律师“仁心”的奉献精神。

这并非个例。2008年汶川地震，时值卓建律所成立不久，各项经费较为紧张，但即使如此，在创始合伙人张斌的带领下，卓建发动捐款2万余元；2010年，青海玉树地震，在获悉消息的第一时间，卓建同仁踊跃捐款、支援灾区。此外，创始合伙人张斌还曾负担多名贫困地区学生的学杂生活费用，并与其他同事共同发起了捐助希望小学免费午餐的活动。为促进法学教育的发展，张斌律师向母校吉林大学法学院分期捐助出版了《吉林大学卓建研究生论丛》；2018年9月8日，吉林大学举办法学学科创建70周年晚会，张斌同志代表卓建所为母校捐赠人民币50万元助力学科建设，展现了一名学子的赤诚情怀。

卓建所不仅勇于承担社会责任，积极响应、主动发起各项公益事业，对于律所内部成员，也一样展现出“仁心”，帮助律所成员解决困难自是义不容辞。曾有一位刚入职不久的律师助理被检查出患有癌症，他所在团队在卓建所微信群内发出的募捐倡议，得到了积极迅速的响应，捐款接龙名单分分钟都在更新，在短短的两天之内就募集了20多万元，捐款人员覆盖所里总人数75%以上，类似的捐款不仅这一例。捐款人中，也许有很多人彼此都不认识，甚至没有见过这名律师助理，但他们义无反顾地伸出援手，可见律师个人的善良本性，也反映了整个律所的氛围，正是“一方有难，八方相助”。

面向未来，无论是卓建所还是卓建人，勿忘初心才能方得始终。要坚守卓建的初心，抱有一颗“热心”，对社会、对组织、对个人，特别是对当事人要心存善意，满腔热情，尽心尽力提供帮助，做有温度的法律人；怀有一颗“仁心”，没有仁心就没有仁术，把握职业操守，不坑人、不蒙人、不骗人、不害人，不做法律打手，不玩弄法律，要遵守法律，维护正义，维护当事人的合法权益；拥有一个“匠心”，发扬工匠精神，把每一个法律服务都当作一件作品，精雕细琢，精益求精，把专业做精、做细、做强。

只要抱有热心，怀有仁心，持有匠心，卓建人一定不会忘记初心——做个好人，尽律师责任，卓建所就会永葆文化青春，由一棵枝繁叶茂的文化大树成长为一片茂密的文化森林。

（三）核心理念——“三专”“三尽”

律所不只是律师执业展业的平台，律所也应当成为律师事业发展和人生成长的舞台，成为律师心灵归属的家园。卓建将“专心、专注、专业”“尽心、尽力、尽责”作为核心理念，将“责任”二字，融入卓建所与卓建人的血液之中，以更高更好的要求鞭策着卓建律师的成长。

所谓专心，是指卓建人应当热爱律师工作并将其当作人生的重点、事业的中心。如果律师不能做到专心，就会心有旁骛、见异思迁，难以做到倾心付出并与律所共同发展。

所谓专注，是指卓建人应当排除干扰因素进行合理取舍，把更多的精力、时间、资源集中于主要工作事项，提高工作效率和效益。对于律所而言，应该对人员、资源做合理的安排，尽可能地让律师脱离与业务无关的事务，减少律师对事务性工作的投入，在业务的开拓方面、专业的提升方面更有针对性，避免四处出击、瞎摸瞎撞。

所谓专业，是指卓建应当向专业化发展、树立专业精神。首先，律师必须成为法律专家，有深厚的法学功底、广博的法律知识及丰富的执业经验；其次，律师个人要避免成为“万金油”律师，要有明确的专业发展方向，在某些专业领域进行长时间的深耕并成为专家。同时，律所要根据个体的不同情况进行整合，形成专业化的服务团队，树立整体专业形象。

专心、专注、专业是三位一体、互为表里的关系，也是“工匠精神”在律师行业体现的一个方面，只有专心才能做到专注，能够拒绝名利的诱惑，做到严谨和认真，做到细心和耐心，从而在法律服务中精益求精；只有专注才能达到专业的效果，在精益求精中不断提高自己的业务水平和技能，能够为客户提供最优质的服务。从另一方面来看，专业水平的提高、专业成果的取得会提升信心，促进律师、律所的专心和专注。

所谓尽心，是指全心全意、真心实意地对待客户委托的事项以及社会的托付，讲诚信、不欺瞒。

所谓尽力，是指竭尽所能、想尽一切办法完成客户托付的事项和各项工作，提倡勤勉和自律，拒绝懒惰和敷衍。

所谓尽责，是指全面、细致、认真地履行自己应该承担的职责，不回避、不推卸，这个尽责是全方位的，既包括对客户尽责，也包括对社会尽责、对集体尽责。

尽心、尽力、尽责是对律师和律所的基本道德要求，也是立身之本，三者缺一不可。

15 年来卓建人不忘初心，全心全意服务客户、服务社会，赢得了社会各界的良好口碑，将“专心、专注、专业”“尽心、尽力、尽责”融入了卓建文化的血液中，影响着卓建所与卓建人，真正践行着卓建“尽律师责任”的承诺。

六、文化特质——家文化、学习文化、团队文化

卓建有三个核心子文化，第一是家文化，第二是学习文化，第三是团队文化。家文化是基础，学习文化是支撑，团队文化是核心。卓建认为，律所不应该只是一个律师执业和工作的机构，律师与律师之间不应该只是工作关系，律所不仅应该成为全体成员的事业发展平台和人生成长舞台，更应该成为全体成员的共同家园。

卓建文化起源在卓建所成立之前，应该说先有卓建文化的种子，然后才有卓建律所的设立以及卓建文化的形成与发展。而 15 年的辛勤灌溉已经让这颗种子开出嫩芽长出枝叶，逐渐长成了参天大树，前人栽树后人乘凉，在卓建文化滋养下的“一棵树的森林”也反哺着卓建所、卓建人。

（一）蓬勃和谐的森林——卓建的家文化

律所家文化是指在律所这个大家庭里，以和谐为基础的具有凝聚力和竞争力的和文化。具体而言，律所家文化是以和文化为准绳的，律所真心关爱其成员（包括合伙人、普通律师、律师助理及行政辅助人员），律所成员以

感恩之心回报律所，整个律所按照一定的规范、秉承优秀的作风共同奋斗、共同成就事业的一种价值观体系及行为模式。

家文化的内涵主要体现在“家和”上，“家和”是家文化的精髓，是指组织内部的和谐状态，这也是律所家文化追求的目标。“家和”以“和”文化为理论基础，追求成员之间和睦、互助、共进的氛围；“家和”既强调成员的个性发展，更强调成员与律所之间的和谐，从而使律所成为一个团结、凝聚、协调的整体。

“家文化”本质上是一种“爱的文化”，强调“以人为本”，其外延包括家缘观念、家园建设、所风树立、所规制定等多个方面。

“家缘”是指律所和成员之间已经超越了原有的有形契约关系而达到了无形契约关系即心理契约、精神契约。律所与成员、成员与成员之间的遇合是一种难得的缘分，正是这样的一种缘分，使律所与成员形成一个利益共同体，律所成员之间成了事业上的伙伴关系，律所成为一个拟制的“家庭”，在这个家庭中大家是没有血缘关系的“家庭成员”。因此，律所和成员都要珍惜这种缘分，就像兄弟姐妹一样坦诚相待、互相扶持、团结协作。

律所不仅是成员的工作场所、事业平台，也是重要的生活场所，是“家文化”的重要载体。因此，律所要注重家园建设，创造良好的人居环境和氛围，让成员产生舒适感、归属感与眷恋感，让成员每天上班都有一种回家的温馨感，下班有一种离家的依恋与不舍。正如卓建格言所说“卓建是我家，共建靠大家”一样，家园建设需要每一位成员的积极参与，更需要上升为制度和行为规范，才能让客户和公众直观感知道家文化的魅力和家园的温暖，从而产生对律所的认同与信任。

所风是指律所成员之间在长期共同工作和生活中，耳濡目染、潜移默化，形成共同的理想、品质、信仰等，并代代相袭和传承。正能量的所风对于律所的发展非常重要，律所的良好所风犹如良好的家风一样如和风细雨，多年来积极倡导和传承的诚信、平等、民主、文明、谦让、包容、积极、参与等优良的所风，让家文化得到充分的发扬，让律所充满正能量。卓建一直坚持对于“好人好事”积极表扬，每年都坚持评选“卓建之星”，并在年会上进行表彰；对于“坏人坏事”坚决批评，让歪风邪气成不了气候，坚决杜绝“破窗效应”的发生。

所规是家文化的行为和制度层面，“不以规矩不成方圆”，律所同样也需要制度规范。但所规不是律所单方面发布的清规戒律，而是由全体成员参与制定的集体规约，这样所有成员才能自觉、主动、积极地以“所规”规范自己的行为。卓建经过15年的发展已经形成了完备的制度体系，并且定期进行修订。律所“家文化”需要与时俱进，需要律所和成员在提供法律服务与管理实践中，不断丰富、完善家文化，使其成为律所发展的不竭动力。

家文化建设是一项具体而细致的工作，在一点一滴中传递家的温暖，使成员时时处处感受到家的存在、汲取来自律所大家庭的力量。卓建的家文化构建就是通过九大举措予以完善的。

从卓建所内部出发，为了营造“家庭”的气氛，卓建在每个月最后一周的星期四定期举行“卓建生日会暨迎新会”，一是为在当月生日的卓建同仁集体庆生，二是欢迎当月加入卓建的新成员，这项活动迄今为止每月都坚持举办，受到了全所同仁的普遍欢迎；开办“卓建之声”广播站也是“卓建家文化”建设的重要举措，广播的主要内容是介绍本所的好人好事、通报各项工作的进展、传达本所成员的心声，播出时间在每周二、周五的下午4点，播出时长为15分钟。这项工作由专门的工作小组负责，从选题、策划、采访、录制到播放，均由卓建所同仁完成。卓建之声的播出有助于全体成员了解本所的发展情况，也有利于成员之间的沟通与交流。卓建之声致力于让每一位同事都能通过这个平台展示自己的才华、陈述自己的观点、表达自己的心声，也让每一位成员从律所的发展成果中得到鼓舞和激励；同时，卓建从整体入手，着力打造包括官网、微信公众号、《卓建律师》在内的立体宣传平台。卓建的官网、微信公众号、《卓建律师》杂志既是卓建人随时了解“卓建大家庭”的平台，也是向社会宣传“卓建家文化”的窗口，更是卓建人为家文化建设献计献策的沟通渠道。卓建成立了专门的团队负责微信公众号的营运以及对卓建官网的维护、更新，成立了《卓建律师》编辑小组。通过这个立体宣传平台，及时反映卓建家文化建设的最新成果，激发卓建人热爱卓建、为卓建奉献的热情。

为了加强律所家文化的建设，卓建每年都会利用节假日组织旅游活动，全所成员均可参加，也可以携带家属。律所为参加旅游的律师承担部分费用，行政辅助人员的旅游费用则全部由律所承担。旅游活动能够展示和促进律所同事的互助友爱精神，能够促进同事与同事之间、家属与家属之间的沟通与了解，建立更深的“亲情”关系；贯穿于日常家文化建设当中的，是卓建在内部开展的丰富多彩的文体生活。卓建认为，经常性的、丰富多彩的文体生活既有利于律所成员的身心健康，也有利于活跃律所气氛，更有利于加深同事之间的友情与“亲情”，使“家”的气息更浓郁、“家”的内涵更丰富。因此，卓建根据成员们的文体才能情况，组建了卓建乐队、卓建合唱团、卓建篮球队、卓建足球队、卓建羽毛球队、卓建乒乓球队、卓建高尔夫球队等俱乐部，每个俱乐部设领队、队长各一名，活动经费则采取律所与成员各承担一部分的方式。卓建俱乐部极大地丰富了律所的业余生活，而自发组成的“卓建啦啦队”则形成了另一道靓丽的风景，使卓建的文体生活更富有声色。

卓建是一个年轻的律所，其成员中大多是青年律师，他们代表着律所的未来。但是，由于执业经验欠缺、社会资源不足等原因，青年律师的生存与发展存在严重的困难，因此，卓建本着以人为本、面向未来的原则，制订了青年律师支持计划，解决他们的实际困难，让他们切实感受到卓建大家庭的温暖。当然，支撑这样公益、纯真的计划的，是整个律所完善的体系与运作方式，“卓建家文化”需要大家的共同建设和维护，卓建人在这方面的贡献应该得到肯定、表彰和相应的经济回报。为此，卓建制定了业务发展与“家文化”建设并重的策略，在律师的积分考核中把参加集体活动作为重要的考核内容和指标，凡是为律所“家文化”建设做出过贡献的律师，都将获得一定的积分，并根据积分情况予以奖励。这一制度充分调动了卓建人对家文化建设的积极性、主动性，使“卓建家文化”的建设具有更深厚的群众基础。

卓建所“家文化”的建设加深了成员之间平等、友爱、互助的关系，全所呈现出和谐、安定的气氛，关爱文化在律所大行其道。在卓建所，大家都是兄弟姐妹的平等关系，没有任何一个人可以高高在上，也没有任何人会受到歧视和冷落，无论是合伙人、普通律师还是行政辅助人员遇到困难的时候，都会得到全所同仁的关心和帮助。

卓建的“家文化”对律所成员产生了强大的凝聚力，为成员提供了安心的工作环境，使律所成员对卓建大家庭产生了强烈的依恋，很少有律师愿意离开卓建转所执业，在卓建律所工作的律师助理、实习律师和行政辅助人员绝大多数都选择继续留在卓建所工作，人员流出率长期保持在5%以内。这种流动性较低的状况，不但保证了律所各项工作的稳定性、连续性，防止了人才的大面积流失，也使律所便于制定和组织实施新的发展。

卓建是一个由500多名成员组成的大家庭，更是一片由500多株林木组成的森林，在这片森林中，既有一些枝繁叶茂的参天大树，也有许多茁壮成长的小树。无论是大树还是小树，它们都处于和谐共生的状态，既能自由伸展枝叶并长高长大，又能共同拥抱阳光甘露、共同抵御风霜雨雪。对家文化建设的坚持，让卓建律所成为一个和谐的大家庭、一片蓬勃生长并不断扩大领地的森林。

（二）教学相长的滋养——卓建的学习文化

律师行业是一个知识密集型行业，律师作为专业人士，其工作是解决各种纷繁复杂的社会矛盾，既需要有非常专业的法律知识和服务技能，也需要有非常广博的社会知识、经济知识、科技知识。因此，律师必须坚持长期、系统的学习才能胜任这个职业。

此外，由于科学技术的发展和知识、信息的爆炸，社会发生了前所未有的巨大变化，社会经济、文化的发展进入了快速发展和加速发展阶段，各种新的科技手段、经济形式、经营方式、交易模式、市场主体不断涌现。与此相适应，作为社会行为规范的法律制度以及与之相关的法律观念也发生了重大变革，法律规范的内容更加丰富，调整手段也更加多样化，律师只有通过不断的学习，才能了解社会对法律服务的需求，才能掌握最新的法学理论、法律规定、司法政策、服务技能，才能为社会提供有针对性、有时效性、有价值的法律服务，所谓的“一招鲜吃遍天”已经不再适用，律师也必须与时俱进、不断学习。

面对浩瀚的法律文献和法学著作，再有天赋的人也无法不通过艰苦的学习而自动掌握，因此，律所不仅是一个服务型组织，更应成为学习型组织。学习是律所创造能力和创新能力的源泉，也是律所生存与发展的基本保障。只有持续不断地学习，律所和它的成员才可能超越自我、实现自己的战略目标。一个律所如果没有良好的学习文化，它的发展动力就会很快枯竭，就会被时代、被市场抛弃。卓建所的发展，在很大程度上得益于它的学习文化，学习文化既是卓建文化的重要内容，也是卓建文化的重要特色。

卓建认为，没有学习文化或者欠缺学习文化的律所，难以适应社会的进步和市场的发展，必将走向穷途末路，建立学习型律所是律所发展的必由之路。因此卓建通过导入学习文化，构建可学习、爱学习、学习好的良好氛围，通过有组织的学习，让律师回归有组织的生活。

律所文化是方方面面的，但学习文化在整个律所文化的体系中占据主导地位，无论是律所的组织文化、制度文化还是家文化、团队文化，都离不开学习文化的引领、贯彻。没有浓厚的学习文化，律所精神和价值观就难以体现和贯彻，团队就会缺乏凝聚力而变得松散、软弱，律所的战略目标就难以实现。

卓建把学习文化的建设作为律所的战略规划之一，为此设立了培训与律师发展委员会。培训与律师发展委员会由若干高级合伙人、普通合伙人、律师组成，专门负责律所培训与律师发展工作的组织与开展，制定律所的学习、培训计划以及相关制度。培训与律师发展委员会的年度工作计划要报经管委会讨论和批准，其工作成果要每年接受管委会的考核、评定。培训与律师发展委员会的成立，使律所的学习有了坚强的领导机构，使“有组织的学习”成为现实，极大地推动了律所学习热情的提高，提升了学习效果。培训与律师发展委员会也多次荣获律所的“最佳团队奖”。

为了将卓建打造成一个学习型组织并使学习长期化、制度化，卓建设立了卓建律师学院，作为建设学习文化的主要平台。卓建律师学院的授课老师既有本所的业务专家，也有外聘的专家、教授，同时还聘请了部分知名专家担任律师学院的顾问。卓建律师学院的学习、培训课程不仅针对本所人员，而且向全市律师开放，这也是卓建学习文化对行业发展的反哺。卓建律师学院开发了许多有特色的学习板块，比如以青年律师经验交流为主题的“同学讲堂”、以青年律师成长为主题的“青年律师成长之路系列讲堂”、以业务探讨为主题的“卓建论道”，以法律前沿问题为主题的“法律名人大讲堂”，还有以公司法业务为专题的“公司法特训营”等。

全面学习和全员学习是卓建学习文化的总体要求，律所为此建立了有卓建特色的学习体系和学习制度。对一般人而言，学习是一件苦事，长期学习往往难以坚持。对于律师而言，繁忙的工作更容易干扰学习。因此，建设律所的学习文化，就必须考虑到学习本身的艰苦性以及其他因素的干扰，不能只单纯依赖成员的自觉性，还应为成员的学习提供动力，让学习变得“有趣”和“有利”，让不学习成为“有害”与“可耻”，因此，卓建在建设学习文化的过程中，特别注意将成员的学习与奖惩相结合。卓建将“卓建学习之星”作为一个专门的奖项，纳入律所的年度奖励，为获得者颁发奖状和奖金，专门宣传其事迹；同时，将成员参加各种学习的情况进行登记，对其全年学习态度、学习成果进行综合考评，与公共积分考核相挂钩。对考评优秀的成员，律所在其承担律所管理费方面给予优惠，在所内晋升方面优先考虑，律所还购买了收费的课程予以奖励。对于积极参加学习并发表文章、著作的律师，律所报销部分学习费用或给予其他经济支持。

卓建的学习文化强调“有组织的学习与成员的自学相结合”，同时也强调将成员的学习与分享相结合。近年来，卓建律师的业余学习热情高涨，有很多成员自费参加“无讼学院”“icourt”等课程的学习，有些律师参加在职研究生的学习，获得了大量新的知识和技巧，卓建鼓励他们将学习内容进行分享，绝大多数卓建人都乐于分享，“卓建论道”也长盛不衰。“卓建论道”是卓建所内举办的高频率分享课程，固定安排在周四晚上，主要由本所律师担纲，有时也聘请外所同行、专家进行授课分享，内容涉及律师的演讲与写作、着装与行为礼仪、律师的职业道德与执业纪律、律师业务的办理、新型案件与新型业务的探讨、最新法律法规的解读等各个方面，卓建人把自己在人生中的感悟、执业中的经验、教训以及办理业务中的思考成果毫无保留地分享给大家。迄今为止，卓建论道已经举行了100多期，每一期听众席上都空无虚席，连走廊和过道也都站满了听众。

卓建对学习文化的贯彻，特别是以青年律师为主要培训对象、向全市律师开放的战略以及浓厚的学习氛围，使卓建的青年律师迅速成长，也吸引了许多外所的青年律师参加学习，卓建被业界誉为“青年律师成长摇篮”。基于卓建学习文化的辐射效应，卓建吸引了大量青年律师加盟，使卓建律师从建所之初的5名增加到300余名，其中，青年律师占据了绝大多数。同时，出于对卓建学习文化的认同，有些律所选择加盟成为卓建的分所。一个学习型的律所一定会获得良好的社会形象，获得行业和社会的认可。在律所领导者的带领下，卓建的全员学习、全面学习形成了传统，同时把这种热情和气氛带到了各级律协。在广东省律协、深圳市律协的各专业委员会、专门委员会中，卓建律师都是积极的参与者和工作骨干，对各级律协的贡献有目共睹。卓建的学习文化获得了业内同行的认同，这使卓建的社会形象变得丰满而正面，这也是卓建被评为“全国优秀律所”和“深圳知名品牌”的重要原因。

卓建学习文化的另一个成果是著述方面的丰收。由于学习热情的高涨以及学习效果的提高，卓建律师的学习成果自然会以卓建律师的文章、著述的方式展现。近年来，卓建律师的文章频频登上《中国律师》《广东律师》《深圳律师》的版面，卓建律师也出版了不少著作，为行业的发展做出了贡献。同时，由于学习活动、学习成果的丰富多彩，使卓建网站、《卓建律师》杂志以及卓建微信公众号保持了影响力，卓建微信公众号的影响力更是长期位居深圳同行的前列。

卓建所在卓建三大文化沃土的滋养下茁壮成长，而三大文化之中，家文化营造的氛围，让独木成林，绿树成荫，打造蓬勃和谐的森林；学习文化成为默默滋养文化之树的养分，让卓建人在学无止境的道路上，在无涯的学海中，找到桨，找到伴，找到目标，让卓建律所在教学相长的建设中，逐渐丰盈与灵动；团队文化闪耀着个人的光芒与团队的智慧，让文化森林充满生机与活力。

（三）怒放与交相辉映——卓建的团队文化

卓建团队文化的起源可以追溯到卓建创立之前，卓建的几位创始人就是基于“团队化服务”的理念走在一起的。当时律师界，团队文化建设还比较薄弱，律师与律所之间普遍处于挂靠与被挂靠、交费与收费的关系，律所同事之间很少存在紧密性的合作，这些都不利于律师的成长和价值的充分发挥。卓建的创始人提出了“有组织地工作”的共同愿望，并在这个基础上开始寻找同路人。

单打独斗的时代早已过去，在互联网时代，团队作战是实现“1 + 1 > 2”的有效保证，因此，卓建的团队文化就是要让全所成员形成一个个团队，让团队成员分工协作，高效协同，构建共同认知体系、共同行为方式、共同的价值观和团队心理契约，培养良好的工作习惯、职业道德、合适的职业发展规划和成长体系，让团队成员在实现共同目标的基础上实现各自的人生价值。

卓建成立之初，因为规模较小、人数不多，因而采取了团队化服务模式和以团队化推进专业化的团队建设思路。当时以张斌、刘子平两位投资合伙人为主组建了以公司法业务为主的紧密型团队，其他律师则自愿自由组合，形成相对开放、松散型的业务团队。律师与律师之间、团队与团队之间在业务上有不同形式的合作，但在学习、培训方面，则将全所作为一个整体进行统筹安排。公司法团队是一个紧密合作、不分彼此的小型团队，统一受理和办理业务，统一费用的报销与开支，统一组织业务学习和培训。这个时候的团队构建与管理，基本上是出于两个合伙人的志同道合、相互信任和默契，尚未形成明确的团队管理制度，包括团队成员的工作分工、团队收益的分配。公司法团队在业务办理、业务发展方面取得了重大成绩，对于卓建早期的生存和发展起到了中流砥柱的作用。

经过卓建前5年的发展，随着队伍的扩大，卓建的团队文化建设有了较为清晰的规划，也开始有了更丰富的内涵，体现出高度的开放性和包容性，追求自由和共同发展，律所团队构建模式也从单一团队发展为大所小团队、多团队模式。

在专业化团队建设方面，卓建由自发走向自觉，主动性和计划性得以加强，实现了全所的“共建、共享、共成”。第一，律所鼓励建立专业化的服务团队，对于新建团队给予人力、物力和财力方面的支持，帮助他们制订规划、招揽人才；第二，律所实施“海星计划”，着力培养团队带头人和业务骨干，根据业务发展的需要对现有团队进行拆分、重组、优化；第三，对于本所较为薄弱的专业领域实施“猎鹰计划”，从外所引进专业人员或团队，按照卓建的团队文化加以改造、融合。至今，卓建已经拥有50多个专业的律师团队，具备了综合性的专业服务能力。

在推进专业化团队建设的同时，卓建的管理团队文化也得到发展。在卓建第二个“五年发展计划”期间，建立了包括创始合伙人、高级合伙人和初级合伙人的三级合伙人制度，创始合伙人和高级合伙人均为投资合伙人，不同层级的合伙人享有不同权重的表决权与合伙事务参与权。在卓建第三个“五年发展计划”开始之时，卓建完成了特殊普通合伙制律所的改制，三级合伙人均为投资合伙人，合伙人根据投资份额的不同享有不同权重的收益权和表决权，在经济层面实现了“共建、共享”。

在管理层面，律所设立了管理委员会和监事会。管理委员会下设战略发展委员会、业务指导委员会、培训与纪律委员会、行政财务委员会、文化与公共关系委员会等机构，除管委会成员由创始合伙人、高级合伙人担任外，监事会和管委会的下属机构对全体成员开放，合伙人必须参与管委会下属机构的工作，这样使律所的管理能够有更广泛的群众性，也便于集中全体成员的智慧和力量，实现律所管理方面的“共建、共享”。

卓建从建所开始，就围绕律所的建设制定了战略目标和战略规划，律所还组建了由创始合伙人、高级合伙人、初级合伙人和普通律师组成的战略发展委员会，对律所的发展进行认真的调研、细致的研究、充分的讨论，在此基础上先后制定了第一个、第二个、第三个五年发展规划，团队文化建设则是其中的重要内容。由于律所有清晰的发展目标与规划，在团队建设方面有前瞻性、全局性的思考以及切实的支持措施，“大所小团队多团队”的发展模式得以贯彻，专业团队从最初的一个发展到二十多个，它们引领全所同仁积极奋进。

要将律所打造为一个有战斗力的团队，首先要将合伙人这个群体打造成一个紧密团结、协调一致的团队，让合伙人团队发挥火车头、领头雁的作用。卓建采取的三级合伙人（创始合伙人、高级合伙人、初级合伙人）的模式，基于公平、公开、公正以及民主与集中相结合的原则，制定了合伙人制度及议事规则，对不同层级的合伙人会议给予不同的授权，将股份制企业的表决制度引入合伙人议事制度，这样避免了因平均表决权而导致决策僵局的出现，从而既提高了合伙人会议的决策效率，又保障了决策的民主和公平。与此同时，为了保证合伙人的稳定与可持续发展，还规定了合伙人的入伙、晋级与降级、退伙制度，使合伙人团队在具备稳定性的同时有了较大的开放性、包容性，增强了团队的活力。

有了优秀的合伙人团队作为“领头雁”，还需要同行的“雁群”齐心向前，才能共赴征程。为了保证律所的服务质量，加强团队成员之间的相互监督，让合伙人切实担负起对律所的责任，卓建建立了合伙人值班制度：每个工作日安排3名合伙人（1名高级合伙人+2名初级合伙人），对本所律师出具的法律意见书、尽职调查报告、律师函、律师见证书等进行审查，合伙人之间则采取交叉审查的方式。这项制度既能够促进合伙人之间的相互监督，也加强了律所成员之间的交流和相互学习、相互促进，提高了全所法律服务的质量，切实降低了律师的执业风险和律所的经营风险。

当然，仅有好的制度而不能切实的贯彻和执行，团队建设仍然是一句空话。因此，卓建设置了两个层级的监督机构。首先，律所设置了与管委会平行的监事会，监事会由高级合伙人、合伙人和普通律师组成，对管委会以及下设各委员会的工作进行监督和逐项评议，对合伙人会议的召开、做出的决议发表监事意见。这样既能够防止管委会及下设各委员会的工作流于形式，也有利于奖勤罚懒，促进各委员会工作的开展。其次，律所在管委会下设纪律委员会，一方面负责对律师执业行为的监督，处理当事人对律师的投诉；另一方面负责对全所成员遵守规章制度的监督，调处律所部门之间、成员之间的争议。

作为一个规模较大的律所，加强知识的有效管理和共享，使现有的知识成果能最大限度地发挥作用，可以节省大量的人力物力，通过知识的共享更能加强成员之间的交流与合作，对于团队的建设和发展非常重要。业务指导委员会有计划地开展对律所成员的培训、组织知识整理、知识共享，在此基础上建立了自己的知识库，编制了律师业务指引、法律服务产品目录，为法律服务的标准化、规范化奠定了基础，为专业化团队的发展提供了有力的保障。

卓建的团队文化建设尚在探索之中，虽然不能说取得了重大的成功，但可以说取得了阶段性成果。在卓建专业团队建设方面，卓建一直强调专业化团队的构建与发展，尽管在早期走得很艰难，但坚持下来的成果却是可观的。卓建的专业团队构成日益齐备，在业内外都具有较大影响力，同时在律师业务创新方面也卓有建树。卓建的团队文化不但体现在专业团队的建设方面，在非专业化团队的建设方面，成立的文化与体育团队、卓建辩论队、卓建律师讲师团和卓建媒体工作团队也都取得了可喜的成果，增强了卓建的软实力和影响力。律所的建设、生存与发展都离不开管理，没有一个好的管理团队，律所的业务发展和各项文化体育活动就失去了依托。经过多年的探索与实践，卓建已经建立了一个由律所正副主任、各级合伙人、管委会和监事会密切配合的团队管理模式。在这个管理模式中，各个不同的管理主体、管理团队之间有明确的分工，有细致的工作规范，形成了各司其职、相互支持、相互监督、相互制衡的局面。基于这种团队管理文化，卓建的业务管理、行政管理、财务管理均规范而有效地运行，特别是行政、财务管理团队的工作获得了全所成员的广泛认可，多年来不但没有出现重大失误和过错，而且为律所、律师的业务发展提供了有力的支持和保障，而卓建的监事会、纪律委员会也在成员中享有威望，其工作能够有效地开展，保证了律所内部的团结与和谐。

卓建文化滋养下的这棵文化大树，不仅给予卓建人家的温暖，也成为卓建人成长、成就的平台。卓建给予每一个卓建人展示自我的平台，同样也以团队的力量让卓建人走得更远更坚定。卓建这片绿荫之下，既是怒放的花朵，也是交相辉映的美丽，卓建人彼此携手，成就美好。

七、律所的戒律——卓建“三藏真经”与“八条戒律”

在提出卓建的基本价值观和律所精神外，卓建还提出了律所员工的行为准则，具体指导卓建人的行为。卓建“三藏真经”和“八条戒律”醒目清晰、真切走心，潜移默化卓建人的言行。

卓建“三藏真经”

真诚豁达——开诚布公，童叟无欺；宠辱不惊，成败不馁。

谦虚谨慎——明于知己，不断学习；严于律己，不出妄言；谋定而动，不怀侥幸。

勤勉专业——术业有专攻，思虑求缜密；心中存敬畏，效劳全始终。

卓建“八条戒律”

一戒越位——自守本分，尊重他人；
二戒主观——言必有据，言必成理；
三戒懒惰——熟能生巧，勤可补拙；
四戒偏执——兼听则明，知错能改；
五戒攻讦——就事论事，适可而止；
六戒浮躁——宁静致远，笃定深沉；
七戒贪心——坚守底线，不近横财；
八戒逃避——直面考验，勇于担当。

八、卓建文化的具象化

以上介绍的是卓建的文化内容，卓建不仅善于对文化梳理、提炼和升华，而且还非常重视通过独特的文化符号表达卓建的文化精神，也即实现卓建文化的具象化。

卓建认为，将抽象化的精神内核具象化是律所文化建设的必然要求，否则律所文化就因无所依托而陷入虚无缥缈的状态，难以得到传播、传承和发扬，最终必将走向萎缩和消亡。律所文化的具象化是一个系统而复杂的工程，是通过一定的载体将精神内核的物化呈现、固化，使其达到既可意会又可言传、既能感知又能“看见”的状态。

（一）卓建的名称

律所的名称是最显著的文化特征和品牌承载，好的所名既能让人印象深刻、容易与其他品牌区别，又能体现该所的核心价值与精神风貌。《说文》有云：卓者，高也。“卓”的象形是10个太阳，故《论衡》认为：鸿卓之义，发于颠沛之朝。“建”的本意是立朝律，古代天文学称北斗星斗柄所指为建，《广雅》有云：建，立也。而“建”又通“健”，有“刚崄”之意。卓建把所名确定为“卓建”，就是从二字的本义和象形方面阐释卓建的精神：“卓”为卓越、卓著、蓬勃向上；“建”为创建、建设、强韧遒劲，两者结合在一起的意思就是“卓尔不凡、卓有建树”“建设卓越的团队”。

（二）卓建的 LOGO

在卓建文化的具象化过程中，最具形象化并吸引目光的，正是卓建的 LOGO。（见图 5.1）LOGO 是徽标或者商标的简称，是一种视觉化的信息表达方式，具有一定含义并能够使人理解的视觉图形，其有简洁、明确、一目了然的视觉传递效果，能够起到对徽标拥有单位的识别和推广的作用。卓建认为，徽标是一个律所的文化图腾。为此，卓建对 LOGO 进行了精心的设计，并将其刻印在办公区域、网站、办公用品、名片、信纸、文件袋、所徽等载体上进行展示。

卓建律师事务所
ZHUOJIAN LAW FIRM

图 5.1 卓建的 LOGO

卓建的 LOGO 在造型设计上，竖体正方形方框，代表律师的规矩与范围；三道条形代表合众和团队，横视之，以雁阵排列，高效凝聚，显团结之势；三道条形为“L”（英文律师 LAWYER 的第一个字母）的艺术化，代表律师；纵观之，条形呈起跑、跳跃及接力之状且方向一致，代表律师的奋进、团结和目标一致；三道条形各有一点从方框中露出，表示卓建律师在遵守法律规则的前提下的突破与创新，就是守正创新。

色彩设计上，底色为暗红色，三个L为渐变浅蓝色。红色本身属于热烈带有激情的颜色，由于律师从事的是法律行业，因此用暗红色表示法律的庄严与法律人的庄重，也是卓建的本色；三个L采用渐变浅蓝色，代表蓬勃向上和活力无限。卓建的LOGO，试图展现卓建人对法律的尊重与维护，体现卓建人的勇于挑战和创新精神，彰显卓建人的团队精神和不断发展。

卓建的所标荣获广东律所Ⅵ项目评比综合设计一等奖和单项创意奖。同时，为了加深律所成员对所徽的印象、唤起律所成员的身份认同，卓建给每位成员颁发了一枚徽章，要求每位成员在工作时佩戴，作为对其身份的确认。

（三）卓建的文化图腾：雁阵

卓建有自己的文化图腾：雁阵。之所以把雁阵作为卓建的文化图腾，是基于以下原因。

目标明确，高效凝聚：大雁编队飞行产生一种空气动力学的作用，一群编成“人”字队形飞行的大雁，要比具有同样能量而单独飞行的大雁多飞70%的路程，也就是说，编队飞行的大雁能够借助团队的力量飞得更远。同时，大雁的叫声热情十足，能给同伴鼓舞，大雁用叫声鼓励飞在前面的同伴，使团队保持前进的信心。卓建人在卓建文化的滋养下，以“一体化运营”为正确方针，形成一支强大的雁阵队伍，在法律的长空留下卓建印迹。

协同共生，赋能共赢：“雁阵效应”强调整体与部分的互相协调一致，全局行为的效能提高离不开部门行为的配合，如整个雁阵要飞得快而省力，必须依靠每只大雁“位移”和“对齐”的配合；而全局行为效能提高后也就能够保证部门行为效能的提高，如整个雁阵达到和谐状态后，每只大雁就可以借助其他大雁的羽翼所产生的空气动力，使自己的飞行更快更省力。卓建实行的“一体化运营”正是力图打造一个开放包容的平台，为平台上的每一位赋能，并以此带来效益最大化，实现互利共赢。卓建所是全体卓建人的舞台，也是卓建人的港湾，给予卓建人一往无前的勇气，也给予卓建人无所畏惧的底气。所以雁阵非常生动地体现了卓建的文化特征。

走入卓建，无论是在1.0时代的东风大厦，还是2.0时代的平安银行大厦，又或者在3.0时代的国银金融中心大厦，让人印象深刻的是卓建的文化长廊——文化墙。文化墙是卓建文化展示、宣传的重要平台，通过文字、图片、图文结合、视频等各种形式予以呈现，让律所成员在日常工作中耳濡目染，也能让客户、同行直观感受律所文化的丰富性、生动性。

在卓建的公共区域，卓建会不遗余力地通过书画、雕刻、图文、张贴、LED屏幕等多种方式打造卓建的文化长廊，于其上，或宣扬卓建的经营理念、价值观，或发布律所新政、服务产品，或宣传律所成就、优秀团队或个人。

九、卓建文化的落地

（一）卓建文化的具象化

文化的影响是巨大且深远的，也是抽象的，潜移默化、润物细无声是对文化功用的完美诠释。在核心理念与文化的可视化呈现上，卓建也颇费心思，卓建以“共建、共享、共成”“专心、专注、专业”“尽心、尽力、尽责”为核心经营理念，形成了包括“三藏真经”“八条戒律”“十六字阶梯”等在内的律所格言。卓建于文化墙中系统展示之，既有装饰之功用，卓建人日日面对，也有文化熏陶之效果。此外，通过展现律所荣誉、优秀团队及个人，可增强全体卓建人的荣誉感、自信心，还可引导卓建人积极向上。

提到卓建文化，便会想到卓建文化树。三棵文化树分别象征家文化树、学习文化树和团队文化树，三棵树同根同脉于和文化之根脉。在卓建的文化墙上，三种文化的照片，图文并茂，活灵活现，让卓建的文化具象化、生活化，让卓建文化更有感染力和穿透力。文化的打造是一项系统工程，是将抽象化内容进行具象化表达并以仪式化方式呈现的反复提炼、凝固与升华的过程，文化墙对于卓建文化的构建及呈现起到了直接的推动作用。

3.0时代，卓建在文化墙中还增设了法律博物馆专栏，法律博物长廊，摆放着大量有意义的法律文物。文物是历史的见证者，是前人留给世人的第一手资料，带领世人接近最真实的过去，卓建所的“小型法律博物馆”，将是卓建人的一笔重要财富，既表达了卓建对法律更深层次的思考，也是卓建于律所经营理念的一次升华。

好的音乐往往能够给人以愉悦的感觉，好的歌词则能引起人的强烈共鸣，因此，一首优美动人的律所之歌对宣传律所文化非常重要。通过音乐的动感表达和反复回放，以润物细无声的方式将律所的价值、理念、道德等文化元素传递到成员的精神世界。具象化的展示不仅依托于实物的呈现，卓建还富有创造性地通过音乐的方式，让卓建文化不仅“可视化”还达成了“可听化”，让卓建文化“声”入人心！

卓建在建所5周年之际开展了《卓建之歌》的征文比赛，收到了不少优秀的作品，最终以创始合伙人张斌提交的版本为蓝本，经过集体讨论和修改，最终形成了《卓建之歌》的歌词，聘请专家将其谱写成曲。《卓建之歌》的歌词集中体现了卓建的价值观和律所精神，包含了家文化、学习文化和团队文化等核心内容。而《卓建之歌》的曲子更是简洁明快、易于诵唱，激情豪迈、催人奋进。《卓建之歌》被拍成了MTV和视频对外推送，在每天早上及下午开工时准时播放，让律所同仁在歌声中激发工作动力。

（二）卓建文化的仪式化

在律所文化的构建中，仪式化也是不可忽视的要素和手段。仪式是由多人参加的一种活动，这种活动通常遵照某种约定俗成的顺序或特定的行为规范，它通常具有特定的纪念或其他社会意义。卓建认为，恰当的仪式能帮助成员营造一种心态，升华一种情感，激励一种行为，汲取一些能量，享受一种新的境界。有效地利用仪式对促进律所文化发展、巩固文化建设成果具有重要的意义，但这种仪式应当郑重其事并产生恰当的效果，不能让其流于形式，更不能引起参与者的反感或抗拒。

徽章是律所成员身份的标识，其颁发应该有郑重的仪式，使成员的加入过程显得神圣、庄重，从而产生强烈的情感连接。在卓建的迎新会上，每个新进成员在进行自我介绍并表示愿意加入卓建这个集体之后，在所里同事的见证下，由律所主任或者副主任向其颁发徽章，以此表明律所对其的身份确认和正式接纳。

宣誓也是一个重要的仪式，誓词的内容是对律所精神的进一步阐释，宣誓意味着宣誓人对组织的认同与忠诚、对责任的明确与承担。卓建把这个仪式安排在每年的年会上，由律所主任或者副主任带领在该年度加入卓建的新律师宣读誓词，在全所律师和全体来宾的见证下，这个仪式显得尤其隆重、神圣，宣誓人也会更加珍视自己的承诺。

卓建誓词

我自愿加入卓建律师，专业专注专心、尽心尽力尽责、共建共享共成、不怕困难、敢于拼搏、拒绝平庸、锐意创新、超越自我、追求卓越、互相关心、互相扶持、肝胆相照、荣辱与共，做一个好人、尽律师责任。

卓建文化的仪式化，也少不了音乐的加入，在许多重要的场合，比如集体参加会议、集体旅游，卓建都会组织集体诵唱《卓建之歌》。每一次诵唱《卓建之歌》之时，都会让卓建人得到心灵的洗礼，加深对卓建文化的记忆、理解，增强集体归属感与集体荣誉感，有利于加强律所的凝聚力和向心力，也有利于提升成员之间的协作精神。

卓建秉承“以文化立所、以文化聚才”的办所方针，始终坚持不懈地开展对中国律所文化的研究和探索，把“家文化”“学习文化”“团队文化”贯彻于发展的每一个阶段、每一个步骤，到目前为止取得了一定的成绩，也形成了良好的氛围和组织生态。

“一棵树的森林”是对卓建文化生动的总结——从外界和行业的角度来看，卓建是一棵枝繁叶茂、茁壮成长的大树；从近距离观察，每一个卓建人都是一棵迎风生长的或大或小的树，卓建则是一片由许多树木组成的茂盛而和谐的森林。卓建的成长带动卓建人的成长，卓建人的成长推动卓建的成长，在这个个体与集体相互影响、共同成长的过程中，卓建这片森林的疆域不断地拓展，对周边的环境发挥越来越大的积极而正面的影响，为中国的法治建设和经济发展提供助力。

第六章

卓越治理　科学决策

一、组织治理的意义

1. 治理理论的提出与发展

组织治理反映的是一种市场主体自我组织的治理机制，其本质是借助治理结构平衡组织内外公平、控制、效率、激励之间的关系。治理理论自 20 世纪 90 年代在国际学术界兴起以来，在国内产生了广泛的影响。从文献研究来看，由于组织具有多样性，受国别差异、组织形态、组织规模、组织性质等因素影响，因此各类组织的治理有所差异。以我国为例，组织机构有政府组织、企业组织和非营利组织之分，不同组织的治理各异。在组织治理的研究中，最先被研究的是公司治理。

在学术界，普遍认为伯利和米恩斯 1932 年在《现代公司与私有财产》一书中对所有权和控制权这一公司治理核心问题进行的首次论述，是公司治理产生的标志。而后科斯《企业的性质》一文的发表，则推动了新制度经济学的兴起，为后续公司治理的研究奠定了扎实的理论基础。在科斯研究的基础上，威廉姆森在 1975 年出版的《市场与层级制：分析与反托拉斯含义》中提出“治理结构”的概念；并在 1984 年直接以“corporate governance”为题对公司治理进行了较系统的分析。另一位较早对公司治理进行研究和界定的是英国的特里克，他在 1984 年出版的《公司治理》一书中认为公司治理包括董事和董事会的思维方式、理论和做法。公司治理涉及的是董事会和股东、高层管理部门、规制者与审计员，以及其他利益相关者的关系。因此，公司治理是对现代公司行使权力的过程。特里克把公司治理归纳为4种主要活动：战略制定、决策执行、监督和问责。他还认为，公司治理与公司管理是不同的概念。

在国内，对公司治理问题的研究比较有代表性的是吴敬琏1993年在《大中型企业改革：建立现代企业制度》一书中提出的法人治理结构的概念。钱颖一则认为，公司治理结构是一套制度安排，用以支配若干在公司中有重大利害关系的团体——投资者（股东和债权人）、经理人员、职工之间的关系，并从这种联盟中实现经济利益。张维迎则认为，从广义上讲，公司治理是有关公司控制权和剩余索取权分配的一整套法律、文化和制度性安排，与企业所有权安排几乎是同一个意思。杨瑞龙基于利益相关者理论，认为治理应该扬弃股东至上主义的逻辑，遵循既符合我国国情又顺应历史潮流的共同治理逻辑，企业不仅要重视股东的权益，而且要重视其他利益相关者对经营者的监督。

目前被广为接受的是李维安在日文著作《中国的公司治理研究》中对公司治理的定义，即所谓公司治理，是指通过一套包括正式或非正式的、内部或外部的制度或机制，来协调公司与所有利益相关者之间的利益关系，以保证公司决策的科学化，从而最终维护公司各方面利益的一种制度安排。

2. 我国组织治理的实践

我国有关组织治理的经典案例，多是公司组织治理领域的。公司治理实践是随着公司制组织形式的出现而产生的，如果以东印度公司1600年的设立作为标志，公司治理实践已经有400多年的历史。就我国的公司治理而言，近年来，我国有一些公司的运作已经比较规范，公司治理效率不断提高。但对于我国大部分公司来说，公司治理仍是一个相对薄弱的部分，在发展的过程中出现了很多问题，如股权结构不合理、公司的董事会缺乏独立性、内外监督机构的监督形同虚设等。除了营利性组织外，全世界还有数百万公益组织（包括民间社团组织、非政府组织、非营利组织）。服务于这些组织的理事会成员竭尽全力去实现精明而出色的治理，通过市场力量来创造价值。这些组织在推动社会系统变革、组织战略管理、内部治理、资助策略、流程管理和风险内控、组织文化塑造、人力资源开发、慈善筹款、品牌建设、扶贫资助等方面有着独到的经验。

在中国，提到非营利组织的治理经验，不得不提的是阿拉善 SEE。阿拉善 SEE 生态协会成立于2004 年6 月5 日，是中国首家以社会责任（society）为己任，以企业家（entrepreneur）为主体，以保护生态（ecology）为目标的社会团体。SEE 的宗旨是，遵循生态效益、经济效益和社会效益三者统一的价值观，推动人与自然的可持续发展，以阿拉善地区为起点，通过社区综合发展的方式解决荒漠化问题，同时推动中国企业家承担更多的环境责任和社会责任，推动企业的环保与可持续发展建设。

拥有公益领域最优秀的人才、打造一支有公益理想的专业团队，一直是阿拉善 SEE 孜孜以求的。在阿拉善最新的一届理事会中，大胆任用年轻人，引进国际化人才，短短几年时间，一个专业、充满活力的年轻团队不断地为阿拉善 SEE 创造社会价值和公益奇迹。阿拉善 SEE 现已获得组织发展上的巨大成功，会员遍布全中国，在环保事业上也已取得不菲成绩。

阿拉善 SEE 的企业家群体有着鲜明的个性和企业家精神，他们将经营企业的经验带到公益的舞台，探索将阿拉善 SEE 的影响力从内蒙古的沙漠带到中国和世界。

阿拉善 SEE 生态协会会长艾路明在访谈中曾说："一方面，我们通过商业的力量来推动公益的发展；另一方面，我们在公益的路上也受到了很多的启示，而且这种启示是有着某种超出了商业概念、商业伦理、商业规则的一种启示，我相信这种启示恰恰是我们今天的做企业的人也好，还是创业的人也好，所应该面对和敬畏的。"

3. 律所治理的重大意义

我们在对组织治理的理论及实践发展的梳理过程中发现：关于公司组织治理的文献和案例都非常丰富，而对公司组织治理之外的其他类型组织治理的研究及实践则非常缺乏，如对政府、非营利组织、行业协会、律所等类型组织治理的研究及实践。然而，在为人类谋幸福、推动社会变革的进程中，各类型组织都发挥着无可替代的作用。如本书上面提到的公益组织救世军、将商业模式和公益事业相结合的阿拉善。在《法治中国建设规划（2020—2025 年）》中，明确提出了要在法治轨道上推进国家治理体系和治理能力现代化，因此，研究公司组织之外的其他组织类型的治理，尤其是律所治理，对于社会治理现代化的实现有着重要意义。截至2021年中国律师人数已达62万人，并且保持着持续增长，作为社会主义法治建设队伍的重要组成部分，研究律所治理对法治现代化的推进具有重要意义。

英国律师公会在《最好的实践》一文中提出“管理最重要的任务，就是使律师行通过适当的、适时的革新，来确保其长久地生存”。米尔顿·W.司威克在《发展和管理一家成功的律所》一书中说道：“即使你具有世界上最高尚的动机和最优秀的法律头脑，但是如果没有一个良好的组织，你将缺少满足客户需求的能力。”对于律师行业来说，因为律师执业是一种知识高度密集化的劳动，律师创造性的见解充分体现了其人力资本的巨大价值。因此，通过有效的治理机制充分开发这些高价值的人力资本，对于律所的长远发展和律师个人价值的实现都有着极为重要的保障意义。然而，目前我国律师行业治理机制还不尽完善，大多处于探索阶段，不规范的治理机制往往会让律师无所适从，这严重制约了律所的发展。

目前我国的律所机制主要有两种形式：一种是传统的提成制。在这种模式下，多采取个人单干、成本自摊、利润归己、管理无为的模式，导致吃光用光、自由散漫和治理上的极不规范。另外一种是公司制。公司化的律所在规模化、集团化之后也产生了许多新的问题。在这种律所里，人员规模的快速增长、跨地域的松散联合，并未真正提升律所实力，也没有必然地形成与其规模相适应的治理机制，无法形成有效的权力制衡和激励，反而使治理滞后的矛盾更加突出。近年来，年利达、Cravath、英国安理、达维等越来越多的国际顶级律所纷纷放弃纯粹的Lockstep，将合伙人分配模式从纯粹的计点制调整为经修正的计点制，从而解决了合伙人在资历、付出、贡献和获得之间不匹配和失衡的问题，以达到更合理的激励，保持持续的竞争力。

其实，作为高知群体的律师，其本身对律所投入的主动性较高，缺乏的是能让他们充分发挥才能的治理机制。正如美国高特兄弟律所北京代表处首席代表陶景洲所言：“我们常听到一些律师说其更愿意去做具体的法律业务而不愿花精力在律所的管理、协调上。之所以这样并不是因为他们笨，只是对什么样的体系和程序更有助于其律所的发展缺乏了解。他们不知道如何通过系统管理令其工作更快更好，对其客户更为有利，同时也增加了自己的收入。”不过，我国也有少数律所在改革创新方面取得了不菲成绩，并得到了国际认可。根据《美国律师杂志》中给出的全球律所排名情况，我国的大成、盈科、金杜等律所的年收入和人数规模也都位于前列。这与它们不断完善的治理机制密不可分。

卓建律所在借鉴以上优秀律所发展经验的同时，又结合自身发展需要和传统提成制律所的优点，创新出一套新的治理举措，巧妙地避开了这类大所以及传统中小型律所在发展过程中所暴露出的弊端，走出了一条具有卓建特色的治理之路，实现了高效决策、快速发展、风险防控、有效激励，并推动了全员共治，最大限度地发挥所有成员的智慧，共建共享共成，取得了较为明显的成效。以下我们将先后介绍卓建的治理机制及其已取得的成效，为同行提供参考。

二、卓建的治理结构

治理机制是一个组织运营的核心，本部分概述卓建的治理体系如何做到高效决策、如何能够最大限度地利用所有成员的智慧、如何能够让最合适的建议脱颖而出。

（一）完备的治理体系

卓建作为平台化的组织，借鉴律师协会的组织架构，实行委员会负责制。即在合伙人会议下设立管理委员会，管理委员会下设战略与发展委员会、培训与律师发展委员会、文化与宣传委员会、分所与国际化委员会、纪律与律师考核委员会、业务指导委员会、一体化运营中心。卓建另外设监事会，对各委员会的工作进行监督。合伙人必须参与管理委员会下属机构的工作。各委员会权责分明、各司其职、有效协同，使卓建形成了协调运作的治理结构，建立了较为完备的律所治理体系，从而也使卓建的治理能够有更广泛的群众性，便于集中全体成员的智慧和力量，真正地实现了律所治理方面的“共建、共享”。（见图6.1）

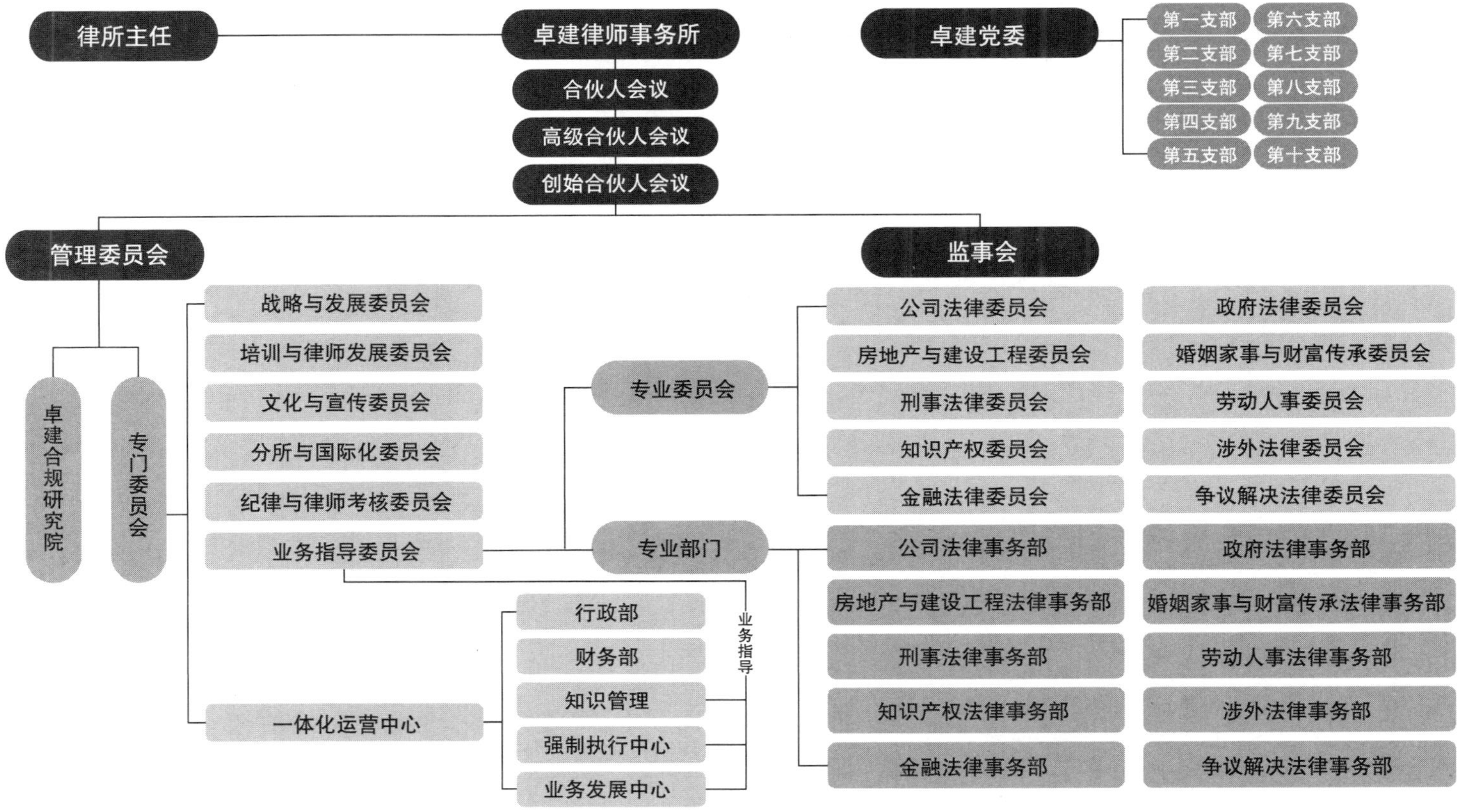
律所主任
卓建律师事务所
合伙人会议
高级合伙人会议
创始合伙人会议
卓建党委
第一支部
第二支部
第三支部
第四支部
第五支部
第六支部
第七支部
第八支部
第九支部
第十支部
管理委员会
卓建合规研究院
专门委员会
战略与发展委员会
培训与律师发展委员会
文化与宣传委员会
分所与国际化委员会
纪律与律师考核委员会
业务指导委员会
一体化运营中心
行政部
财务部
知识管理
强制执行中心
业务发展中心
业务指导
监事会
专业委员会
专业部门
公司法律委员会
房地产与建设工程委员会
刑事法律委员会
知识产权委员会
金融法律委员会
政府法律委员会
婚姻家事与财富传承委员会
劳动人事委员会
涉外法律委员会
争议解决法律委员会
公司法律事务部
房地产与建设工程法律事务部
刑事法律事务部
知识产权法律事务部
金融法律事务部
政府法律事务部
婚姻家事与财富传承法律事务部
劳动人事法律事务部
涉外法律事务部
争议解决法律事务部

图6.1　卓建的治理结构

（二）卓建的治理结构

卓建为充分发挥全员智慧、防止能力的单一和僵化，在三级合伙人会议下设管理委员会和监事会，分别负责权力的执行和监督，而全体合伙人会议享有最高决策权。卓建以权力制约权力，有效防止了权力的集中和专断。“共建、共享、共成”的理念是卓建这种全员共治模式的灵魂，各治理部门从不同的维度去践行和维护。同时，卓建规定高级合伙人会议享有“对除规定由全体合伙人会表决的事项外拥有最终表决权”；创始合伙人会议享有“在高级合伙人会议形成僵局时的决定权和高级合伙人会议决议偏离律所发展轨道时的否决权”，这既促进了决策的效率，也保障了决策的科学，确保了对律所共同价值的长期守护，保持了律所治理结构的稳健。（见表 6.1）

表 6.1　卓建的主要权力机构

会议	表决事项
全体合伙人会议	享有最高决策权
高级合伙人会议	对除规定由全体合伙人会表决的事项外拥有最终表决权
创始合伙人会议	在高级合伙人会议形成僵局时的决定权和高级合伙人会议决议偏离律所发展轨道时的否决权
管理委员会	下辖 7 个专门委员会负责律所的日常经营管理
监事会	对本所重大事项的决策、重大财产的购置、处分以及对涉及律师切身利益的制度和运作予以检查监督

（三）遵循的法规和政策

律人者先律己。法治工作者长年和法律打交道，更应模范遵守宪法和法律，自觉接受国家司法行政部门和律师协会的管理、监督、指导，确保合法合规运营。卓建依照《律师法》等法律成立和运营，严格遵守《民法典》《会计法》《劳动法》等法律法规及行业规章制度，接受国家司法行政部门和律师协会的管理、监督、指导。（见表 6.2）

表 6.2　遵循的主要法律法规

类别	主要内容
事务所运营/管理	《律师法》《律师事务所管理法》《律师和律师事务所违法行为处罚办法》《律师事务所年度检查考核办法》
保障员工权益与社会责任	《民法典》《劳动法》《劳动合同法》《妇女权益保障法》《工伤保险条例》
业务监督	司法局、行业协会、证监会、银保监会、基金业协会等发布的法律服务监管要求

三、分权制衡——权力机构、执行机构、监督制度

（一）卓建对分权制衡理念的践行

公司企业法律制度的核心是公司治理结构，而公司治理结构在本质上是权力制衡这种理念的体现。权力制衡通过分权与制约来防止个人独断与专权，权力制衡在保护企业各利益相关者的利益和整个公司的利益方面有着不可或缺的作用。

分权制衡是在十七八世纪的启蒙思想家洛克、孟德斯鸠的分权基础上发展起来的，是作为资产阶级政治制度的一项重要原则，分权制衡从其提出到现在已有数百年的历史，它用实践证明了其生命力与合理性。从某种意义上说，公司与国家存在相似性，即公司作为商事主体，也存在如何分权，如何制衡的问题。因此，作为国家治理上的分权制衡理念被引入公司的治理结构中。

自公司治理引入“分权制衡”的观念后，此理念开始在大陆法系风靡盛行并发挥着重要作用。但是在我国现有的公司法实践中，股东会、董事会、监事会在机构运行、人员产生、权利义务的分担方面存在许多问题，公司的治理结构并没有发挥分权与制衡的功能，并且当前我国公司治理结构还存在股权过分集中、大股东利用其控股侵害中小股东利益，以及监事会独立性不足、监督作用大大受到制约等问题。

卓建通过科学合理地设计权力机构、执行机构和监督机构，并通过各项规章制度和高层管理者的带头示范和引领，切实让权力机构、执行机构和监

督机构都充分发挥作用，有效落实了分权制衡的原则。具体而言，卓建律所的权力机构为合伙人会议，执行机构由管理委员会组成，监督机构为监事会。卓建的合伙人会议是权力机构，合伙人会议的决策必须通过管理委员会执行，由监事会对管理委员会的执行情况进行监督，以保证管理委员会能够按照合伙人会议的精神进行执行。同时，卓建还通过《事务所章程》，对创始、高级、全体三级合伙人会议、管理委员会、监事、主任的权责都作了明确规定；合伙人会议定期召开，审议管理委员会、监事的报告，决定律所的重大事项，管理委员会至少每月召开一次会议，讨论并决定当月行政、人事、财务及业务等日常经营性事务。《事务所章程》还对合伙人会议、管理委员会、监事、主任、副主任的法律、道德责任作了明确规定，明确规定高层管理人员应遵循的行为准则。

（二）权力机构——合伙人会议

卓建的权力机构为合伙人会议，是律所的决策机构，合伙人会议分为全体合伙人会议、高级合伙人会议和创始合伙人会议。因为合伙人团队是合伙人会议的核心，所以在介绍卓建律所的决策机构之前，我们先来了解卓建的三级合伙人制度，了解卓建是如何将合伙人这个群体打造成了一个紧密团结、协调一致的团队，从而有效地发挥火车头、领头雁的作用。

在卓建“二五”发展规划期间，建立了包括创始合伙人、高级合伙人和初级合伙人的三级合伙人制度，创始合伙人和高级合伙人均为投资合伙人，不同层级的合伙人享有不同权重的表决权与合伙事务参与权。在卓建“三五”发展规划开始之时，卓建完成了特殊普通合伙制律所的改制，三级合伙人均为投资合伙人，合伙人根据投资份额的不同享有不同权重的收益权和表决权。与此同时，为了合伙人的稳定与可持续发展，卓建还规定了合伙人的入伙、晋级与降级、退伙制度，使合伙人团队在具备稳定性的同时有了较大的开放性、包容性，增强了组织的活力。（见图6.2、6.3）

广东卓建律师事务所合伙人制度

第一条 广东卓建律师事务所（下称本所）合伙人，根据自愿的原则加入，承认和接受本所章程，享受章程规定的权利，承担章程规定的义务。

第二条 本所合伙人分为创始合伙人、高级合伙人和初级合伙人。各级合伙人在各级合伙人会议上享有对应的表决权。

第三条 根据事务所现阶段及未来发展的需要，本所的组织形式改制为特殊合伙。注册资本不低于人民币壹仟万元，每壹万元折算为一出资份额，每一出资份额为一投票权。

第四条 事务所存续期间，每个合伙人必须持有事务所出资，最低持有出资份额数为5份。初级合伙人持有份额为最低5份不高于10份（不含本数），高级合伙人持有出资份额数为10份以上（含本数）不高于35份（不含本数），创始合伙人持有出资份额不低于35份（含本数）。

第五条 合伙人认缴的出资额，除章程另有约定外，均应以现金方式缴纳。合伙人认缴的出资额，应实际缴足，否则将不享有合伙人权利。

第六条 新入伙合伙人的合伙份额及合伙人升为更高一级合伙人须增持的合伙份额来源为受让事务所按照章程规定回购的出资份额，以增资程序完成入伙。

……

图 6.2 卓建律所合伙人制度

广东卓建律师事务所

合伙人升降级制度

起草部门	创始合伙人会议	版本	第二版
审核机构	全体合伙人	生效日期	2022年1月20日

第一章 总则

第一条 目的

为明确广东卓建律师事务所（以下简称“本所”）合伙人晋升和降级等工作的程序和内容，做好合伙人晋升和降级等工作，根据本所《章程》和《合伙人协议》，制定本制度。

第二条 适用范围

本制度适用于本所全体合伙人的晋升或降级。

第三条 合伙人级别

本所合伙人分为三级，分别为初级合伙人、高级合伙人和创始合伙人。

第二章 合伙人入伙

第四条 初级合伙人入伙应当同时具备以下条件

4.1 具有专职律师身份和三年以上律师执业年限；

4.2 在本所连续执业一年以上，且个人上一年度业务收入达到100万元以上，如为团队负责人，则其团队内律师上年度人均创收不低于事务所律师平均创收额；

4.3 积极参与事务所公共建设，上一年度律所公共建设积分高于执业律师平均积分；

……

图6.3 卓建律所《合伙人升降级制度》

卓建在三级合伙人（创始合伙人、高级合伙人、初级合伙人）的模式基础上，基于公平、公开、公正以及民主与集中相结合的原则，制定了议事规则。对不同层级的合伙人会议给予不同的授权，将股份制企业的表决制度引入合伙人议事制度，这样避免了因平均表决权而导致决策僵局的出现，从

而既提高了合伙人会议的决策效率，又保障了决策的民主和公平。以下为卓建的《合伙人会议议事规则》节选。（见图6.4）

卓建律师事务所
ZHUOJIAN LAW FIRM

内部文件 请勿外传

合伙人会议议事规则

第一章 总则

第一条 目的

为规范本所合伙人会议召开、举行、表决程序，使合伙人会议高效、决策民主科学，特根据本所合伙人协议、章程规定，结合本所的实践经验，制定本议事规则。

第二条 适用范围

本规则适用于合伙人会议的召开、举行、表决程序。

第三条 职责

事务所主任负责召集和主持所有合伙人会议，合伙人秘书负责于会议当日作出会议记录并让全体参会合伙人签字。

第二章 合伙人会议的召开

第四条 合伙人会议分为合伙人例会和合伙人临时会议。

第五条 合伙人会议

（一）全体合伙人会议每半年召开一次，召开时间为每年的一月份和七月份最后一周；

（二）高级合伙人会议由全体高级以上合伙人参加，每季度召开一次，召开时间分别为一、四、七、十月份最后一周；

（三）创始合伙人例会由全体创始合伙人参加，必要时可邀请高级合伙人列席，每月召开一次，召开时间为每月的最后一周。

（四）合伙人会议，必须有二分之一以上（含本数）合伙人参加，且参加会议的合伙人所持有的股份比例须超过全部股份的二分之一以上（不含本数）方能召开。

第六条 合伙人临时会议

（一）三分之一以上（含本数）的合伙人可以提议召开临时全体合伙人会议。

（二）三分之一以上（含本数）的高级合伙人可以提议召开临时高级、全体合伙人会议。

……

图6.4　卓建律所的《合伙人会议议事规则》

《合伙人会议议事规则》的主要内容为：所有合伙人会议均由出资最多的创始合伙人担任合伙人会议主席，负责召集和主持所有合伙人会议。合伙人会议必须有 1/2 以上的合伙人参加，且参加会议的合伙人所持有的股份比例须超过全部股份的一半（不含本数）以上方能召开。合伙人会议的议事方式和表决办法按照卓建的合伙人协议、章程规定、会议议事规则执行。各级合伙人在各级合伙人会议上享有对应的表决权，实行一股一票表决权。卓建的律所章程，以及合伙人协议和议事规则，规定了哪一类议题由哪些合伙人表决。比如初级合伙人要加入，就必须在全体合伙人会议上全体进行表决。如果初级合伙人要加入高级合伙人，也需要在高级合伙人会议上通过。

（三）执行机构——管理委员会

卓建律所的权力执行机构为管理委员会，也就是通常讲的“经营班子”。

管理委员会下设 7 个专门委员会，也就是 7 个执行部门，同时有 7 名管理委员会成员，每一个管理委员会成员负责一个专门委员会，也就是所谓的执行部门，分别为战略与发展委员会、培训与律师发展委员会、文化与宣传委员会、分所与国际化委员会、纪律与律师考核委员会、业务指导委员会、一体化运营中心。其中，卓建的一体化运营中心整合了以前的财务、行政、智力支持以及品牌宣传等事项。

本着全员共治的目标，只要律师符合申请条件，就可以向管理委员会提交加入申请，然后通过公平竞选成为管理委员会成员，由此可以让更多的人参与到对事务所的治理中，贡献自己的智慧。卓建有很多比较有创意的管理方案就是在管理委员会的努力之下得以实践并发扬光大的。

比如，卓建的管理委员会创造性地提出了关于在卓建所执行律师养老福利制度的计划，这在全国律所中都罕见。这一计划无疑会增强优秀年轻律师的归属感，留住优秀人才，同时又能吸引资深律师加盟。卓建管理委员会长远独到的眼光，从这一点上就可窥见一斑。

此外，管理委员会下属文化与宣传委员会举办的丰富多彩的活动，在丰富律师生活的同时，也促进了律师彼此之间的沟通、共享和合作。在卓建，大到对创立团队的支持，小到对事务所清洁问题的解决，都可以看到管理委员会的影子。有了管理委员会这一高效的执行机构，卓建律师的诉求总是能得到快速解决，使众人智慧得以真正地落地实施，惠及全员，而不是被束之高阁。政策快速有效的实施也奠定了卓建走在同行前列的坚实基础。

（四）监督机构——监事会

在对权力的监督方面，卓建设立了以监事会监督为主，通过纪律委员会和合伙人值班制度进一步完善监督的监督体系。

首先，律所设置了与管理委员会平行的监事会，监事会由创始合伙人、高级合伙人、合伙人和普通律师组成，对管理委员会以及下设各委员会的工作进行监督和逐项评议，对合伙人会议、管理委员会、委员会的召开、做出的决议发表监事意见。

不同于大多数企业的监督流于形式，卓建监事会是实质监督，通过列席各级合伙人会议、征集全所范围内意见及建议等方式，对律所经营管理、重大决策、重大财产的购置、处分以及对涉及律师切身利益的财务资金及重大事项运作予以检查监督，从而有效防止管理委员会及下设各委员会的工作流于形式，也有利于奖勤罚懒，促进各委员会工作的开展，保证律所的合规经营。对于监事会的具体工作内容和工作规则，卓建出台了《广东卓建律师事务所监事工作规则》予以规范。（见图 6.5）

广东卓建律师事务所监事工作规则

第一章 总则

第一条 广东卓建律师事务所监事为有效履行监督职能，保障和规范监事各项工作的有序开展，依据《广东卓建律师事务所章程》，制定本规则。

第二条 监事是广东卓建律师事务所合伙人会议（以下简称“合伙人会议”）选举和产生的专门监督机构，对合伙人会议负责，接受合伙人会议的监督。

第三条 监事依据《广东卓建律师事务所章程》和合伙人会议通过的决议及本工作规则开展监督工作。

第四条 监事工作小组是监事领导下的常设工作机构，协助监事履行工作职责，监事工作小组由监事一名、成员两名、专职秘书一名组成。其中监事小组成员由监事提名，经合伙人会议审议通过后产生；秘书由监事任命。

第五条 监事实行程序监督与实体监督相结合、一般事务监督与专项事务监督、事前监督和事中监督及事后监督相结合的工作原则。

第六条 监事应坚持原则，廉洁自律。

第二章 监事（及监事工作小组）的工作职责

第七条 监事的主要工作职责

（一） 召集并主持监事工作小组会议；

（二） 签署监事决议和其他监事工作小组文件；

（三） 安排监事工作小组的日常工作和临时性的具体工作；列席管委会会议和专门委员会会议；

（四） 向合伙人会议报告工作；

（五） 对本所重大财产的购置、处分以及对涉及律师切身利益的财务处置行为进行监督。

……

图 6.5 卓建律所监事工作规则节选

其次，除了监事会对权力执行的日常监督外，卓建律所还在管理委员会下设纪律委员会，一方面负责对律师的执业行为进行监督，处理当事人对律师的投诉；另一方面负责对全所成员遵守规章制度的监督，调处律所部门之间、成员之间的争议。卓建制定了专门文件明确纪律委员会的主要工作职责和流程。（见图6.6）

广东卓建律师事务所

广东卓建律师事务所

纪律考核与评价规则（试行）

起草部门	纪律与考核委员会	版本	第一版
审核机构	高级合伙人会议	生效日期	2019年3月31日

第一章　总　则

为了进一步规范本所管理，提高全体律师和实习律师对执业纪律和职业道德重要性的认识，预防违规违纪和违反职业道德行为发生，做到年度考核有制度可依，推动本所律师事业健康发展，结合从严治所的精神，制定本规则。

第一条　考核和评价目的

引导本所律师、实习律师牢固树立卓建律师价值观，教育和监督律师遵守职业道德和执业纪律，依法诚信执业、尽心尽力尽责，忠实践行“做一个好人，尽律师责任”的誓言，全力维护当事人合法权益。

第二条　考核和评价原则

（一）坚持制度公开、评价公正，执行公道，即“公开、公正、公道”三公原则。

（二）做到考核和评价有制度可依，考核内容明确、定义清楚，简便易行。

……

图6.6　卓建律所纪律考核与评价规则（试行）

最后，为了保证律所的服务质量，加强团队成员之间的相互监督，防控风险，让合伙人切实担负起对律所的责任，卓建建立了合伙人值班制度及专项审核制度：每个工作日安排3名合伙人，以及对应的审核委员会，对本所律师出具的法律意见书、尽职调查报告、律师函、律师意见证书等进行审查，合伙人之间则采取交叉审查的方式。这项制度既能够促进合伙人之间的相互监督，也加强了律所成员之间的交流和相互学习、相互促进，提高了全所法律服务的质量，切实降低了律师的执业风险和律所的经营风险。

四、卓建的治理优化

（一）道德建设

律师是一个对道德和自律要求非常高的职业。为此，卓建非常重视道德建设，从职业观、执业态度、执业纪律、执业技能、作风操守等各方面，通过制度保障、过程管控等各种方法保证律师诚信执业。对此，卓建提出了“三藏真经”和“八条戒律”等行为规范（这些内容在前文提过）。卓建人很多都是道德模范，身体力行卓建的核心价值观，不遗余力推广卓建品牌，这与卓建的道德倡导有很大的关系。

（二）风险防控

作为律师，其核心作用及擅长领域即为帮助顾客识别、发现、预防、化解法律风险，因此，卓建对于法律风险的防控具有天然优势，然而防范律所的管理风险则有别于而且难于帮助客户防控风险。律所的管理风险与一般企业的风险具有很大的差别，大体而言，卓建的经营风险主要有如下几类。（见表6.3）

表 6.3　风险管理一览表

风险来源	风险类型
内部风险——律所管理风险	财务、税务等
	律师、合伙人之间的利益（分配）冲突
	顾客投诉索赔
外部风险——律师执业风险	检察院、法院的司法建议和司法局、律协的处罚
	经济形势变化、业务萎缩等

为预防和化解上述风险，卓建在战略制定、律师执业、运营管理等过程中时刻关注风险，不断加强内部管理，为律所持续、健康、稳定发展提供支撑。具体而言，卓建主要从以下几个方面进行风险防控：（1）设置专门机构和人员。卓建设立业务指导委员会，下设不同的专业委员会、审核委员会，负责业务风险的把控；设立纪律与律师考核委员会，负责律师执业纪律管理、客户投诉处理、律师服务质量评查、本所执业纠纷调处工作。（2）购买律师执业保险。为本所律师执业购买执业保险，以转嫁因过错导致客户损失时的赔偿责任。（3）完成律所改制。卓建将公司股权治理引入合伙人制度建设，完成了事务所特殊普通合伙制度的改革，在降低合伙人执业风险的同时，极大地增强了合伙人的凝聚力和积极性，确保卓建快速稳健地发展。（4）规范律所的内部管理。

（三）领导考核体系与继任计划

1. 领导考核体系

卓建通过了《合伙人升降制度》，确立了各层级律师的晋升渠道，从制度上保障了律所的平稳、健康、可持续发展。其中，确立了对管理委员会团队的考核标准，并由监事会对管理委员会团队进行考核监督，考评结果将决定管理委员会成员能否连任。（见图 6.7）

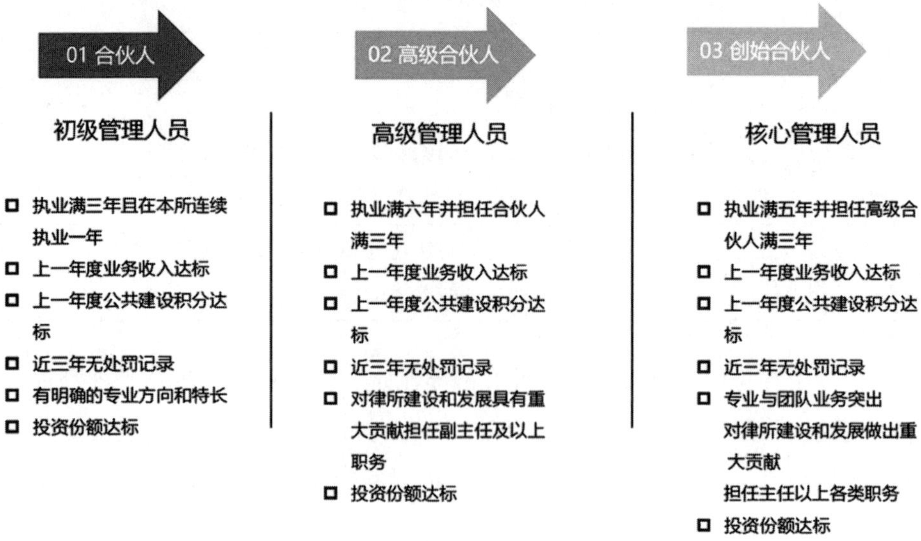

图 6.7　卓建的领导考核体系

2. 继任计划

卓建一直关注培养卓建的继任主任及管理委员会人选，确保卓建能平稳发展。卓建在选任管理委员会成员时就特别注重年龄结构，注意老中青结合。卓建通过组织领导力培训、推荐参加领军人才学习、推荐担任律协专业委员会领导职务等培养后备领导者，保证卓建领导层培养有效，后继有人。(见图 6.8)

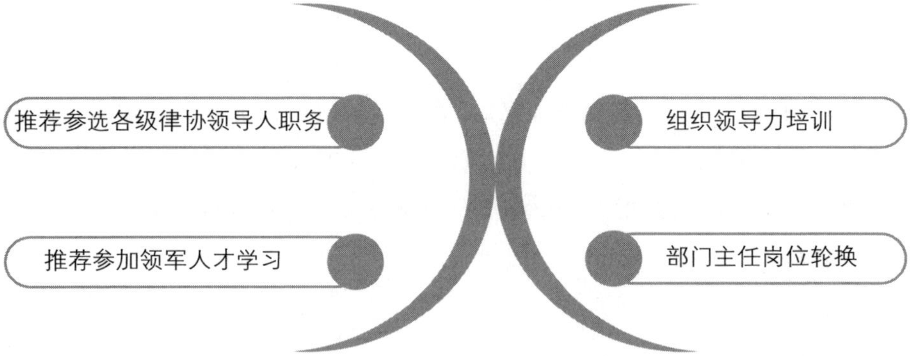

图 6.8　卓建的继任者培养方式

（四）主动履行社会责任——“满天星”计划

深圳作为社会主义先行示范区，正加快打造中国法治先行示范城市。卓建人恰好能以自己的专业知识为生养自己的这一方城市贡献力量。卓建人以回馈社会为己任，推行卓建法治社会协同共生的“满天星”计划，在公益法律服务、教育扶贫、慈善等公益活动中不遗余力地奉献自己的力量（见图6.9）。

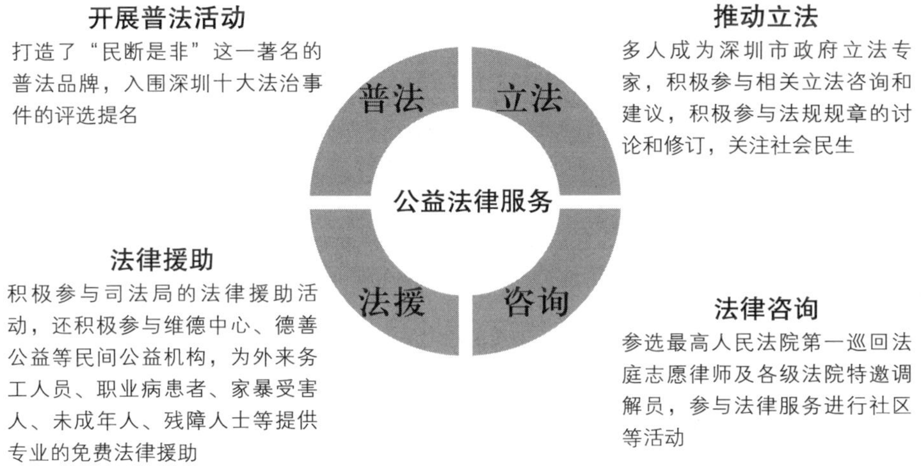

（a）

（b）

(c)

图 6.9 卓建的公益法律服务

(五) 建立评价机制，推动治理水平提升

管理委员会成员的绩效由每半年召开一次的全体合伙人大会进行评审。卓建建立了高层领导绩效评价体系。(见表 6.4)

表 6.4 卓建的评价机制

项目		评价者及评价方式		
被评价者	管理委员会成员	合伙人大会	监事监督	事务所员工意见
评价内容		年度预算执行情况	决策经营的规范性	参考指标
评价周期		年度	过程监督	年度

在绩效评审结果出来后，卓建组织不同层次的恳谈会，寻找差距，以求改进。卓建还会定期召开合伙人专题会议、管理委员会专题会议及部门专题会议，每位参会人均对照绩效考评结果进行自我检讨，提出改进方案，其他成员对其进行点评支招，通过这些活动有效促进了自我改进和组织治理效果，践行了卓建人坚持的“超越自我，追求卓越”的格言。

此外，律所还就高层领导和治理机构开展满意度调查，通过员工调查、合伙人会议上述职评价、监事会监督等多种方式在全所范围内开展治理机构的满意度调查，并征求改进意见。

五、卓建的治理成效

（一）全员共治

卓建的治理成效最大的特点就是不断推进和提升全员共治。

这是因为在卓建的治理机制下，让每一个人的切身利益与律所的公共利益挂钩，让全体工作人员参与到律所的建设和管理中来，避免“搭便车”行为，只索取不奉献，让每个人的贡献与经济利益挂钩，与其分配模式挂钩，与从律所取得的各种机会挂钩，使个人理想与组织目标协同发展，从而有效调动每一个人的积极性，最终使每一个人都参与到律所的治理中，真正实现了全员共治，使律所治理规范有效，各部门各司其职、各尽其责，保障了律所稳健而快速的发展。

以下将从卓建近年来在组织规模、财务状况、风险控制、员工对文化的认可度等业绩状况以及律所的品牌信誉、对行业的贡献，以及所承担社会责任的情况展示卓建在其治理体系下取得的卓越成效。

（二）律所的业绩状况

得益于卓建文化的生命力，卓建真正做到了以文化聚才。其组织规模稳步扩大，人员数量、业务数量均得到了较大程度的增长。（见表 6. 5）

表 6. 5　卓建的业绩情况

项目	2019 年	2020 年	2021 年
服务人数/次	9591	10,237	12,688
服务城市数量/个	327	374	423
市场化业务数量/宗	7031	7488	9234
公益业务数量/件	817	942	1120
律师人均收入/万元	65. 00	75. 30	79. 43

卓建的营业收入逐年递增，盈利能力稳步增强。其中2019年的总资产、主营业务收入、净利润三项指标相较2018年分别增长了27.65%、19.56%、22.17%；2020年在新冠肺炎疫情的冲击之下，卓建的这三项指标依然保持了13.13%、17.76%、11.91%的增长率，2021年这三项指标的增长率分别为19%、24%、44%。得益于卓建的风险防控体系，以及卓建人根植于内心的善良、规则意识，卓建在风险防控方面也取得了良好成果。在全员共治之下，员工对卓建的文化认可度也非常高，卓建2016~2021年的调查数据显示，员工的文化认可度均在98%以上。

（三）律所的品牌信誉

卓建树立了良好的专业形象，具有广泛的社会知名度和良好的社会美誉度。卓建律所多名律师长期在深圳广电集团各个节目担任嘉宾律师。卓建领导人多次接受深圳及全国部分媒体的采访。此外，经过严格评审，卓建于2015年获得深圳知名品牌称号，是该年度唯一一家获此荣誉的律所，2018年成为深圳大所中唯一获得执业纪律规范化律所。卓建在银行、纳税等方面均保持了良好信用。

（四）律所对行业的贡献

卓建文化成为律师界的一张名片，卓建将经验编印成书——《一棵树的森林》，在全国范围内推广，全国各地的律所、律师同行及司法行政部门纷纷来到卓建交流律所管理经验。卓建在全国范围内较早结合公司制和提成制律所的优点，进行一体化运营的探索及改革，现已成为传统提成制律所改革的一面旗帜。

（五）律所承担社会责任的情况

1. 经济贡献

卓建作为从事法律服务的律所，其经济贡献并不单纯从经济创收上体现，而是主要通过为顾客提供法律服务创造的价值体现，即通过担任原告或被告等的代理人、辩护人等方式，为顾客挽回、减少或避免经济损失，同时有效普法，引导客户遵从规则，恪守诚信，维护交易稳定，促进经济增长。

2. 环境贡献

生态文明建设和环境保护关乎人民福祉，关乎子孙后代和民族未来。环境保护既不是空洞的目标，也不是抽象的遐想，它与公众生活密切相关并需要社会公众的积极参与。随着“推进环境公益诉讼”相关法律法规的推出，以及相关公益诉讼案例的出现，环境公益诉讼议题更是不可阻挡地进入了公众的视野。卓建积极培育环境保护方面的专业律师，积极代理环境保护相关的公益诉讼案件，为环境保护的法治建设提供律师智慧。

3. 社会责任与公众福利

卓建积极参与法律援助、社区普法等活动。(见表6.6)

表6.6 卓建履行社会责任情况

指标名称	2019年	2020年	2021年
法律援助人数	98	154	189
社区普法数量/次	71	89	96
对口帮扶次数	42	55	76
参与政府立法建议/次	3	5	2

卓建之所以能够在并不长的时间内逐步成为中国较有影响力的律所，这与卓建创始人独到的治理理念是密不可分的。其他企业可以从本章所介绍的卓建的治理模式中得到启发，尤其是卓建“全员共治、和谐共生”的理念，以及其权责明晰、监督到位的权力决策、执行和监督体系。这种权力有效制衡的治理结构是全员共治实现的保障，全员共治是该体系建立的出发点和引领，二者相互成就。

律所最宝贵的资源就是人才，卓建的治理机制，有效推动了人尽其才，岗尽其能，权尽其用。这为其在动荡复杂的环境中竞争奠定了最坚实的基础。努力探索经营成果分配的内部动力机制，使创造财富与分配财富合理化，将长远发展和员工的个人贡献及发展有机地结合在一起，形成长远的共同奋斗、分享机制。这是每一个律所需要思考的重要命题。卓建的做法有着广泛的借鉴意义，不过，律所的治理是一个历久弥新的话题，也是一个与时俱进的课题，它因律所的历史不同及律所所处的环境不同而不同。因此，致力于学习卓建成功经验的同行应结合自身发展阶段有选择地引进相关措施，同时，治理不是哪一部分的事情，而是整个系统的事情，因此，对于其他律所而言，想要培育种子，不仅要引进“好种子”，还应该同时准备好培植种子的优良土壤。

第七章

重视战略　高瞻远瞩

战略在现代组织中非常重要。美国管理学家钱德勒在《战略与结构》一书中，将企业战略定义为“确定企业基本长期目标，选择行动途径和为实现这些目标进行资源分配”。安索夫认为“战略是一条贯穿于企业活动与产品/市场之间的‘连线’”，明茨伯格把战略的各种定义概括为“5P”：战略是5个“P”的组合：策略（ploy）、计划（plan）、模式（pattern）、定位（position）、观念（perspective）。哈佛的波特教授认为，战略是企业基于自身资源禀赋能够提供的独特价值，选择的独特定位，从而使企业保持竞争优势。同时，战略是无法被模仿的，是企业区别于其他竞争对手的差异化定位。因此，战略是企业持续获得成功的必要条件之一，而彼得·圣吉则从企业核心竞争力的角度定义战略，他认为“最成功的企业是学习型组织，因为未来唯一持久的优势是有能力比你的竞争对手学得更快”。从这些论述中可以看出，组织的战略是关于组织未来的决策，是关于组织当下最重要的、最需要做的事情的规划，是组织对资源的有效配置。通俗地理解，战略就是做正确的事。这对任何组织来说都非常重要。对于组织来说，要有所为有所不为。只有制定正确的战略，组织才能更有效地调动组织资源，进行有效的竞争；只有制定正确的战略，组织才能更好地为未来准备，未雨绸缪，防患于未然。

更重要的是，目前组织所处的是一个前所未有的VUCA环境，也即“不稳定”（volatile）、“不确定”（uncertain）、“复杂”（complex）和“模糊”（ambiguous）的环境。这是企业面临环境的新常态。在这样的混乱、快速变化的商业环境中，组织更应该重视战略的制定，并且要寻找到有效制定战略的方法。全球著名管理咨询公司波士顿咨询公司（BCG）的最新研究表明，1/3 的上市企业极大可能将在未来 5 年内销声匿迹；领先和落后企业之间已形成有史以来最高差距。战略并不是毫无根据地凭空想象，而是凝聚和明确了公司的核心竞争力，企业找到有效的战略管理方式，比以往任何时候都更为重要。

一、为什么卓建认为战略非常重要

战略管理是企业管理的题中之意。战略是企业的必修课之一。但是对于专业服务型组织，如律所、会计师事务所，除了公司制律所之外，这些组织的运作方式大都是合伙制运营，组织中个体的独立性很强，而且一般专业性服务公司的规模都比较小，对战略问题不太重视。但是，卓建是一个非常重视战略的律所，原因如下。

首先，战略能够强化律所自我塑造的主动性。随着社会生活的日益复杂，尤其是市场经济的进一步发展，法律服务行业专业分工越来越细，竞争日趋激烈，而且还面临着钱少事多、执业泛化、信息新技术的冲击，律所专业化建设能力不足，创新力不足，难以适应经济发展需求等环境。卓建认为战略是把不适应（或适应）当前环境的律所，塑造成适应未来环境生存和竞争的律所，这是对律所进行的改造，对律所的重塑。对于卓建来说，有了战略这样良好的塑造工具，当然会增强其从事“塑造”的主动性，也就是将律所进行自我塑造的主动性。这种主动性会推动律所从小到大、从弱到强，走上持续成长的道路。

其次，战略能够提高员工对律所的责任心。实施战略管理，最重要的目的是使律所的全体成员了解律所当前和未来面临的经营形势，律所要进一步发展应解决的重大问题，律所下一步的发展目标和措施，律所的各部门、各单位应当完成的任务，每个员工个人应当担负的责任，以及员工个人在律所发展过程中可能获得的成长和利益。实践经验表明，企业在战略制定过程中哪个企业能够达到此项目标，哪个企业员工的凝聚力就强，士气就旺，积极性和创造性就高，行为效果就好。其中最根本的原因就是律所通过战略管理过程，特别是通过员工参与律所战略的制定，使员工了解上述情况，提高了员工的主动性，增强了员工的责任心。

再次，战略能够综合考虑律所环境，提升律所应对环境变化的能力。战略管理可以促使律所将内部资源条件与外部环境因素结合起来考虑，对影响律所经营的种种重要的变化能有高度的警惕性，在一些问题出现后，不仅可以马上予以处置，而且可以预防某些不利问题的发生。在瞬息万变的市场环境中，战略是律所发展过程中的北斗星，战略在那里，律所的成员便会步伐坚定，保持战略定力，即使困难重重也会依然向前，实现全局把控，优化资源配置，促进律所的长期可持续发展。

最后，战略有利于促进律所参与行业竞争，获得竞争优势。成立于2007 年 7 月的卓建律所经过 15 年的发展和积累，目前已发展成为一家综合性的全国优秀律所。15 年来，卓建在规模化发展、团队建设、业务收入、文化养成、品牌建设等方面取得了诸多成就，但是距离行业内的头部律所仍有不小的差距。为了顺应市场发展的需求，为了在激烈的市场竞争中保持和创造竞争优势，增强律所核心竞争力，全面提升律所的品牌知名度，只有通过制定正确可行的战略，才可能依战略行动，在战略管理的某些方面赶上甚至超过竞争对手，实现战略制胜。

对于卓建所而言，由大所转变为强所、由地方所转变为全国所、由传统型律所转变为创新型律所、由单一提成制律所转变为一体化运营的律所是卓建战略规划努力的方向与追求的目标，卓建所不仅要对当前的战略环境进行分析，从全局上把控律所的布局与规划，同时将律所要落实的战略规划进行分解、体现在地区布局、律所管理、业务创新和提升、文化发展、品牌影响的各个板块，围绕律所的主要战略目标，引导律所在专业化、团队化、品牌化及一体化上取得更大的发展。

二、卓建战略制定的注意事项

在构建卓建律所的战略规划之前，需要充分了解战略制定的注意事项。

首先，战略要充分把握行业发展规律和趋势。如今，律师行业的业务内容更多集在那些蓬勃发展的行业企业之中，如大量的互联网企业需要上市，

IPO、大型并购以及大型的争议解决等高端业务的出现。随着移动互联网的深入影响，许多传统服务业迅速打开了新的局面，不断进行转型融合形成“互联网+”，大数据让分析对象面向所有变为了可能，一个简单的爬虫程序就能够完成数据收集工作，这意味着传统的裁判文书检索平台将逐渐丧失吸引力和竞争力；随着技术的不断进化，人工智能的发展能否把法律产品化、标准化，开发能够和人交流，分析自然语言，融入了一定的法律逻辑的产品，这已经摆上日程，律师与程序员的结合具有颠覆整个律师行业的可能。目前，卓建总所已经形成超过500人的专业法律服务队伍，执业律师超过300人；自2007年成立以来，秉承“超越自我、追求卓越”的发展理念，获得了广泛和高度的社会认同。卓建制定战略时，并不能仅凭着少数几个人对律所环境的认识，凭直觉作出决定，而是用定量和定性的方法，去研究律师行业未来的发展趋势是什么，研究目前律师行业存在哪些困境需要克服，卓建所应该如何改进。通过这样的分析，卓建才能作出更接地气、更符合行业实践及卓建发展所情的战略。

其次，战略要与自身的资源禀赋相适应。战略选择的重要依据是企业自身的资源禀赋。对于卓建所而言，有自己独特的文化兴所的优势，有依托深圳发展的优势，如国家目前发展的粤港澳大湾区，这也是卓建可以抓住的机会。粤港澳大湾区是中国开放程度最高、经济活力最强的区域之一，在国家发展大局中具有重要的战略地位。推进粤港澳大湾区建设，是新时代推动形成全面开放新格局的新举措，也是推动“一国两制”事业发展的新实践。推进粤港澳大湾区建设，有利于深化内地和港澳的交流合作，对港澳参与国家发展战略，提升竞争力，保持长期繁荣稳定具有重要意义。深圳全面贯彻社会主义先行示范区发展战略，是卓建的另一个机会。与之相应的，前海扩容、河套国际创新合作等一系列战略性举措，都是卓建可以积极把握的契机。由此，卓建以深圳为依托，规划在粤港澳大湾区开设多家分所，通过将粤港澳大湾区做扎实，带动辐射全国分所一体化的服务能力，因地制宜，寻找有特色的服务点，专注于特色业务、本地化业务，将创新业务和优势业务做好，才能有更好的发展。

再次，战略要体现前瞻与适度超前。发展战略需要面向未来，洞察律师行业的重大趋势变化。一流的发展战略要做到前瞻和适度超前。律所战略前瞻，意味着律所需要用更为长远的大局观来看待平台的经营管理活动，避免短视决策和短期导向。律所实施战略前瞻和适度超前，就能激励、引导管理层和员工前瞻思考、把握未来。战略前瞻很多时候是一种意识，当你有前瞻意识时，你就会去学着前瞻，学习掌握达到前瞻的方法，在前瞻性上投入更多的时间、关注，最终你就会比别人看得更高、更远。对未来的思考就像一架需要启动的机器，一旦启动这种意识，思维的机器就开始不断思考，并不断与现实进行对照、修正，就能步步逼近更准确的趋势。在战略前瞻的思考过程中还要与实践相结合。这就要求组织在制定战略时一定要与实践相联系，从实践中来再回到实践中去，不仅要学习成功企业的经验，更要学习优秀律所的经验，更要从失败的教训中总结出适合具体情况的可借鉴的经验，以便使制定的战略更符合本所实际情况，能够真正被贯彻执行，并给带来期望的效果。

又次，战略要实现开放和聚焦的高度融合与统一。发展战略不是一成不变的，而是一个动态调整的过程，要根据政策和市场环境的变化做出及时的调整，战略要具有较高的边界开放、体系包容和制度柔性。同时，在制定战略时，卓建主张根据战略重点进行资源匹配，并进行行业对标和跟进调整，引入卓越绩效标准和 1SO9000 进行复查比对，这是战略能落地和产生实效的关键。在制定战略时，战略的制定者要有强烈的风险意识和充分的心理准备，要对战略的风险性进行详细的分析评估，并制定必要的防范预案。

2020 年在中国历史上、中华民族历史上，甚至人类历史上都是极不寻常的一年。新冠肺炎疫情突如其来，洪涝灾害多地发生，经济发展备受冲击，外部环境风高浪急，来自政治、经济、文化、军事、社会、国际、自然等领域的挑战接踵而至。后疫情时代的种种变化和影响，这些内外部环境给经济发展带来巨大的挑战，给律师行业发展带来的变化，也给卓建提出了新的课题。卓建在制定战略时，一定要充分考虑到这些外部环境的变化。

最后，战略要具有良好的内外部生态环境。战略要立意高远，目标远大，同时又要可操作、可实践，让所有员工在奔赴愿景的过程中，能够找到自己的位置，发挥自己的能力，参与其中，分享战略实现带来的利益，实现个人价值的提升。因此，一流的发展战略要能调动绝大部分员工的积极性，形成良好的生态环境和内部文化氛围。

三、卓建战略制定的步骤

律所要制定正确的战略，不仅要有律所使命和战略思想，还必须把律所使命和战略思想与律所的经营活动相结合，确定战略目标。战略目标是企业按照企业使命和战略思想的要求，依据企业内外条件与可能，所确定的对企业发展方向和前途有决定性影响的、企业在战略期内所要达到的理想成果。因此，律所在制定战略时都要执行目标决策。无论是长期目标还是短期目标都至关重要，一定要明确律所的短期目标必须服从于长远的战略目标，这一根本指导方针不能改变。因此卓建在确定律所的战略目标时，要注意 4 个方面的问题：首先，一个战略目标应该有一个明确的、特定的主题，不能过于抽象；其次，战略目标应该是可以测量的，能够从定性、定量方面加以准确反映；再次，目标的设定要有实现目标的明确期限；最后，目标应该具有前瞻性和挑战性，同时又具有现实性和可操作性。

卓建的战略规划是对本所重大的、全局性的、基本的、未来的目标、方针、任务的谋划。卓建自 2007 年建所之初就用总览全局的战略眼光进行战略规划，设立了战略与发展委员会。卓建至今已历经并实现了两个五年战略目标。2022 年是卓建所第四个五年战略规划的开始，卓建将立足于自身的愿景与使命，根据行业发展趋势及市场经济情况，稳步向前发展。在执行战略规划的过程中，卓建逐渐建立健全了一套符合自身特点的战略管理组织系统，指导本所的战略管理全过程。（见图 7. 1）

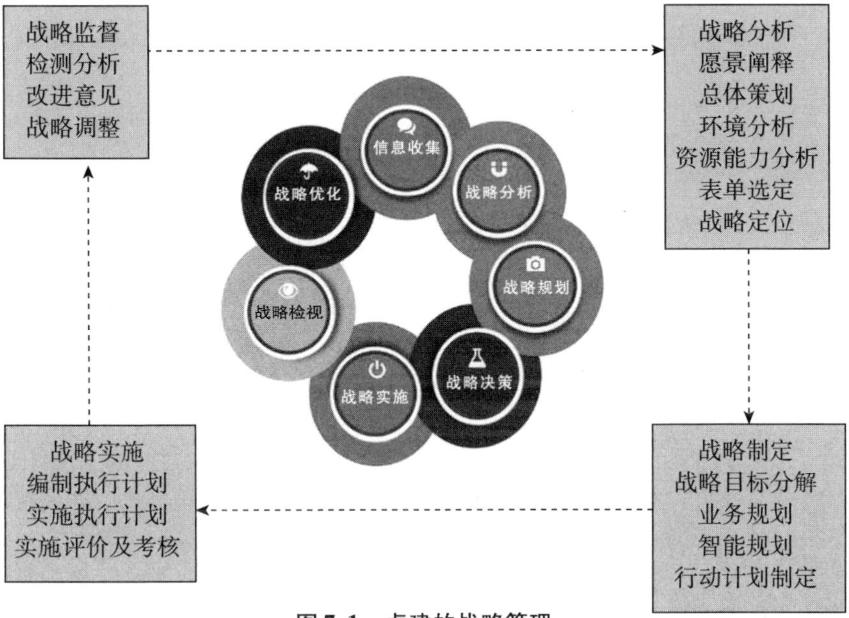

图 7.1 卓建的战略管理

经过近 15 年的发展，卓建所管理、人员、业务、制度和部门已经相对成熟和稳定，逐步进入全面发展期，战略管理分工明确、权责清晰。在组织机构方面，卓建专门设立了战略与发展委员会，负责卓建的战略和发展专项事务，在战略制定方面，根据卓建的组织架构，形成了特色的战略制定五步法。（见图 7.2）

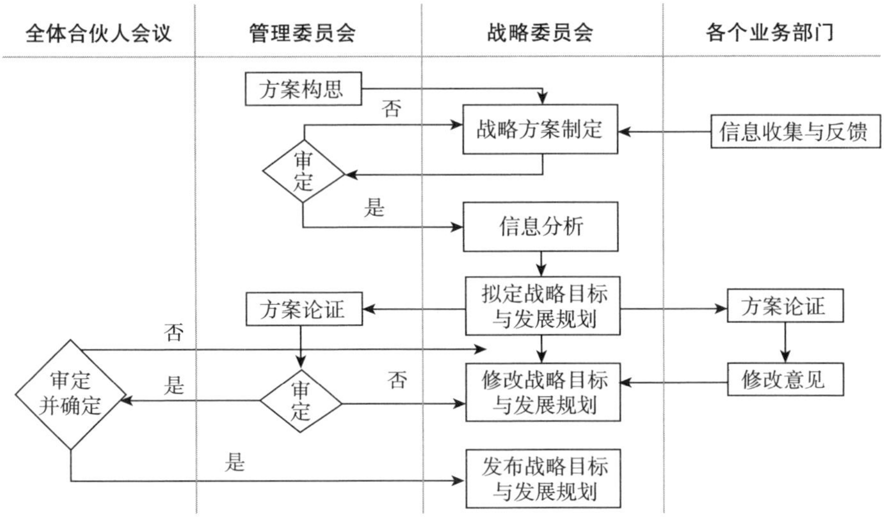

图 7.2 卓建战略制定五步法

（一）战略分析

战略规划必须面向未来，及时洞悉未来的各种变化。依据国家规划、社会发展总体规划、深圳市年度经济发展报告等，结合中国各年度律所行业数据汇总及分析报告，卓建对同行业市场规模现状与发展趋势进行分析。在战略策划的过程中，卓建战略委员会先后到北京、上海及广州律协调研，走访多家标杆律所，收集世界范围内律师行业发展及变化的相关数据，收集北京、上海、广州及深圳律师行业的发展规划以及必要的行业发展数据，在律所内部发布调查问卷，并采用访谈方式与本所成员进行交流。卓建充分考虑外部环境和内部因素的问题，运用 PESTEL、SWOT 等分析模型，找出影响竞争的关键成功因素及主要障碍因素，并运用 SWOT 分析模型对所收集的关键因素进行分析，以更直观的方式识别和确定律所的优势、劣势和威胁，为战略选择和战略决策提供依据。

（二）社会环境分析

PESTEL 分析模型又称大环境分析，是分析宏观环境的有效工具，不仅能够分析外部环境，而且能够识别一切对组织有冲击作用的力量。它是调查组织外部影响因素的方法，其每一个字母代表一个因素，可以分为 6 大因素：政治因素（political）、经济因素（economic）、社会文化因素（socio-cultural segment）、技术因素（technological）、环境因素（environmental factor）和法律因素（legal）。卓建用 PESTEL 分析方法进行宏观环境分析，包括政治环境、经济环境、社会环境、技术环境、区域发展环境等，通过对大环境的分析发现卓建在新时代背景下的机遇和挑战。

党的十八大以来，随着依法治国战略的推进和实施，我国律师业所处之社会环境呈现以下 4 大突出特点：首先，依法治国方略的实施使律师业发展有了强大的政治保障，在依法治国的背景下，做大、做强律师业，是实施和推进“依法治国”战略的必然要求和合理组成部分；其次，我国产业结构的调整、创新发展战略和供给侧结构性变革的推进为律师业的快速发展提供了强大的驱动力和经济基础支持，《国务院关于大力推进大众创业万众创新若干政策措施的意见》《国民经济与社会发展第十三个五年规划纲要》《推动共建丝绸之路经济带和21世纪海上丝绸之路的愿景与行动》等相关政策均要求律师业进行高层次和创造性的法律服务产品输出，使律师业务进入了高速发展的黄金机遇期；再次，律师执业权利保障制度的完善为律师执业活动的开展提供了制度保障，中国公民法律风险防范意识的增强，为律师业的发展提供了社会保障；最后，公职律师和公司律师制度的提出和完善，必然为律师行业增加新血液，壮大律师队伍，增加律师在法治建设中的话语权。

2015年9月16日，最高人民法院、最高人民检察院、公安部、国家安全部、司法部联合发布的《关于依法保障律师执业权利的规定》规定，人民法院、人民检察院、公安机关、国家安全机关、司法行政机关应当尊重律师，健全律师执业权利保障制度，依照《刑事诉讼法》《民事诉讼法》《行政诉讼法》及《律师法》的规定在各自职责范围内依法保障律师知情权、申请权、申诉权，以及会见、阅卷、收集证据和发问、质证、辩论等方面的执业权利，不得阻碍律师依法履行辩护、代理职责，不得侵害律师合法权利。

党的十九大以后，习近平总书记明确提出并且亲自部署制定法治建设规划。2018年8月24日，习近平总书记在中央全面依法治国委员会第一次会议上提出了做好全面依法治国的七项重点工作，其中第一项就是“研究制定法治中国建设规划”。2019年2月25日，在中央全面依法治国委员会第二次会议上，习近平总书记强调要“完善法治建设规划”，强调了制定法治中国建设规划的重要性。2020年2月5日，习近平总书记在中央全面依法治国委员会第三次会议上表示，“我们要不断完善顶层设计，不断创新和深化依法治国实践”，并对制定和完善法治中国建设规划提出了进一步的要求。要深化法治领域改革，围绕让人民群众在每一项法律制度、每一个执法决定、每一宗司法案件中都感受到公平正义这个目标，深化司法体制综合配套改革，加快建设公正高效权威的社会主义司法制度。要健全社会公平正义法治保障制度，健全执法权、司法权、监察权运行机制，健全权力制约和监督。要加快构建系统完备、规范高效的执法司法制约监督体系，加强对立法权、执法权、监察权、司法权的监督，健全纪检监察机关、公安机关、检察机关、审判机关、司法行政机关各司其职，侦查权、检察权、审判权、执行权相互制约的体制机制。要完善法治人才培养体系，加快发展律师、公证、司法鉴定、仲裁、调解等法律服务队伍，深化执法司法人员管理体制改革，着力建设一支忠于党、忠于国家、忠于人民、忠于法律的社会主义法治工作队伍。要深化政法队伍教育整顿，继续依法打击执法司法领域腐败案件，推动扫黑除恶常态化。

2021 年 5 月，司法部副部长熊选国在全国律协行业党委会议上提出，在新时代法治建设中，要坚持人民律师定位，围绕中心、服务大局，自觉践行职责使命，抓好律师行业突出问题专项治理，推动律师行业规范健康发展，努力开创律师行业党建工作新局面。

在 2021 年 10 月召开的第十次全国律师代表大会上，中共中央政治局委员、中央政法委书记郭声琨出席会议并讲话，希望广大律师坚持以习近平新时代中国特色社会主义思想为指导，深入学习贯彻习近平法治思想，坚定不移走中国特色社会主义法治道路，奋力谱写新时代律师事业发展新篇章。郭声琨指出，党的十八大以来，我国律师事业创新发展，律师工作取得新的成效。广大律师始终不渝坚持党的领导，在立法、执法、司法、守法等领域发挥职能作用，做出积极贡献。希望广大律师始终坚持科学理论指引，自觉把习近平法治思想贯彻落实到律师工作全过程和各方面。要始终坚持党的全面领导，把个人的价值追求同党和国家事业发展紧紧连接在一起，坚定不移听党话、跟党走。要始终坚持人民律师为人民，努力用法治守护人民群众美好生活。要始终坚持中国特色社会主义法治工作者的定位，积极投身全面依法治国伟大实践。

随着国家“十四五”规划的发布，可以预见，“十四五”时期，我国经济长期向好的基本面没有改变，发展前景依然广阔，但提质增效、转型升级的要求更加紧迫。经济发展进入新常态，向形态更高级、分工更优化、结构更合理阶段演化的趋势更加明显。消费升级加快，市场空间广阔，物质基础雄厚，产业体系完备，资金供给充裕，人力资本丰富，创新累积效应正在显现，综合优势依然显著。新型工业化、信息化、城镇化、农业现代化深入发展，新的增长动力正在孕育形成，新的增长点、增长极、增长带不断成长壮大。全面深化改革和全面推进依法治国正释放新的动力、激发新的活力。

综合判断，“十四五”期间，我国发展仍处于可以大有作为的重要战略机遇期，也面临诸多矛盾叠加、风险隐患增多的严峻挑战。必须准确把握战略机遇期内涵和条件的深刻变化，增强忧患意识、责任意识，强化底线思维，尊重规律与国情，积极适应把握引领新常态，坚持调动各方面积极性，坚定信心，迎难而上，继续集中力量办好自己的事情，着力在优化结构、增强动力、化解矛盾、补齐短板上取得突破，切实转变发展方式，提高发展质量和效益，努力跨越“中等收入陷阱”，不断开拓发展新境界。

（三）律师行业分析

律师制度恢复重建的40多年来，律师行业的成长伴随着我国改革开放、经济高速发展的全过程，近年来，随着改革的进一步深化，律师业的发展也进入了快车道。中国的律所数量增速惊人，1979年只有79家，到1988年达到1000多家，到1998年达到8600家，2011年年底达到1.9万家，截至2021年年底的统计数据，全国律所的数量接近4万家，仅深圳市的律所就超过1000家。据统计，1979年的执业律师仅有212人，到1998年突破了10万人大关，而到2011年年底，全国执业律师达到21万人，截至2021年年底，全国执业律师人数迅速增长到62万人，呈明显的加速态势。我国律师业近年来逐渐形成了整体提升、重点突出的发展格局，全国律师业的发展进入加速时期。与此同时，以北京为核心的京津地区、以上海为龙头的长三角地区、以广州、深圳为核心的珠三角地区借助地域资源优势，发展趋势最为迅猛，执业律师增量持续领先于全国。与此同时，最高人民法院先后设立6个巡回法庭，10余个国家级新区在全国各地相继设立，随着经济发展和法治建设的推进，成都、重庆、郑州、沈阳、西安以及东南沿海多个省市的律师行业也迎来了较快的发展势头，执业律师数量均有大幅度的增长。

从上述数据可以看出，律师业已经进入空前的加速发展的通道之中。作为一个受教育程度高、市场依附性强的职业群体，随着过去的5年国内经济环境的稳定发展，律师业在业务的广度和精度上展现出了巨大的张力，律师业仍然是一个有着深厚潜力和广阔前景的朝阳行业。

（四）SWOT 分析

在战略规划报告里，SWOT 分析由麦肯锡咨询公司提出，是众所周知的工具。SWOT 分析代表分析企业优势（strengths）、劣势（weakness）、机会（opportunity）和威胁（threats）。因此，SWOT 分析实际上是对企业内外部条件各方面的内容进行综合和概括，进而分析组织的优劣势、面临的机会和威胁的一种方法。SWOT 可以通过分析帮助企业把资源和行动聚焦于自己的强项和有更多机会的地方。优劣势分析主要是着眼于企业自身的实力及其与竞争对手的比较，而机会和威胁分析将注意力放在外部环境的变化及对企业的可能影响上。在分析时，应把所有的内部因素（优劣势）集中在一起，然后用外部的力量对这些因素进行评估。卓建运用 SWOT 分析方法，可以对研究对象所处的情景进行全面、系统、准确的研究，从而根据研究结果制定本所相应的发展战略、计划以及对策等。

通过 PESTEL 分析与 SWOT 分析的结果，确定卓建内部与外部风险及信息潜在盲点，作为战略规划制定中考虑的重要信息。（见表 7.1）

表 7.1　卓建对内外部风险分析及盲点提示

风险及盲点	分析及提示
内部风险	风控体系不完善、信息收集不及时可能导致服务过程出现失误
外部风险	法律服务行业市场竞争激烈，不仅面临强所的竞争，而且替代性的第三方法律服务也在瓜分市场
	深圳本土优秀高等院校少，法科学生供应不足
	深圳生活成本和房价高昂，对优秀人才吸引力降低
	青年律师成长起来后，本所的资源配置能力跟不上，可能会流入其他强所，从而导致人才流失
潜在盲点	忽视其他律所发展速度的盲点。低估竞争对手实力，领导层在做出战略规划时，更多关注卓建内部信息与内部发展需求，忽视行业背景环境与行业内部其他竞争者的变化，没有制定应对策略
	信息过滤的潜在盲点。信息是双向传递的，但是每个部分人员关注点有侧重，更容易关注自身偏好或利益，因此经过几层传递，信息有可能出现偏差
	法律人固有的保守思维方式的影响。由于律师行业提供服务都需遵循法律、行政法规，在长期执业过程中，有可能导致思维固化，必须要遵循既定的程序规则，在战略策划过程中，较难应对复杂多变的环境

（五）集体头脑风暴、全员参与

头脑风暴法（brain storming）是由美国 BBDO 广告公司的奥斯本首创，该方法主要由价值工程工作的小组人员在正常融洽和不受任何限制的气氛中以会议形式进行讨论、座谈，打破常规，积极思考，畅所欲言，充分发表看法。它的核心思想是：集思广益，通过一群人围绕特定的话题，产生很多想法、点子、办法等以获取好的想法、点子、办法等。引用诺贝尔获奖者 Linus Pauling 的一句话就是："The Best way to get a good idea is to get a lot of ideas." 这句话的意思是要收获好的点子，首先要获得很多点子。在参与头脑风暴的时候，自由发散原则应该营造轻松的氛围，参加者不应该受任何条条框框限制，放松思想，让思维自由驰骋。鼓励从不同角度、不同层次、不同方位，大胆地展开想象，尽可能地标新立异，与众不同，提出独创性的想法。头脑风暴里有禁止批评原则，也即参加头脑风暴会议的每个人都不得对别人的设想提出批评意见，因为批评对创造性思维无疑会产生抑制作用。同时，发言人的自我批评也在禁止之列，不要自谦之词，自我批评性质的说法同样会破坏会场气氛，影响自由畅想。头脑风暴里还有延迟判断原则：一切评价和判断都要延迟到会议结束以后才能进行。

律所在制定战略决策时，应当要求战略制订人员尽可能多地列出可供选择的方案，不要只考虑那些比较明显的方案，因为战略涉及的因素非常多，有些因素的影响往往不是那么明显，因此，在战略选择过程中形成多种战略方案是战略评价与选择的前提。律所的合伙人及各业务部门要对每个战略方案按照一定标准逐一进行分析研究，以决定哪一种方案最有助于实现战略目标。在战略评估过程中要坚持三条基本原则，即适用性、可行性及可接受性。既要使律所资源和能力能够支持战略方案的实现，同时也要保证外界环境的限制条件是在可接受的限度内，也为律所内的干部、员工所接受。选择可行的战略并不完全是理性推理的过程，更为重要的是要取决于合伙人对风险的态度、律所文化及价值观的影响等。因此，战略选择的过程是对各种方案进行比较权衡，进而决定一个较为满意的方案的过程。

在制定战略规划时，卓建律所是经过了充分的酝酿和调研的，是由外到内，由内到外，由上至下，由下至上，多个回合地磋商，在出现战略迷茫或者存在争议的情况下，经过冷静分析，创始合伙人会发挥决定性作用。总而言之，卓建战略目标的制定是全员参与、集体智慧的结晶。

"律所不能靠管，只能靠参与。"由于律师的特性和散兵游勇的习惯，律师是不服管的，所以卓建一直致力于将自上而下的垂直行政命令式的管理方式，转化为让律师参与到律所的管理中，因此卓建律所在制定战略时采取的便是全员参与、全员共治。卓建律所的平台不是只属于某个合伙人，而是所有在律所执业、工作的成员共同的家，要想这个平台建设好，就得"众人拾柴火焰高"，你好、我好、大家好才是真的好，即带动所有人参与律所的治理。因为律所跟每个人的利益息息相关，因此需要共同治理，不能做旁观者，更不能做简单的服从者。

"全员参与"指的是律所的具体公共事务在执行层面上是由律所全员共同参加。律所如何激励促进全员参与？一开始，律所靠着家文化、学习文化、团队文化号召全所成员主动参与，一段时间的情绪高涨后难免疲倦，仅仅依靠成员们的奉献精神是难以可持续发展的。于是，创始合伙人们便想办法如何解决参与公共服务建设。

一方面，律所通过建立公共建设积分制度，将律所公共事务进行细分，并将每一项事务设定相应的积分。在这种制度下，只要成员参与公共事务建设便会获得积分，将积分与管理费挂钩，在年终进行核算积分，本着"有钱出钱，有力出力"的基本原则，通过公共积分的设置调动成员们的积极性，共同建设卓建律所的公共事务。据统计，卓建所每年的公共事务参与度能达到80%以上，无论是专业建设、学术讲座，还是日常管理、生日会、迎新会，各种活动在一体化运营中心平台下实现了良好的运转。

另一方面，卓建所具备相应完善的组织架构，它使卓建治理结构能够深入基层，为更多的卓建人提供宝贵的机会，让更多人参与到治理当中，因为在一体化运营的中心平台下，让每个人都有机会、有身份、有权利、有义务参与到治理当中去，整个治理结构是有良好根基且直接落地的，也为全员参与、全员治理、全员共治提供了坚实的保障。不仅如此，普通律师还可以通过律所的监事会参与到律所的决策管理中。管理委员会和合伙人做出决议之前必须通过监事会向全所征求意见，包括管理过程的失误，也会通过监事会向全体律师征求意见，只要对律所发展有益，好的意见就能得到反馈并形成决策运用于管理。

四、卓建的战略涌现

高露洁（Colgate）公司前任首席执行官鲁本·马克（Reuben Mark）认为企业使命是：“当它将每一个员工召集在公司的旗帜下时，重要的是在全球树立统一的形象，其奥妙在于要使公司的形象简单而高大……你不要指望仅仅靠财务目标就能够使每个人都能够冲锋陷阵。你必须提供一些使人们感觉更好，感到自己是某种事业的一部分。”同样，律所的存在是为了在宏观经济环境中实现某种特殊的社会目的或满足某种特殊的社会需要。

律所从其建立开始，就应该承担相应的责任并履行相应的使命。律所使命是合伙人确定的律所发展的总方向、总目的、总特征和总的指导思想。律所使命在整个社会系统中担负何种使命、发挥何种作用，这是律所在经营战略规划中必须首先确定的问题。它深刻反映了律所的价值观和律所力图为自己树立的形象。核心价值观是律所文化的集中体现。它是在全体律所成员中意识化了的最主要的信仰和行为准则。它集中反映了律所及其员工愿为企业使命奋斗的精神，同时也反映了律所成员为人处世、从事生产经营活动的价值取向。

战略解决的是律所发展的基本方向、主要步骤和事关全局的重大项目等问题，而政策则是指导人们实施战略的细则。制定了政策，律所战略的全部含义就浅显易懂，而且政策渗透进律所的具体经营管理活动之中，它有助于建立一种规范的、可预测的行动方式。政策能够保证律所的所有单位在同一基本规则下运作，它同时也有助于促进企业各单位之间的相互联系与协调。卓建根据多种战略分析方法，清晰地认识本所的战略定位，并提出相应的战略目标与发展思路。

组织因使命而存在，因愿景而生生不息，在考虑战略定位上，基于卓建的使命、愿景、价值观，卓建确立了第三个五年战略规划的战略定位——由大所转变为强所、由地方所转变为全国所、由传统型律所转变为创新型律所、由单一提成制律所转变为一体化运营的律所，并将战略定位细分为管理、业务、品牌、人力与文化等几个维度，制定了符合本所发展的中期行动计划与长期目标规划。

目前，卓建即将进入第四个五年规划期，在全面总结和梳理“三五”发展规划及达成效果的基础上，“四五”发展规划将围绕专业创新、提质增效、数字化赋能、一体化运营的强所持续转型升级。

战略除了通过战略分析—战略制定—战略实施自上而下的顺序过程以外，明波茨提出了一种另外的视角，即自发模式的战略涌现。自发的战略过程不是计划出来的，是“生长”出来的，它发展、递增而持续，最终目标不清晰，战略实施手段不断在变化，必须“摸着石头过河”。自发的战略过程具有一定的优势，它与实际情况更加符合，而且考虑到人的因素，这往往是自上而下的模式所欠缺的，由此使战略更多地关注周围情况，同时在战略发展过程中为考虑组织文化提供了机会，能够及时适应市场做出变化，尤其适合快速变化的市场。因此战略涌现对于卓建而言是至关重要的。

深圳正在建设中国特色社会主义先行示范区，这与深圳律师业发展息息相关，每个深圳律师责无旁贷，在社会主义先行示范区和粤港澳大湾区双区驱动下，卓建身处律师行业的高质量发展高地和法治城市，拥有较好的发展机会，因此卓建的律师要承担起城市文明典范的重要缔造者，民生幸福的推动者和可持续发展的促进者。但是相比其他一线城市，深圳在国内尚没有走在最前列，特别是与北京和上海尚有较大差距，律所普遍大而不强，律所服务跟不上经济发展的速度，社会治理参与不足，社会责任有待进一步发挥，社会法律服务质量需要提升，因此必须根据快速变化的市场变化因时而动。

卓建在战略制定的过程中，非常重视来自市场的动向和反馈。当市场出现服务空缺，或者看到某一细分市场有强劲的需求时，卓建会迅速进行市场调整，吸收来自市场的信息，这种灵活性的战略制定方法对卓建的战略制定帮助很大。

五、卓建的战略规划

（一）战略目标

制定正确的律所战略仅有明确的律所远景、价值观和使命是远远不够的，必须把共同的远景和美好的构想转化为律所的战略目标，律所的战略才具有可操作性。律所在规定了组织的使命、进行了组织的内外部环境分析后，下一步的战略管理工作则是确定律所的战略目标。所谓战略目标，是指企业在一定的时期内，根据其外部环境变化和内部条件的可能，为完成远景和使命所预期达到的成果。战略目标是律所战略的重要内容，它指明了律所未来的发展方向和操作标准。

通过外部调研和内部数据的进一步科学分析，卓建所在“三五”发展规划中提出，在未来的5年中，卓建所将立足深圳、面向全国、放眼全球，致力于为客户提供“个性化、一体化、一站式、高质量”的法律服务。逐渐由大所转为强所，由区域性地方所转变为全国所，由文化强所转变为专业强所，由传统型律所转变为创新型律所，由传统提成制律所转为一体化运营的律所。到“三五”发展规划结束时，打造成“专业突出、业绩优秀、品牌卓著、文化独特、服务一流”的综合性的全国知名律所，在律所规模、地域布局、专业发展、团队建设、人力资源建设、律所管理、知识管理、文化建设、品牌建设9个方面实现突破。

现在，“三五”发展规划接近收官，从实效达成的角度来总结“三五”发展规划，许多重要的指标已经成为现实，比如卓建总所执业律师已经突破300人，合伙人接近100人，2021年的业绩收入超过2.5亿元，人均收入近80万元，分所扩展至15家，一体化运营程度持续提升，品牌影响力逐步扩大。

“四五”发展规划将在全面总结“三五”发展规划的基础上，结合卓建所战略制定的流程和方法，向着更高更强的目标迈进。

（二）战略举措

习近平总书记在2015年首提“供给侧结构性改革”，简言之，就是从供给、生产端入手，通过解放生产力，提升竞争力促进经济发展，其核心在于提高全要素生产率，改变经济关系中的供求关系，从供应侧入手，结合市场和实际需求，调整供应状况，规避恶性竞争实现良性发展。同样，律师行业处于供给侧。尽管中国律师业经过 40 年的发展取得了长足进步，但普遍存在创新能力不足、产品、服务、人才同质化严重，服务质量及客户满意度不高等问题，依然需要深层次的供给侧结构性改革，因为它是律师行业发展可以预见到的必然趋势和内生发展的必然要求，也是律师业突破发展瓶颈和实现服务水平上档升级的必然选择。律师业的供给侧结构性改革的关键在于解决律师业的法律服务产品和服务的同质化问题，因此，律师业的供给侧结构性改革，最终落地就是法律服务的变革与创新。

法律服务，妙在创新、精在专业，能够将客户需求、案件情况和现行法律相结合，开发出适销对路的法律产品，是现代社会对律师提出的新要求。法律服务产品的不断创新，力求与市场紧密对接，努力实现专业化、精细化、现代化、跨领域的融合和发展。创新需要我们顺应潮流，紧跟时代的步伐，为客户提供更加优质高效的法律服务产品。迎接机遇、应对挑战，只有不断的创新，才能做好律师业乃至整个服务行业的“领头羊”。随着国家“十四五”战略规划的落定，对于服务业的发展也提出了更高的要求。跟上经济发展的脚步，顺应时势变化的要求，在需求端和供给端进行双重优化和调整，跟上产业革新的速度，配套国家的战略执行。

深圳 2022 年 2 月发布了《深圳市服务业发展“十四五”规划》，提出“推动服务业数字化、标准化、品牌化、集群化、国际化发展”，明确了“把深圳建设成为具有全球影响力的服务经济中心城市”的总体目标方向，内容更加注重如何破除服务业的“鲍莫尔病”。服务业要突出服务创新、改革开放、重点领域和空间聚集。规划提出三点思考：强化供给侧结构性改革和需求侧管理的有机结合，优化服务业发展结构；集中力量拓展企业发展空间，培育壮大服务业市场主体；围绕产业价值链，加大政府统筹协调和政策精准实施的力度。为了实现卓建的战略目标，卓建的产品战略如下。

首先，实行拳头产品战略。产品的关键是聚焦、求精，而不是一味追求大而全，必须具有很好的市场适应力和巨大影响力，再聚集本所的力量进行推广。无论拳头产品是谁设计、谁研发、谁推广，只要能打开市场，就进行资源导入，谁创造了积极的经济效益，获得了有效的业务增长，就要对这些人进行高提成的现金奖励以及荣誉鼓励。

其次，实行刚需产品战略。众所周知，“刚需”即代表着“必须”，是客户不得不购买的服务。本所可根据国家法律法规以及地方的规章制度、规范性文件，统计法律服务方面的刚需，然后有针对性地设计产品并定向推广刚需产品的一大优势即利润较高，比如一线城市的高房价一样，之所以房价难降，就是因为一线城市有刚需的支撑。法律服务的刚需产品也可以维持一个较高的价格。虽然是刚需产品，但是同样需要好的设计、好的推广。

最后，实行创新产品战略。一方面，由于传统法律服务领域产品竞争激烈，同质化现象严重；另一方面，律所服务价格下降、质量难以保障，法律服务创新能力不足，难以满足社会经济、文化发展的需要。创新是永恒的主题，没有创新就没有生命力，市场千变万化，传统的业务，各所皆有，业务战已成了价格战，利润空间有限，对律所的业务创收难以带来大幅的增长。因此，律所要适应法律服务行业的新发展、新趋势，就必须创新，用新思维、新方式为客户提供全新的服务，挖掘客户新的需求，给客户创造全新的服务体验，解决传统法律服务的同质化问题要在“微创新”方面为客户提供个性化服务；解决新型法律服务需求需要在“中创新”方面为客户提供称职的服务；解决法律服务前瞻性的问题需要根据市场进行“大创新”。卓建要进一步发展，不仅要科学精准地在产品战略上狠下功夫，还要在其他方面齐头并进。

第一，法律服务的专业化，关键在于提升客户的满意度。律师走社会分工决定了服务对象的行业差别和领域细分，法律服务的专业化就是要在专业服务领域精耕细作，服务的面越来越窄，服务的领域越来越细分，服务的对象越来越明确，服务的针对性也越来越强。“专业化”，不能简单地理解为摒弃“什么案件都能办理”的万金油律师服务方式，而选择从事某一方面的法律服务，如何在提供的法律服务中，切实做到服务“高品质”，让客户真正觉得物超所值。律师服务的质量是客户最关心的问题。优质的服务才能在保障客户利益的同时给予客户最好的服务体验，我们必须以客户满意度作为衡量法律服务水平的重要标准，此乃提高法律服务质量最有效的手段。

要落实律师业的质量方针必须从以下三个方面着手：首先，律所应当建立法律服务质量保障体系，形成一套体系化、规范化的服务标准。这些标准是以经验总结为基础，建立相应的业务质量标准体系，发挥大数据的作用，由专门的组织进行总结和概括，最终形成行之有效的标准。其次，持续推进法律服务流程化，通过流程化保障服务不出差错和纰漏。最后，律所应当建立法律服务考评体系，要更加关注客户的满意度，以客户满意度作为评价法律服务质量的重要指标。当然，对于客户的一些不合理甚至非法的需求也要进行认真的甄别，不能因为贪图既得利益而在刀尖上跳舞。

第二，法律服务的精细化，关键在于提升顾客的体验与信任。首先，服务流程都要标准化。要求律师在提供服务的各个环节，达到最基本的底线要求，要遵循最科学的服务标准，重点是解决律师“不知道如何做”的问题，形成让每个律所、每个团队独有的服务质量体系，让委托人对律师服务看得见、摸得着、感受得到，真正让律师业“无形的服务有形化”，并最终形成既各具特色又百花齐放的一大批律师服务品牌。其次，服务过程细节化。服务要求推崇匠人精神，倡导对每一个案件的准备、处理和结案，都要力求做到完美和极致。仅做到服务流程标准化，在专业化的要求层级中，只是属于“及格”档次，而服务水平的精细化，才是达到“专业化”服务的应有标准。最后，服务方式人性化。律师服务的对象表面上体现为提供咨询、出具法律意见书以及办理案件等“做事”上，但实际的服务对象是与事情有关的人。所以，律师在提供法律服务时，不能像完成一般的承揽业务一样，仅专注于对案件的法律专业处理，而忽略了与人的有效交流。很多案件的当事人在委托律师时，常常存在无助、焦虑等心态，甚至视律师为“救星”，如此则需要律师在做好受托之事的同时，对委托人给予一定的人文关怀，在办理案件中也要适当考虑人情习俗等因素，不仅让委托人对委托的事项放心，还要感受到律师待人接物的贴心。只有做到精益求精，才能在客户信赖和选择中，建立牢不可破的不败地位。

第三，法律服务的人才化与团队化。如今，律师服务业供给侧结构性改革要想取得明显的效果，以团队方式提供律师服务无疑是最佳的选择。生活中，没有完美的个人却可以有完美的团队。律师服务业的供给侧结构性改革，从专业选择的定位，到标准化流程的制定、实施以及精细化打磨，是一个系统工程。仅凭律师个人之力，即使想得到也难以做得到。更何况，提供一次完美的法律服务，从谈判、签约、实施、把关、内部监督等各个环节，本身就需要多个角色互相配合，而非一人所能为之，因此律师业的供给侧结构性改革需要创新型法律服务人才作为支撑。

在培养创新型法律人才方面，首先，司法行政机关及律师协会应当遴选一批有创新能力的法律服务人才进行集中培训，培养他们的创新思维和创新能力，让他们成为法律服务业的创新领军人才。其次，律所应当重视创新人才的培养和引入，律所应当向创新型组织转型，成立专门的产品研发部和创新工作组，为律师创新提供必要的条件。最后，律师应当树立创新意识，让创新从我做起、从现在做起、从小创新和微创新做起，真正让创新成为律师的工作习惯。

在团队化建设上，卓建所探索实行的“律所团队化、团队公司化”模式，经过近 5 年的磨合运行，既表现出比公司制律所更强的灵活性，又相对于一般化合伙制律所具有较强的战斗力，但是就算这样还远远不够。因此，一是还要继加强与各专业律所之同的交流，广泛取经，将好的经验和做法引入卓建所，他山之玉，为我所用；二是要进一步花大力气建设卓建所的专业委员会，进一步打造卓建所的优势专业，优秀的明星律师和团队；三是强力推进共建、共享，集合全行业和全所的共同智慧，打造强大的卓建所专属的知识管理共享平台，形成卓建所的软实力；四是从市场选择和认可的角度，加强和鼓励创新，进一步丰富和细化卓建所的服务模式和营销体系。

（三）战略部署

科学的战略部署能促成战略目标的实现。卓建始终将长期战略规划与年度目标相结合，将律所发展方向、服务交付、资源部署、规模提升等战略规划与年度运营、业务收入、财务规划等短期战术目标相结合，据此将战略目标分解、转化为每年需达成的若干任务。在战略规划与战略目标结合的指导思想下，卓建管理委员会积极谋划，将战略部署分解，将“三五”发展规划所确定的任务和目标分解到各个部门，各个部门再将具体任务和目标落实

到每个团队，每个团队再结合自身发展阶段和实际情况，将职责细化至每个岗位。（见表 7.2）

表 7.2　卓建“三五”发展规划战略部署

发展项目		2018 年	2019 年	2020 年	2021 年	2022 年
业务发展	业务收入增长率/%	20.00	24.27	21.56	24.66	25.00
	执业律师人均收入增长率/%	10	10	10	10	10
	合伙人数	63	67	74	87	100
	执业律师人数	230	254	272	322	400
人力资源发展	全所人数	390	420	452	534	650
	执业培训	建立合伙人提升培训机制	完善入职人员培训机制	创建青年律师进阶系列培训课程	开展线上律师学院建设	全方位网络课程培训；设立名人大讲堂
	人力资源制度	公共积分制度初步建立	公共积分制度逐步完善	完善授薪律师和律师助理基本薪酬指导制度	建立全方位、多角度的绩效考核制度	设置明确的职业规划与晋升体系架构
战略布局		在重庆、中山、西安开设分所	开设东北地区分所	在北京、上海设立分所	在香港、深圳前海、武汉设立分所	建立全国范围内卓建律所战略布局
律所管理规划		完成大部制改革	建立并完善卓建知识管理平台，知识文档达 2 万篇；精品文档达 8000 篇	建立并完善律师惩戒、退出机制	完善卓建的风险管理体系	全面运用人工智能和大数据进行辅助作业与律所管理
文化发展		全面新媒体文化营销	推行外化宣传与营销	提高卓建文化执行力度	打造卓建文化 3.0 版本	搭建全面性卓建文化体系

续表

发展项目	2018 年	2019 年	2020 年	2021 年	2022 年
品牌建设	加强品牌对外宣传，合理利用各类新型媒体资源	编辑出版《卓建法律实务丛书》	在 2 ~ 3 个专业领域达到国内一流水平	获得《亚洲法律杂志》评选的 1 ~ 2 个奖项	获得数项ALB等国内外知名法律界大奖
业务拓展	打造 5 个具有核心竞争力的专业团队	在 IPO、ABS、PPP、信托等实现突破	在数据合规、人工智能等新兴法律服务方面实现创新	在涉外仲裁、跨境投资等国际高端领域实现突破	实现“双百十千”计划

六、卓建的目标分解

（一）目标分解

韦维尔元帅在《军人和军人生活》一书中谈及克伦威尔的铁骑兵时说：“他们知道为什么而战斗，并且理解他们所热爱的事业。”律所也如此，合伙人要让成员们知道他们在干什么，要把目标和意图明确地传达给成员。在如何实现战略目标的过程中，战略目标的分解是整个战略目标的“骨架支持”部分，通过目标分解使律所保持良性循环，有迹可循，可极大提高工作效率。

卓建订立了动态战略管理方案，始终强调围绕总体战略规划，将目标任务逐层分解，合理调配，整合内外部资源，动态监控战略规划的执行效果，并结合实际情况，及时进行修正，保持战略目标的前瞻性、适用性与灵活性。（见图 7.3）

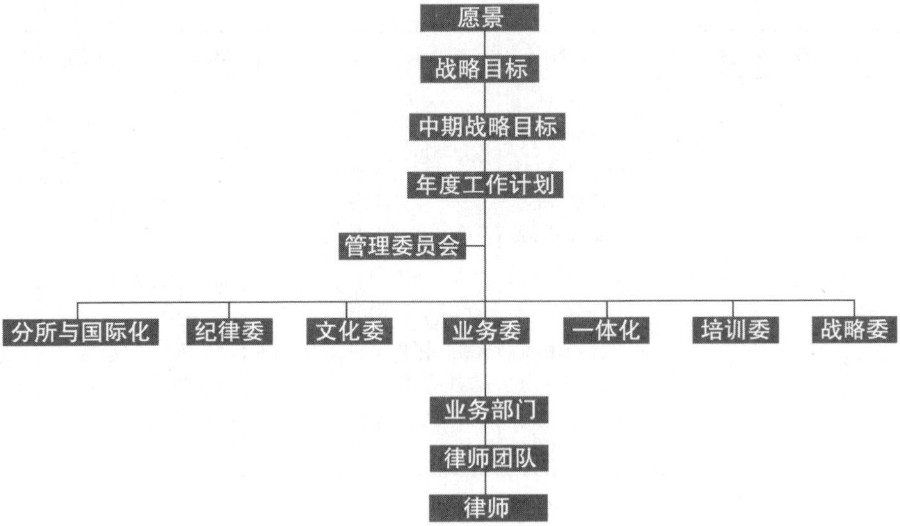

图 7.3　卓建的战略目标分解（1）

卓建将战略目标分解为各个模块，分别下达对应职责的部门/专业委等机构进行落地执行。目标模块分解到具体部门/专业委之后，由执行机构制定具体工作计划，确保计划落实到委员/律师个人，并按时完成。（见图 7.4、图 7.5）

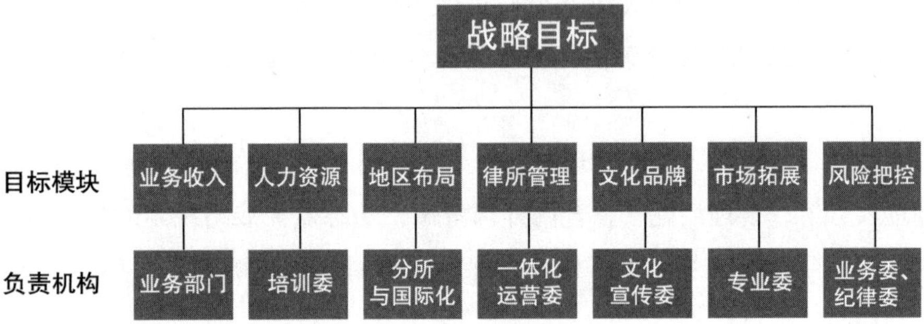

图 7.4　卓建的战略目标按模块分解落实

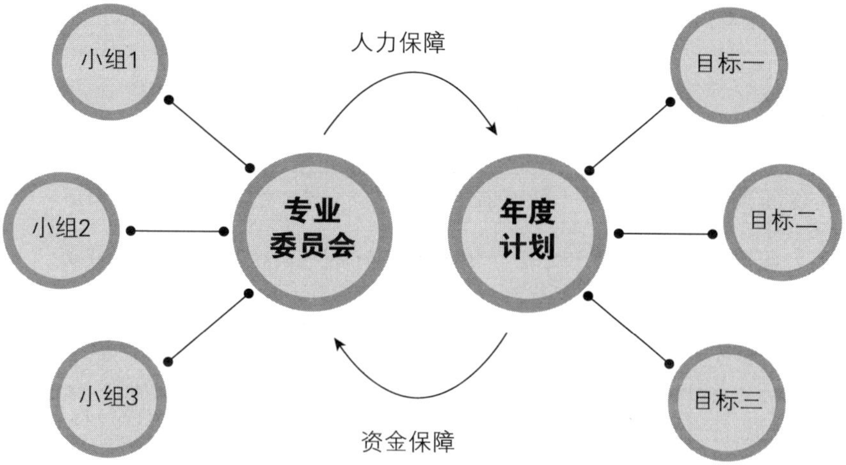

图7.5　卓建的战略目标分解（2）

（二）资源调配

卓建为达到逐层分解、合理调配、整合内外部资源，动态监控战略规划等的执行效果，在多个方面合理调配资源，为卓建战略目标的实现提供多项支持。

1. 资金支持。卓建将战略目标均纳入年度预算，为战略目标的执行提供必要的资金支持和物质保障。同时，卓建制定了完善的公共基金制度，对于未来战略规划的实现，卓建对战略规划项目的资金投入制定了相应预算。（见表7.3）

表7.3　卓建的战略规划项目投入与资金来源

战略规划项目	预算（万元/年）	资金来源
场地扩建	150	律所成员管理费、公共基金
分所布局	80	公共基金、专业委员会资金
信息化建设	30	公共基金、专业委员会资金
人才引进	30	公共基金、团队资金

2. 人力支持。卓建战略目标的实现，一步一行均有卓建人的付出和努力。卓建10个业务部门成员、10个专业委员会委员均由卓建律师组成，以

持续推进战略目标的落地实施。此外，卓建针对未来战略规划的实现，计划引进更多的复合型专业人才。(见表 7.4)

表 7.4　卓建的战略规划项目人才需求与人才引进渠道

战略规划项目	人才需求	人才引进渠道
业务拓展	专业能力强，具备跨行业专业知识的律师	招聘、内部选拔与培养
人力资源发展	具备人力资源管理、人才培训能力与经验的律师	招聘、内部选拔与培养
战略布局	具备全面规划与统整能力的合伙人律师及顾问	招聘、内部选拔与培养、聘请顾问
律所管理	具备丰富的组织管理经验的合伙人律师及顾问	招聘、内部选拔与培养、聘请顾问
文化发展	具备丰富文化素质及强烈的文化认同感、责任心的复合型律师	招聘、内部选拔与培养
品牌建设	具备品牌推广能力的律师	招聘、内部选拔与培养
业务拓展	具有业务营销与拓展能力的律师	招聘、内部选拔与培养

3. 设施、设备支持。卓建拥有专业的宣传屏幕与视频直播设备，确保卓建的使命、核心价值观、经营理念传递给每一个卓建人，让“共建、共享、共成”的理念内化于心、外化于行。

4. 场地、环境支持。卓建拥有齐备的会议室、律师会客室、模拟法庭以及党员活动室等场地，专注走卓建律师专业化和团队化发展之路，致力于提供规范化、高质量的法律服务。(见图 7.6)

图 7.6　卓建的办公场地

5. 制度支持。卓建结合管理特点和发展要素，制定了符合本所发展的制度，用以保障和促进战略规划的有效实施。如合伙人会议制度、管理委员会会议制度，各部门及各委员会会议讨论制度、公共基金管理制度等。

（三）战略监测

卓建构建了一套基于战略目标的分级分部门的绩效测评体系。在具体监测方面，主要采取半年度、年度绩效考核、战略计划执行情况汇总等形式，跟踪各项业务计划落实的进展情况，并进行分析与改进。卓建战略委员会每年根据关键绩效测量指标战略监测表，分析绩效指标的达成率及绩效指标的合理性与实用性，形成相应的总结性报告，以指导下一年度的战略目标的贯彻与实施，“三五”发展规划中 2020 年的战略检测结果。（见表 7.5）

表 7.5 卓建关键绩效测量指标战略监测（2021 年）

<table>
<tr><th>项目</th><th colspan="2">目标值</th><th>完成值</th><th>完成度/%</th></tr>
<tr><td rowspan="5">业务发展</td><td>业务收入</td><td>24,000 万元（含税）</td><td>25,500 万元（含税）</td><td>106.57</td></tr>
<tr><td>执业律师人均收入</td><td>78 万元</td><td>79.43 万元</td><td>101.83</td></tr>
<tr><td>合伙人数</td><td>85</td><td>87</td><td>102.35</td></tr>
<tr><td>执业律师人数</td><td>320</td><td>322</td><td>100.63</td></tr>
<tr><td>全所人数</td><td>500</td><td>534</td><td>106.8</td></tr>
<tr><td rowspan="2">人力资源发展</td><td>执业培训</td><td>加大卓建网络律所学院的建设力度；加大分所培训直播软件、硬件建设</td><td>已完成</td><td>100</td></tr>
<tr><td>人力资源制度</td><td>公共积分制度完善</td><td>已完成</td><td>100</td></tr>
<tr><td>战略布局</td><td colspan="2">目前设立 13 家分所</td><td>已完成</td><td>100</td></tr>
<tr><td>律所管理</td><td colspan="2">不断提高一体化运营水平，提升律所的治理及服务能力和水平</td><td>已完成</td><td>100</td></tr>
<tr><td>知识管理</td><td colspan="2">完善知识管理系统，提升知识管理工作质量</td><td>已完成</td><td>100</td></tr>
</table>

续表

项目	目标值	完成值	完成度/%
文化发展	推进“全员共治、协同共生”的3.0文化升级。加强宣传力度和宣传质量，提升品牌知名度	已完成	100
卓建业务与产品升级	推出第二版法律服务产品 设立强制执行中心及卓建合规研究院	已完成	100

2018年，卓建实现了快速发展，部分指标如业务收入、执业律师人数、业务拓展等超额完成。但是，由于外部与内部环境的诸多影响，部分指标尚未达到计划目标值。卓建战略与发展委员会需进一步跟踪指标的完成进度，做好战略监测并及时进行战略优化。

（四）战略优化

卓建管理委员会在战略规划实施的中期阶段，组织进行战略规划评估，为战略规划调整以及下一期战略规划编制提供依据。（见表7.6）

表7.6 卓建的战略动态管理

评价机制	评价领域	周期
合伙人会议	工作交流、总结分析、反馈情况	不定期
管委会会议	审定与审批战略优化内容	每月
部门会议	战略管理内容考核；战略优化内容贯彻	每周
战略委员会会议	提案；审定战略优化内容	每季
年终总结大会	总结分析；提出战略优化思路	每年

在战略规划实施过程中，卓建敏锐分析市场环境及国家经济政策的变化，及时对卓建战略进行优化，如为顺应粤港澳大湾区建设文件的出台，卓建及时进行战略调整，在分所布局上进行新一轮部署；在全面深化改革，全国重点城市设立知识产权法院的法治改革背景下，卓建及时设立广州分所，并将知识产权业务作为广州分所的核心业务；在全面推进法治政府建设、党政机关都要派驻法律顾问的工作要求下，卓建使用大数据分析方法，分析党

政机关法律顾问的痛点和盲点，在业务拓展上创新服务形式，卓建的党政机关常年法律顾问业务在2022年实现了快速增长。

七、卓建的战略成效

（一）战略实施效果

近3年来，卓建的战略计划有序开展，战略目标基本完成。（见表7.7）

表7.7 卓建的战略实施效果

	项目	2019年		2020年		2021年	
		目标值	完成值	目标值	完成值	目标值	完成值
战略有效	执业律师人均收入/万元	60.00	66.45	70.00	75.43	78.00	79.43
	执业律师人数	250	254	270	272	320	322
	合伙人人数	63	67	70	76	85	87

（二）战略竞争优势

战略制定除了定性以外，应该有定量指标，包括硬指标中的收入，人数，办公场所，执业律师的人均收入，律所的人均收入具体落实到每个月，每个年份，进行考核落实。业务总收入和律师人均收入是衡量战略规划与战略部署有效性的重要指标，与同行业同规模的竞争对手相比业务收入增长较快，律师人均收入较高；与行业标杆相比，卓建作为一家年轻的律所，充满了生机和活力，成长性较高。

卓建在行业优势上，业务收入增长与人均收入增长是衡量律所战略规划是否有效的重要因素，与同行业同规模的律所相比，卓建具有显著的竞争优势。

在增值能力上，卓建的成就与清晰的战略目标和发展策略息息相关，卓建高质量地处理了大量的法律事务，尤其在2018年的诉讼法律业务上，为委托人挽回经济损失合计约35亿元，在服务价格增长率上增速明显。

（三）战略突破

卓建不断探索适合卓建发展的战略规划，并随着国家经济政策的现状适时调整。在管理制度上，卓建的一体化运营不断优化并向外推广。在专业突破上，卓建破产管理人资质从三级提升到一级；在知识产权领域的专利民事诉讼案件上实现了突破，专利诉讼业务数量进入全国 TOP10；在新兴行业法律服务产品的研发和推广上进行了加强，在服务方式上实现了创新。（见表 7.8）

表 7.8　卓建一体化与传统提成制的对比

律所类型	组织能力	律师参与度	合作意愿	律所竞争力	运营成本	自由度	向心力
传统提成制	弱	低	弱	弱	低	高	弱
一体化	强	高	强	较强	较高	较低	较强

在全球化程度上，卓建所已开始全球化法律业务的布局，近年来服务的外籍客户逐渐增多，卓建与美国质高律所、法国钧德律所、美谛达律所等十多家海外律所建立了业务交流关系，与斐石中国建立了合作伙伴关系，这些都是卓建在战略上的重大突破。

没有合适战略的企业就像一艘没有舵的船一样，只能停留在原地转圈，最终被汹涌而来的时代浪潮淹没。随着我国经济的快速发展，律所作为提供法律服务的主要机构之一，既拥有良好的发展机遇，又面临着激烈的市场竞争以及巨大的挑战。无论是律所还是会计师事务所等专业性公司，如果没有明确的战略发展目标就很难在激烈的市场竞争中生存下来。卓建的战略，就是要在合伙人的带领下，实施一体化经营，“撸起袖子加油干”。作为律所的合伙人的车头，不仅需要严格准入，合理考核、精益求精，还要提高管理意识，无论是车灯还是一颗螺丝钉，都要经常检查、擦拭、维护。只有车头状况好，卓建律所这列火车才能在战略目标下跑得更快、更稳、更远。

第八章

大部架构　一体两翼

卓建要落实一体化运营战略，就必须有组织保障。如果没有组织和人员的支持，卓建的一体化改革，尤其是业务一体化就会是镜中花、水中月，所以卓建导入了“大部架构，一体两翼”。“卓建就像一只客机，客机主体由十大部门组成，而两翼的左翼为七大专门委员会，右翼为十大专业委员会，这就是卓建的‘一体两翼’。”管理机制是卓建的发动机，是促进律所专业化发展，促进卓建走向强所的助推器。本部分内容主要介绍卓建的“大部架构，一体两翼”。

一、大部制及运行过程中要解决的具体问题

对于卓建而言，目前处于从大所到强所的发展过程中。在大部制改革之前，卓建有将近 50 个团队和 260 多位律师。为了将以前较为混乱的部门设置和专业安排进行相应的梳理与整合，为了更有利于律所成员的专业化发展和全局管理，卓建进行了大部制改革。随着律所人数的增加，卓建的管理水平必须随之提高，如果卓建的资源调配上没能相应提升，服务客户的水平停滞不前，就不能更好地服务律师，不能积累平台的优势，就会造成律师的流失。在大部制改革之前，无论是部门还是团队，主要还是散兵游勇式的单打独斗，并没有形成统一的品牌、统一的标识，律所的平台优势尚未完全展现。

因此，卓建下定决心大刀阔斧，进行大部制改革。所谓大部制改革，就是改变以前繁杂的多达 30 多个功能、业务重叠的部门，根据律师行业的发

展需要设置必备的 10 个部门，部门下配备若干个团队。各个部门由律所成员自由组合，个人要进部门的前提是必须进团队。大部制改革就是要将部门作为“网兜”，以 10 个“网兜”为核心，团队为网格，负责人为网结，构成了“网兜—网格—网结”的紧密联系。这种网格式的团队管理，可以促进卓建律所的专业化和团队化发展。

卓建进行的大部制改革，从技术层面上来看，通过将职能相近的部门按照分工和专业化原则进行整合，有利于律所部门内的协调与统一，同时便于集中领导，可以缓解之前部门重叠、职能交叉的问题以及权限冲突的矛盾，有助于减少和规范审批，简化手续和环节，提高政策执行效能，降低成本，更好地发挥市场在资源配置中的作用；从律所转型方面，推行大部制是改革开放以来律所数次改革的科学总结，伴随在非诉领域的全面拓展，跨领域、跨学科的新型服务模式大量出现，互联网技术与法律行业的深度结合，规模化、专业化、品牌化成为行业共识，大部制改革同时也是迎合社会主义市场经济发展的必然要求。

任何事物都有两面性，任何一种制度都不可能是尽善尽美的，大部制也不例外，大部制的顺利推进，需要解决以下几个重要问题。

首先，不同部门内部、部门与部门之间的利益整合是大部制改革中可能存在的最大问题。部门利益的存在，使整合后的新部门间的协调问题不易解决。大部制能否有效遏制部门利益，就成为最关键的问题之一。任何行业中存在的问题都将产生一定的映射，为卓建律所的大部制改革的问题带来启示。纵观企业或政府，当前我国进行的大部制改革存在的问题是增加了部门内部协调的负荷和难度，如何避免部门膨胀，如何说服既得利益者放弃现有的势力范围，将是一个复杂的博弈过程，如何实现“1 + 1 > 2”也需要认真考虑。卓建的大部制改革，把原先的 30 多个专业部门整合为 10 大专业部门，相应成立了 10 个业务委员会，这些都是一体化的运营成果。但同时一体化运营也存在实践困难，主要在于律所和律师之间的分配模式，团队内部的分配模式，这是制约一体化发展并亟待解决的问题。

其次，卓建的年轻人相对多，权威性专家相对少，优势专业相对较少。大部制改革下的团队如果能有更多的权威性头部律师及专业领域的突破，定能锦上添花。权威专家能够号召律所成员，增加凝聚力、向心力，给予成员有效的激励，使律师保持旺盛的战斗力，使团队运转状态达到高度有效与和谐。另外，卓建需要实现专业领域的突破，需要突出自己的专业特长，占据律所市场的头部地位，这至少要有三四个专业领域在深圳或者乃至全国处于领先的位置，在一体化经营下，卓建律所才能实现业务收入的目标，真正实现大所到强所的转变。

卓建律所的愿景是要把卓建律所打造成一个全国性、创新型、一体化的强所。卓建清醒地认识到其在数量上是可观的大所，但不是众所周知的强所。在迈向强所的路上，有很长的路要走，这需要踏踏实实的实干精神，需要点点滴滴的努力，绝不能花拳绣腿，只有嘴上功夫。卓建通过大部制改革，强制进行专业分工，每一个律师的业务只能是“一主两辅”，超出经营范围的，必须交给其他团队去做，通过这样的带有强制性质的引导，倒逼律师的专业化发展，同时带领律所向真正完整的一体化迈进。

总之，律所的大部制改革必须立足实情，循序渐进，而且律所需要清晰地认识到，律所实行“大部制”的基础是对大部制的定性。大部制是服务型的大部制，是为律所成员谋福利的大部制，并非权力大到没边的大部制。大部制的建立，应适应律所的发展战略，提升战略管理能力；应突出律所管理的重点，应依事权统一、指挥统一、权责相称、决策与执行分工的原则进行；应明确划分部门权限；应重视内部治理结构的优化；应强化部委机构政策制定的能力。解决好大部制改革当中部门内部、部门之间决策、执行、监督的分离与协调问题以及综合管理部门与专业管理部门的关系问题，对大部制改革的未来发展远景发挥重要的作用。

二、大部制的具体成效

当前法律服务行业在深度和广度上相较于 10 年前皆有了较大的发展。如何做大做强是每个律师及律所的管理者都在苦苦思索的问题。从当前行业内部的发展现状来看，规模化和专业化已经成为国内律所做强的最主流思路。实行规模化经营，才能实现品牌优势、人力资源优势、业务领域优势、客户信任度优势 4 个方面的突破，这是律所做大的有力保障。当前各大所规模化的主要方式有律所合并、设立分所等。专业化主要是指个人的专业化和部门的专业化及领域的专业化。律师业务专业化发展是社会分工细化的必然产物，是法律服务适应市场发展的内在要求，也是一种国际趋势。因此只有走专业化发展的道路，钻研某一方面的法律，才可能提高服务质量，寻求更大的发展。专业化与规模化相辅相成，专业化是规模化的条件，规模化是专业化的必然。

考虑到当下社会的飞速转型，传统的“小而全”“大而全”模式将越来越无法适应不断细化的专业分工，因而卓建对全所的律师进行了专业集中化的要求，即一个律师原则上只能有一个主业务和两个辅业务，甚至在将来转变为“一主一辅”的模式。“一主两辅”的模式相对合理。卓建年轻律师较多，通过前期多做不同类型的案件，触类旁通，积累经验，再根据市场行情及自身的兴趣专业化，逐渐淘汰过去那种“万金油”律师，进而打造集约化、专业化、精细化的律师团队。专业化，是律师塑造品牌、赢得客户的前提，只有专业化才能合作共赢。专业化在一定程度上可能限制了律师的领域，但是能够提高办案效率，同时律师可以和其他领域的律所团队进行合作，这种合作，因为更专业的服务，能够最大化维护客户的利益，产生更高的效益。对于卓建来说，主张专业化，但不盲从激进，可以让律所成员有时间培养兴趣，摸索出适合自己的专业化道路，让律师能够有时间适应专业化的历史趋势。

大部制解决了律师们的后顾之忧，为他们提供了坚强的后盾。与其他行业不同，在人力资源调整上，由于律师通常是以个人或团队协作的方式开展工作，一旦形成较为固定的工作模式，则通常难以进行变动，即便要业务转型，基于行业特点，律所管理层往往无法进行过多的干预。通过推行大部制改革，促进了律师的专业化转型。即使律师团队接了对于自身领域不太熟悉的业务，也完全不需要像之前那么担心，身后支撑的是卓建律所的大平台，通过大部制改革下的团队协作，通过合作指引的方式推荐给卓建的团队开展业务，加强律师之间的交流，为更好地合作、分享打下良好基础。各个部门的文化和团队建设也取得了长足的进展，部门上下心齐劲足，为卓建高质量发展，建设成为强所做出贡献。大部制一改卓建之前由于自身领域受限，导致业务流失的情况，而是通过团结协作达到“星星之火，可以燎原”的态势，促进不同律师团队的业务交流实现业绩的增长。

卓建于立所之初就提出“人无我有、人缺我先”等16阶运营理念，突出创新，敢为人先，高度重视运营质量，并将其作为卓建长远发展的生命线与保护伞。此次卓建大部制改革，也是卓建的大胆探索，效果显著。卓建在大部制专业化高质量运营中成果显著。案件完结率和案件数量呈稳步提升态势，近3年的业务量和各业务收案数形成上涨趋势，营业收入目标达成率100%，管理/产品创新数逐年上涨。（见表8.1、表8.2）

表8.1 卓建律所案件完结率、案件数量及工伤事故数（2019～2021年）

指标名称	2019年	2020年	2021年
案件完结率/%	70	68	70
案件数量/件	7031	7488	9234
工伤事故数/件	0	0	0

表8.2 卓建律所业务数量

业务类型	2019年	2020年	2021年
业务数量/件	7031	7488	9234
政府、事业单位顾问/家	64	77	78
个人顾问/人	16	20	32
企业顾问/家	534	609	728
民商事案件/件	4082	4251	4452
刑事案件/件	543	442	627
仲裁案件/件	428	468	399
非诉案件/件	801	891	1808
行政案件/件	119	236	573
法援案件/件	98	154	61
咨询、专项案件/件	346	340	476

三、卓建一体两翼的运作

卓建在合伙人会议下设立管理委员会，管理委员会主任、律所创始人亲自牵头统领战略。其他委员分别领导战略、一体化、业务指导、培训、文化宣传、分所与国际化、纪律与考核。另设监事会，对各委员会工作进行监督。各委员会权责分明、各司其职、有效制衡、协调运作，建立了较为完备的律所治理体系。

卓建律所在组织架构上主要分为管理委员会和监事会。管理委员会下设7个专门委员会，即管理委员会下设7个执行部门，由7名管理委员会成员构成，每一个管理委员会成员负责一个专门委员会，是管理委员会下设7个委员会对全律所事务的整体统筹，包括战略与发展委员会、培训与律师发展委员会、文化与宣传委员会、分所与国际化委员会、纪律与律师考核委员会、业务指导委员会、一体化运营中心。一体化运营中心整合了之前的财务、行政、智力支持、品牌宣传等事项，这7个专门委员会是平行架构，但有些事务是交叉的，对于交叉事务，一般由2个以上的专门委员会联合办理。

10个部门和10个专业委员会是在业务指导委员会下设的，也就是图8.1所展示的业务部门。业务指导委员会（以下简称业务委）是卓建律所的7个专门委员会之一，主要是负责3个板块，第一个板块是业务规范，第二个板块是业务发展，第三个板块是业务创新。

图8.1　10个部门

首先，业务规范是基础。业务规范的范畴主要包括业务的审批、业务的文本制定，包括法律文书审核，防范和解决利益冲突，确立业务合作机制，解决合作争议，出台业务指引等规范方面，这是最为基础的工作，既要把业务做好，服务好客户，也要规范执业，防范执业风险。

其次，业务发展是核心。卓建律所成立了业务发展中心以便帮助律师拓展业务。业务发展中心由专职人员负责，一体化运营中心负责对其进行日常考核，业务委负责对其进行业务指导。业务发展中心主要负责律所的品牌建设和业务推广，并对案源进行管理并按照一定的规则分配给合作承办律师，相当于企业的市场部门，把产品和业务推广给线上与线下的客户，以及其他与律所业务推广相关的活动。这里需要说明的是，业务发展不只是业务发展务中心的事情，而是涉及整个业务委的全方位工作，也就是说业务委的绝大多数工作都是为业务发展提供支持的。律师是律所的核心资源，也是业务发展的基本前提，青年律师代表着律所的未来。青年律师兴，则律所兴；青年律师衰，则律所衰。因此，业务委除了大力推广业务外，还非常重视青年律师的成长。业务委通过青年律师成长工作小组，大力开展青年律师拜导师、结对子，青年律师技能提升训练营，组织读书会、座谈会等活动帮助青年律师提升自我，服务客户。(见图 8.2)

图 8.2　卓建的业务指导委员会委员

最后，业务创新是灵魂。业务委主要通过以下几个方面的工作推动卓建所的业务创新：一是制定卓建产品目录，定期结合社会环境的变化对产品进行梳理与更新。二是通过举办每年一次的业务创新大赛，进行产品路演展示，以 PK 方式决出优秀产品由卓建平台进行推广，并且向律协每年举办的法律产品创新大赛推送参赛作品。三是通过优秀案例征集、法律文书大赛等方式进行业务总结，结集出版，如推出《匠心卓建》书籍，把经典案例整理出来进行系统出版。以上这些构成了业务委三大板块的工作。

卓建所通过建立委员会制度，形成了公共事务有人共担的人力资源体系。卓建的委员会制度采取专门委员会和专业委员会并行的方式。专门委员会负责公共管理事宜，各委员会的负责委员由高级合伙人竞选产生，成员由各负责委员自行招募，所内成员自愿报名参加，每个委员会对应职能分工，全面组织律所的公共建设。根据业务领域的不同，卓建所又划分了 10 个专业委员会，所内成员根据业务方向自愿报名参加，通过专业委员会给予所里的 10 个业务部门提供业务指导，进而有效提升法律服务质量，强化业务协作，促进律师的“专业化”和法律服务的“精细化”发展。

为了提升专业水平，更好地服务客户，卓建还在专业委员会内部根据专业分工下设若干个研究中心，如公司委下设股权法律研究中心、税法研究中心、股东诉讼法律研究中心、跨境电商法律研究中心等；对于不在专业委员会范围内的比较前瞻性的某些专业，由业务指导委员直接发起成立研究中心，如文娱体育法律研究中心、元宇宙法律研究中心等。各研究中心定期开展各种学习沙龙，对外交流，走访合作机构，著书立说，研讨典型案例，极大地提升了卓建整体的专业水平。

成为管理委员会成员并不意味着一劳永逸，而是意味着更多的服务和更多的责任。在每次换届时，律所会提前向全所具备管理委员会竞选条件的人告知竞选事项。首先需要申请人提出申请，表示有志于加入管理委员会，如果列入候选人名单，会在合伙人换届会议上进行竞选，合伙人投票通过才可以成为管理委员会成员。监事会成员也一样。管理委员会成员当选后，由管理委员会主任对各个成员进行统筹分工，基本上每个管理委员会成员均担任一个专门委员会的主任。在 7 个专门委员会层面上，由专门委员会的主任进行“组阁”，向全所的律师发出加盟倡议。律师们响应号召，提出申请，通过专门委员会内部竞选制投票产生各个工作小组的负责人，组员按照自愿申报、自行组合的方式确定。

具有卓建特色的地方在于，早期管理委员会成员没有任何报酬，这与卓建的发展理念一脉相承，卓建希望律所成为律师们的温暖的家，而不是成为赚律师的钱的工具。再加上卓建所“共建、共享、共成”的律所文化，大家早已习惯了“我为人人、人人为我”的相互赋能机制。后来律所给管理委员会及监事会成员每月发放少量的补贴，也仅具象征意义。管理委员会成员不参与计算公共积分，但在需要计算管理委员会成员的公共积分时，管理委员会成员默认为同级别人员的最高积分。律所成员拿着少量的补贴，愿意任劳任怨地在管理委员会任职，与卓建人一直以来的律所文化有关，也与卓建卓有成效的激励机制有关。

在刚成立管理委员会时，由高级合伙人本着自愿奉献的原则进行毛遂自荐，在自荐后进行表决投票。“万地高楼平地起”，在没有任何报酬的条件下进行自治，甚至不少时候还需要从自身的腰包掏钱，在不断摸索中总结卓建律所的管理经验。随着卓建队伍的不断壮大，高级合伙人的数量不断扩增，卓建鼓励愿意担当、乐于奉献的青年合伙人律师加入管理委员会。即使管理委员会的成员在不断地变化，但是乐于奉献的精神已然留在每个卓建人的心里，就算个人的事情再多，也依然愿意为律所付出，仍保持着精力旺盛的姿态。两三年前，管理委员会合伙人会议做出决定，每个管理委员会每月象征性地补贴小额的补助，主要用于成员参加集体活动或团建，“不积跬步，无以至千里。”在各位成员的共同努力下，为了律所更好地发展，委员会的主任、副主任尽心维护团队关系，促进团队的凝聚力，以实际行动潜移默化地鼓励每位成员为律所奉献属于自己的一份力量，让卓建更好地实现可持续发展。例如，每当所里有重要活动或者重大决策时，管理委员会成员及相关负责人都会带头参加或者贯彻执行，专门委员会内部的团建活动也是如此。除此之外，卓建于 2019 年 3 月 31 日通过的《合伙人升降制度》中将年度公共建设积分作为合伙人入伙、升降的条件之一，从制度上确保了合伙人参与律所公共事务及文化建设，形成了积分换取回报的科学的架构体系，通过互相激励与团结奉献，克服律所成员的惰性和散漫，激发律所全体人员的主动性和积极性，其是一套颇有智慧的管理方法。

因此，得益于管理委员会团队的率先垂范，辅以上述制度，卓建的建设也给了年轻人展示的舞台，因此，卓建涌现出了一大批热心律所公共事务、乐于奉献的合伙人、律师及助理，推动了“共建、共享、共成”理念的落实。

四、一体两翼的经验总结

卓建进行大部制改革，成立了一体化运营中心，通过“机制创新、体制创新、管理创新”，全面提升律所的一体化运营能力，将卓建打造成“治理结构优化、风险管控有效、管理制度完善、管理手段现代化”的一体化运营的律所。

（一）成就律师

卓建本着发展律师、做强律所的初衷，提出大部制的构想，这种构想要能落地，就要切实解决律师案源压力的问题，解决律师专业业务能力提升的问题；否则，律师进入部门，可能会失去原来自己的一些案源。卓建一体两翼的“两翼”就在于通过专业委员会指导律师业务能力的提高，给律师彼此交流和学习创造条件和空间，同时专门委员会为律师提供各种各样的服务和支持，让律师能从平台上获得发展、获得能量，这会大大提高律师进行专业化转型的积极性，也会加深律师对律所的信任和感情。所以，本着“成就律师”的原则设计组织体系，是卓建“一体两翼”能够成功的关键。

（二）重视制度激励

卓建的“一体两翼”大部制架构的运行需要律师投入大量的义工时间，需要律师全身心参与到律所的建设中，否则设计再好的组织机构也无法运行。卓建创设的公共积分制度就很好地调动了律师参与律所公共事务的积极性。公共积分制度与律师能够获得的机会、荣誉、福利息息相关，再加上卓越文化的牵引，就能很好地将律师组织起来，将“一体两翼”的组织架构真正运行起来。

（三）专业管理

卓建“一体两翼”的运行，仅靠律师参与管理和律所建设是不够的，中间的一体化运营需要调动的资源、需要的资源协调能力非常强，而且需要由专人进行负责。因此，在卓建的一体化建设中，卓建引入专业的“职业经理人”进行一体化的协调和运营。卓建设有“一体化运营中心”，一体化运营中心主任就是非常有经验的职业经理人，未来卓建还准备引入更多的专业人才负责律所品牌的建设与推广、客户调查与服务等职能，让卓建的一体化运营再上新台阶。

（四）律师参与

除了专业化的管理人才外，卓建非常重视律师参与管理，在各项制度、决策的制定过程中通过内部问卷调查、青年律师座谈会、当面沟通反馈等多种方式充分听取律师的意见，并针对合理的意见或者建议迅速地进行改进。律师既是律所的主人，也是律所内部服务的“客户”，对律所非常有感情，律师又最了解律所，所以律师对律所的问题最有发言权。卓建鼓励律师提出各种各样的建议，对提出建议的律师从不另类看待，相反，真心感激律师能为律所的发展建言献策。正是卓建这种宽广的胸怀，让更多的律师愿意为卓建的发展建言献策。同时，卓建也非常重视听取律师的需求，根据律师的需求及时调整自己的管理政策，这样律师也就愿意向律所坦露自己真实的期望。

第九章

以人为本　汇聚精英

人力资源是企业最宝贵的财富及发展的核心动力，宝洁公司前董事长 Richard Deupree 曾说，“如果你把我们的资金、厂房、品牌留下，把我们的人带走，我们的公司会垮掉；如果你拿走我们的资金、厂房及品牌，而把我们的人留下，10 年内我们将重建一切”。杰克·韦尔奇也将用人的成功归为通用电气公司成功的最主要原因，他认为高层管理者最重要的职责就是把世界各地最优秀的人才招揽到自己身边。由此可见人力资源对于企业长远发展的重要战略意义。

与一般的企业相比，人力资源所起的作用在法律服务业的竞争中显得尤为突出。人才和客户是律所最重要的两种资源，两者相比，人才对于律所来说则犹如基石。上海毅石律所的合伙人石毅律师曾经说过：“律所竞争最本质的特点是你必须想方设法地培养人才、留住人才、合理配置人才、‘材’尽其用。”只有拥有高素质的律师人才，才可以为客户提供满意的服务，律所也才能发展壮大，最终拥有自己的独特优势。因此，科学的人力资源管理体系是提高律所竞争力的重要保障。然而，对于我国大多数一般的律所而言，人才流失率较高，律师对律所普遍缺乏认同感、归属感，这给律所的人力资源管理工作带来了很大的挑战。

面对这些由传统的律所管理模式所带来的弊端，卓建所围绕律所战略和一体化管理目标，通过创新管理模式，在“以人为本”理念的指引下，实现了相对较低的人员流失率、和谐的员工关系，以及较高的员工满意度，取得了良好的管理效果。

一、卓建人力资源管理核心理念

（一）以人为本即以律师为本

卓建的人力资源管理服务于卓建的一体化运营，随着卓建一体化运营这个概念的提出，其人力资源管理服务也相应进行了改革。改革后的卓建吸引和培养了众多的优秀律师，为卓建更快更稳的发展起到了重要的推动作用。

这主要得益于卓建“以人为本”的管理理念。“以人为本”的管理即人本管理。人本管理思想产生于西方20世纪30年代，真正将其有效运用于企业管理，是在20世纪六七十年代。人本管理把员工作为组织最重要的资源，以组织、员工及利益相关者的需求最大满足与调和为切入点，通过激励、培训、领导等管理手段，充分挖掘人的潜能，调动人的积极性，创造出和谐、宽容、公平的文化氛围，使大多数人从内心感受到激励，从而达到组织和个人共同发展的最终目标。

卓建的“以人为本”强调人是律所管理的主体，也是管理的客体，律师是律所最基本也是最重要的“资产”。律所管理必须围绕这一“资产”的保值与增值展开，不能只是一味地考虑业务的扩张与发展，而是更多地考虑律师的内心感受和发展需求。“以人为本”的做法也为卓建带来了独特优势，增强了卓建的核心竞争力。

首先，卓建对人才的吸引力大大增强。由于卓建不再像那种单一提成制律所，只是为律师提供盖章交税等低层次服务，也不像传统的公司制律所，对律师进行金字塔式的管理。卓建将律师视为律所的“客户”、视为律所本身，使律所成了一个服务律师的平台，为律师赋能，因而卓建吸引了更多的优秀律师加入。目前卓建有合伙人、专职律师、实习律师、律师助理、行政辅助人员500多人。卓建真正做到了“以文化聚才”，并且律师进入卓建以后可以获得全方位的培养并且快速成长，进而又促进了律所的成长。

其次，卓建的人力资源管理体系做到了让律所能够大而不散、强而有序，促使律所长远发展。卓建管理委员会副主任任忠孙律师曾说，卓建人力资源管理体系的精髓就是：全所上下齐心协力，劲儿往一处使，力往一处用。卓建的人力资源管理体系解决了如何让律所朝着一个共同的方向和目标有序运行的问题，从而使律所强而有序，这种秩序反过来又能推动律所朝着更强的方向发展，实现了一种良性循环。

综上，卓建律所秉承“以人为本”的人力资源管理核心理念。以人为中心，全面考虑律师的根本利益，帮助和引导优秀人才实现自我价值，发挥其所拥有的潜能，进而更进一步地保持律所的核心竞争力，并最终在竞争激烈的律师行业中立足。

（二）以人为本搭建舞台

卓建认为，在管理服务中应顺应律师的以上特点，以“以人为本”的核心管理理念为指引，采取契合律师特点的制度措施，而且卓建在实践中也处处践行着自己所倡导的理念。

首先，卓建从人格上尊重律师，对待律师没有上下级的距离感，卓建将每一位律师都视为同行路上的伙伴，给予充分的尊重。其次，因为律师的权利意识强，因此，卓建倡导律所团队文化应该有浓厚的民主色彩，要允许和鼓励团队成员的意见表达和权利主张，形成民主决策的氛围和机制。另外，由于律师有独立执业的特点，往往在坚持本性的情况下也渴望合作，以克服前进路上的压力、困难和孤独感，所以律所应支持律师抱团发展。卓建现在就是大所小团队，支持律师加入各种形态的团队，为律师提供支持。并且，卓建能够包容不同律师的个性，为律师的个性张扬提供空间，而不是像军队、企业一样，要求整齐划一和抑制个性。卓建构建了律师成为合伙人的上升通道，包括律师组建团队，都给予了足够的支持。卓建对律师的管理采取引导和支持的方式，而非限制和控制的思维，使律师和律所之间形成了良性互动，使律所平台化、律师执业团队化，让卓建律所成了律师和律师团队的舞台，这些都让律师在卓建有一种家的感觉，提升了律师在卓建的归属感和忠诚度，而且律师之间彼此信任、相互协作、信息共享、同舟共济，劲儿往一处使，力劲往一处用，使卓建成为一个极具竞争力的律所。

二、卓建人力资源管理体系

（一）卓建一体化的人力资源管理体系

1. 卓建的人力资源架构

卓建根据其战略发展规划，基于一体化运营模式，在对各律师团队充分授权的前提下，卓建从“人员质量要求、人员数量要求、人员结构要求”三个维度出发，通过制定筛选政策、培训政策、考核政策、薪酬政策，给每一个律师团队提供原则性指导；各律师团队在律所“四大”政策的指引下，享有充分的团队发展、招聘管理、培训管理、绩效管理、薪酬管理的权限，从而充分发挥各个团队的智慧。（见图 9.1）

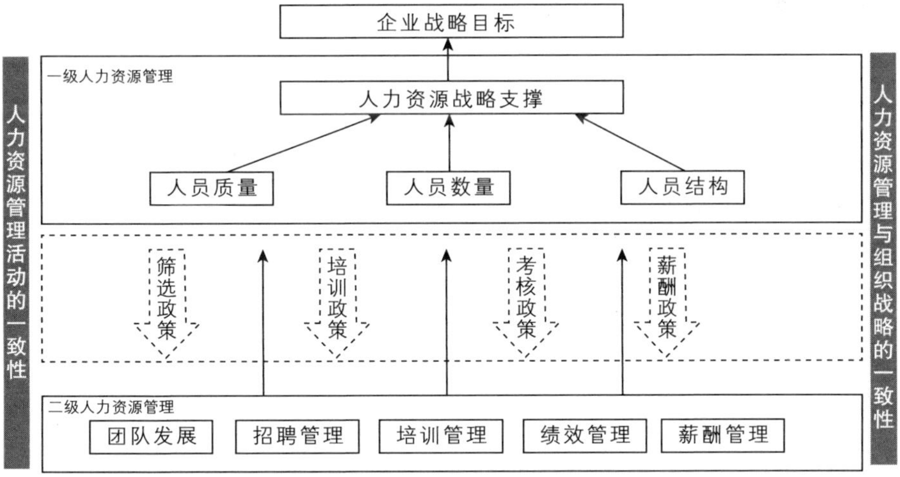

图 9.1　卓建人力资源管理与组织战略的一致性

根据卓建的战略目标、年度发展计划及岗位人员配置情况，基于团队发展的需要，卓建在律所层面组织各律师团队，每年度对本所人力资源状况进行盘点分析，统筹各团队质量、数量和结构。（见图 9.2）

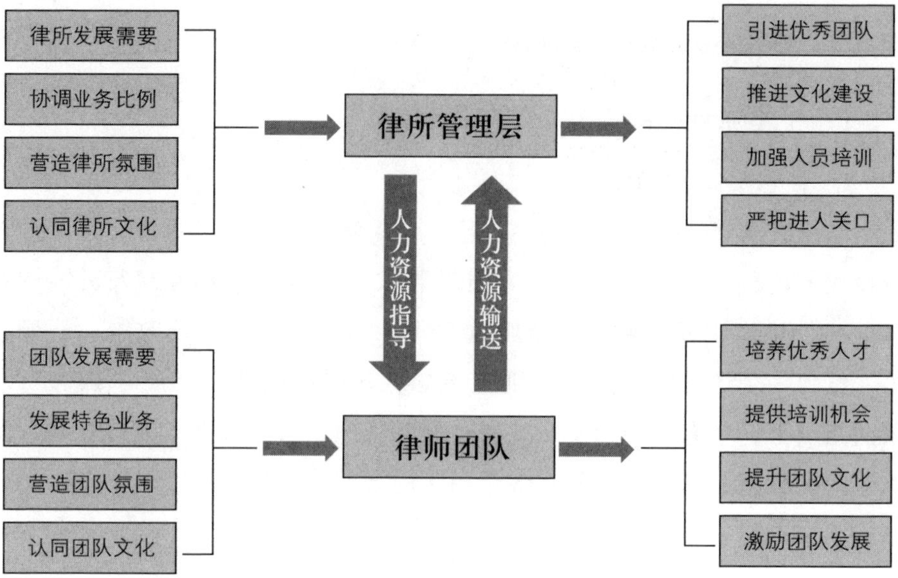

图 9.2　卓建律师团队功能图

2. 卓建的人力资源管理规范

卓建律所围绕律所战略和一体化管理目标，对律所及律师团队的“筛选政策、行为规范、培训政策、考核政策、薪酬政策”进行全面规范化管理，多年来制定了一系列人力资源管理制度。(见表 9.1)

表 9.1　卓建人力资源管理制度

类别	制度名称	使用范围	目的/内容描述
筛选政策	员工入职指引	新入职员工	员工新入职流程指导
行为规范	执业律师管理规定	执业律师	规范执业律师的行为
	授薪律师管理规定	授薪律师	规范授薪律师的行为
培训政策	培训管理办法	全体员工	培养员工工作技能
考核政策	绩效考核管理办法	全体员工	综合考评员工绩效
	合伙人升降制度	合伙人律师	考评合伙人绩效
薪酬政策	薪酬管理制度	全体员工	规范员工薪酬

对执业律师、律师助理和团队秘书，卓建还制定了较为详细的岗位说明书，以指引规范律师工作。(见图 9.3)

卓建律师事务所
ZHUOJIAN LAW FIRM

文件编号及名称：QP-551-01
岗位说明书
版本/修改号：A/02

岗位说明书

第一条 目的

为满足从事本所各岗位人员有能力胜任相应岗位工作，对各岗位制定岗位要求，以达到各司其职，权责分明的目的。（岗位描述：上下左右的隶属关系、职能、职责、权限、考核要求）

第二条 适用范围

本所全部工作人员及对应岗位。

第三条 职责

本所的各岗位由对应的工作人员承担该岗位职责，完成该岗位的工作任务。上级负责下级的工作安排，律所监事负责监督工作。

……

第二十五条 授薪律师职责

授薪律师的职责如下：

1. 按照律师事务所工作流程和质量要求，独立完成或者协作完成诉讼工作；
2. 协助主办律师开展业务工作，完成主办律师交办的其他工作；
3. 协助主办律师处理与客户相关联系人的沟通、协调、谈判工作；
4. 积极参加律师事务所举办各项公共活动；
5. 执行律师事务所管委会或分管合伙人或业务部门负责人或律师事务所主任所指派的其他工作。

第二十六条 律师助理职责

律师助理的职责如下：

1. 协助律师开展业务工作，完成律师交办的工作，律师助理对律师工作情况有保密义务；
2. 调查、取证、收集整理有关资料；
3. 起草相关法律文书；
4. 接待当事人来访、来电、来函，做好记录，及时告知律师；

……

图 9.3　卓建的岗位说明书

3. 明确的职等体系

卓建参照国际律所和国内成功律所的经验，设置了明确的职业体系架构，职务序列从低到高排列，逐级晋升。在职务级别晋升中更多地强调个人能力和业绩，同时兼顾服务年限，以便为律师和其他工作人员提供有规划的职业发展道路，也有利于明晰其未来的职业晋升路线，并推动其不断地提高职业技能。(见表9.2、图9.4)

表9.2　卓建的职等体系

<table>
<tr><th rowspan="2">序号</th><th colspan="2">管理系列</th><th rowspan="2">专业系列</th><th rowspan="2">辅助系列</th></tr>
<tr><th>总所</th><th>分所</th></tr>
<tr><td>1</td><td>管理委员会主任</td><td></td><td rowspan="2">创始合伙人</td><td></td></tr>
<tr><td>2</td><td>管理委员会副主任</td><td></td><td></td></tr>
<tr><td>3</td><td>管理委员会委员</td><td>分所主任</td><td>高级合伙人</td><td></td></tr>
<tr><td>4</td><td>部门主任</td><td>分所副主任</td><td rowspan="3">初级合伙人</td><td>一体化委员会主任</td></tr>
<tr><td>5</td><td>部门副主任</td><td>部门主任</td><td rowspan="2">一体化委员会副主任</td></tr>
<tr><td>6</td><td>团队负责人</td><td>部门副主任</td></tr>
<tr><td>7</td><td></td><td></td><td>执业律师</td><td>高级行政专员</td></tr>
<tr><td>8</td><td></td><td></td><td>授薪律师</td><td>中级行政专员</td></tr>
<tr><td>9</td><td></td><td></td><td>实习律师</td><td>初级行政专员</td></tr>
<tr><td>10</td><td></td><td></td><td>律师助理/团队秘书</td><td>行政助理</td></tr>
</table>

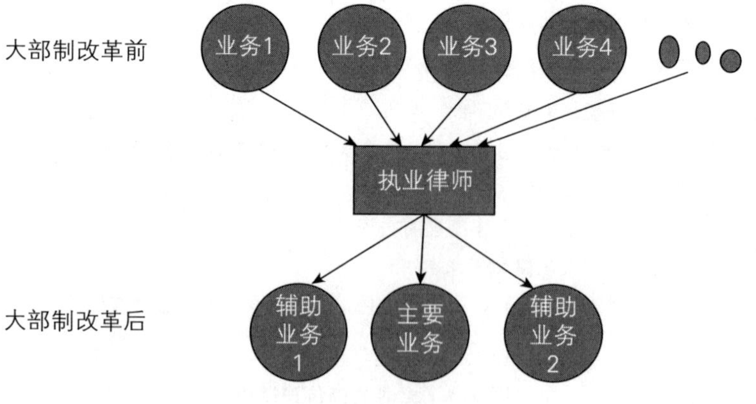

图9.4　卓建的业务模式

4. 卓建的委员会制度

卓建所通过建立委员会制度，形成了公共事务有人共担的人力资源体系。卓建的委员会制度采取专门委员会和专业委员会并行的方式。专门委员会负责公共管理事务，各委员会的负责委员由高级合伙人竞选产生，成员由各负责委员自行招募，所内成员自愿报名参加，每个委员会对应相应的职能分工，组织律所的公共建设。根据业务领域的不同，卓建所划分了10个专业委员会，所内成员根据业务方向自愿报名加入，通过专业委员会给予所里的10个业务部门提供业务指导，进而有效地提升法律服务质量，强化业务协作，促进律师的“专业化”和法律服务的“精细化”发展。

5. 一线团队授权

律所作为一个平台化组织，“一放就散、一管就死”，如何协调管理权力是一个难题。团队作为律所的基本业务单元，对于律所的发展起到了基础性的决定作用。为此，卓建律所的管理层将部分权力下放给律师团队，这样既避免律师或者律师团队为了团队利益损害律所利益，架空管理层，同时又避免管理层高度控制、事必躬亲、降低律师团队的灵活性。基于上述情况，卓建管理层在向一线团队授权时进行了慎重的考虑，主要将员工的人事权、薪酬管理权和业务的开拓权下放给一线团队。

这种授权并非“一揽子”式的全权托管，而是有所保留。例如，在员工的人事招聘上，虽然有一线团队的负责人进行笔试和面试，但是律所管理层会对新晋员工进行第二轮面试，该轮面试主要由律所的合伙人进行考核，并具有一票否决权。通过这种方式，既能够发挥传统提成制律所中个体律师或律师团队强大的灵活性，又能够发挥公司制律所在宏观管控层面的控制力。

（二）卓建人力资源管理取得的效果

1. 员工稳定

在卓建一体化的人力资源管理体系下，员工关系和谐，员工的满意度较高，员工离职率逐年降低，公司人力资源相对稳定，为卓建的稳定发展提供了良好支撑。以下为卓建2018～2021年员工离职率、出勤率和空岗率情况。（见表9.3）

表 9.3 卓建离职率、出勤率和空岗率情况

单位:%

指标名称	2018 年	2019 年	2020 年	2021 年
离职率	4.1	4.4	4.7	4.9
出勤率	100	100	100	100
空岗率	0	0	0	0

2. 员工满意度

在卓建的有效管理下，员工满意度逐年提升。(见表 9.4)

表 9.4 卓建的员工满意度情况

单位:%

指标名称	2018 年	2019 年	2020 年	2021 年
员工满意度	97	97	97	98
律师对公共服务的满意度	100	100	100	100

3. 人员结构

律师职业是一个经验型的职业，一个优秀的律所往往需要较多的资深律师。同样，律所的发展则需要不断补充的新鲜血液，尤其是在时下信息化迅速发展的时代，年轻律师的加入，能够让律所快速适应社会发展的步伐。表 9.5 是律所人员的年龄结构分布，可以看出，“90 后”的律师已经占据了律所人员构成的半数以上，这反映了卓建正处于不断前进和发展的上升期，也体现了卓建具有适应社会进步发展的强大潜力。(见表 9.5)

表 9.5 卓建的年龄结构分布

单位：人

年龄段	2018 年	2019 年	2020 年	2021 年
“60 后”	14	15	14	13
“70 后”	84	79	77	80
“80 后”	146	141	146	172
“90 后”	146	185	215	263
“00 后”				6

当然，从事法律服务行业不仅需要经验，更需要专业性。这种专业性决定了对聘用人员的学历要求较高，故而在学历层次上，卓建的本科、硕士生所占比例较大，而且执业律师的规模不断攀升。表 9.6 是卓建 2017 ~ 2021 年本科及硕士生的员工数量，从中可以看出，卓建对高学历高素质的员工是较普遍的需求。（见表 9.6）

表 9.6　卓建的员工学历分布

单位：人

学历	2018 年	2019 年	2020 年	2021 年
大专	16	18	20	28
本科	234	256	277	322
研究生	140	146	155	184

4. 人员培训

卓建的培训情况。（见表 9.7）

表 9.7　卓建的培训情况

单位：%

指标名称	2018 年	2019 年	2020 年	2021 年
培训覆盖率	100	100	100	100
培训满意度	96	98	98	98
内部培训讲师比例	67	69	70	72

5. 职业发展

员工的职业资格证书包括法律执业资格证、专利代理资格证、会计资格证等，卓建的发展需广泛吸纳各类专业人士。（见表 9.8）

表 9.8　卓建的职业资格认证情况

单位：%

指标名称	2018 年	2019 年	2020 年	2021 年
内部执业律师晋升率	6.2	6.4	6.4	7.0
职业资格获取率	97	98	98	98
受奖励人数比例	17.5	20.0	22.0	25.0
合伙人晋升比例	3	6	10	10

6. 人才育成（见表9.9）

表9.9　卓建的人才育成情况

指标名称	2018年	2019年	2020年	2021年
高层次创新人才比重/%	12	9	12	15
获奖人数	3	3	3	3
后备人才数量/人	40	35	40	45

卓建在最新的5年战略发展规划中，提出了将进一步完善公共积分制度、授薪律师和律师助理基本薪酬指导制度，完善卓建知识管理平台，并建立全方位、多角度的绩效考核制度，设立清晰的晋升体系架构，对律师进行职业规划的指导，还要建立并完善律师惩戒、退出机制，实现“双百”“十千”计划，并全面运用人工智能和大数据进行辅助作业与律所管理。这些规划将为卓建构建更为完善的人力资源管理体系，在未来更好地服务于卓建的发展。

三、卓建的人才招聘系统

（一）卓建的招聘体系

在大型律所不断扩张、小型律所如雨后春笋般不断涌现的情况下，律所面临的人才竞争越发激励，律所如何吸引优秀律师入所是一个具有挑战性的问题，这也是卓建律所着力解决的一个课题。卓建秉承“追求卓越、超越自我”的理念，建立了完善的、全方位的人才招聘渠道，凭借正确的用人导向，大力吸纳和引进国内外的优秀人才。

卓建首先根据人力资源规划，按照人才合理配置和持续发展的需求，通过建立战略性的招聘体系和多元化招聘渠道来配合卓建的整体战略规划，建立梯队人才库，并跟进掌握人才动向。同时，还通过“内部培养和外部引进相结合”的方式，优化本所的人才结构，形成“老、中、青”比例合理的人才梯次，形成“专业及性别比例合理、知识及经验的互用互补、性格及气质类型包容协调”的律所人才队伍，以满足长远发展的人才储备。（见图9.5）

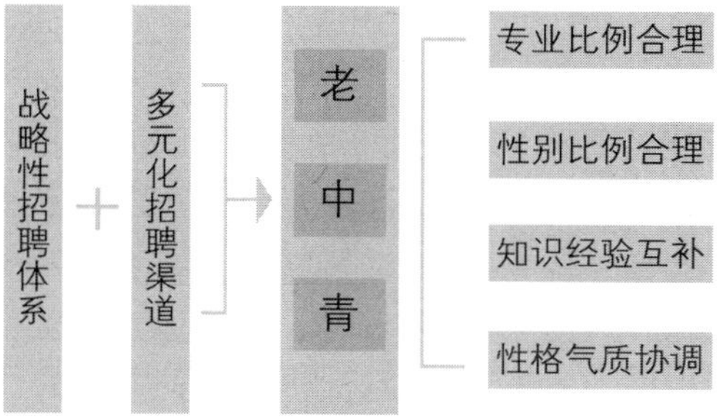

图 9.5　卓建的招聘体系

（二）人员的招聘选拔标准

1. 选拔标准严格

基于卓建的双核管理体系，在招聘员工时从高级管理人才和业务专业人才两个体系进行选拔，通过笔试、面试、素质测评，对人员招聘严把进口关。并且，在员工招聘方面，虽然有一线团队的负责人进行笔试和面试，但是律所管理层会对新晋升员工进行第二轮面试，该轮面试主要由律所的合伙人进行考核，并具有一票否决权。面试和考核过关以后，再进行心理测评，卓建委托第三方机构做心理测评，测试内容包括面试者的性格、抗压能力等，测评合格的才能入职律所。通过这种方式，既能够发挥传统提成制律所中个体律师或律师团队强大的灵活性，又能够发挥公司制律所在宏观管控层面的控制性。严格的选拔标准，保证了卓建律师团队的质量。想要进卓建团队要过几道关，首先需要经过多轮的面试和考核，然后在专业和个人能力方面兼优的情况下，还要考察律师的品行问题，这三者缺一不可。

在这样高标准的选拔把关下，卓建凝聚了一批高素质的律师团队，直接促成了卓建的快速发展。比如纵横团队这些年在穆律师的带领下发展迅速。有三方面的重要原因。

第一是灵魂人物的作用，一个团队的灵魂人物对于团队的发展是非常关键的，因为她引领着团队的业务发展方向。在她的带领下，团队按照既定的模式发展，使团队里的执业律师、实习律师和律师助理都能够跟着领头雁去翱翔。第二是团队成员的态度和能力。纵横团队整体上是一个非常年轻的团队。年轻的团队里面的执业律师的工作能力与推动力，工作任劳任怨，而且对业务研究得非常透彻，喜欢钻研，在不断的历练过程中促进了团队专业化。第三是律师团队稳定。对于团队人员的流失和更替所导致的团队稳定性和创收受影响的问题，在纵横团队中没有遇到过。因为不合适的人在试用期就直接被淘汰掉了，通过选拔留下来的员工流失率极低。

高标准的选拔标准，不仅为律所筛选出优秀的律师，也会让真正优秀的面试者在面试时提升了对律所的第一印象，并会为身处优秀的工作团队而自豪。比如，卓建有一个律师在谈及面试过程时这样回忆道："加入卓建的过程比较新颖，除常规的面谈之外，卓建还引入了一般企业所用的心理测试，测评加入者的心智和性格，这让我眼中的卓建立马'高大上'起来。"

新加入卓建的律师称赞卓建人才济济："与这么多优秀的人才共处了一个星期，我深切地感觉到'谈笑有鸿儒'的氛围，尽情地徜徉在法律知识的海洋。深厚的人才积累不仅滋养着大家相互学习、一起进步，也为卓建赋予一种卓尔不凡的气质。"

律所确实在选人，另外，人才又何尝不是在选平台？因此，严格的选拔标准才能大浪淘沙始见金，为律所筛选并留住优秀的律师。在人才竞争激烈的行业环境下，律所也不可饥不择食、为了扩充人员规模而盲目选择不合适的人，唯有适合的员工，才能促进团队发展、助力律所腾飞。

2. 不拘一格纳人才

一方面，卓建对人员招聘严把进口关；另一方面，对于优秀的人才，卓建不拘一格，用宽广的胸襟招纳各方英才。

卓建在招聘时，践行"以人为本"的理念，给予应聘者充分的尊重，为应聘者留下不凡的印象，因而留住了优秀人才。如金振朝律师曾经收到了多家律所的录用通知，其中不乏名气大者，其并不为所动。在说到为什么选择卓建时，金律师说："当时，创始合伙人张斌不仅亲自面试了我，还在下班时间等我做完题，当着我的面浏览了一遍我做完的试卷，这才告诉我回家等通知。隔天，张主任亲自给我打电话，通知我面试通过了。这些细节看似不重要，但给求职者的感觉真的不一样。很多律所主任或者合伙人太忙，安排助理面试应聘者，而这些助理们的浅薄修养，足以将大部分优秀求职者挡在门外。”并且，卓建对于离开律所的律师，如果再回来，也依然欢迎。律师离开卓建，卓建首先是反思自己哪里做得不好，并对律师的选择给予理解和尊重，而不是去责怪律师，这充分体现了卓建高层领导人宽广的胸襟气度。因此，哪怕律师离开了也还和卓建是朋友，甚至以后还可以“再续前缘”。

比如，卓建曾有一位实习生经过大学导师的推荐，到某红圈律所做了助理。这位实习生就是后来从某红圈律所重回卓建的青年才俊吴疆律师。因为吴疆是转道卓建去的某红圈律所，创始合伙人张斌在吴疆走时曾经预言：“说不定这就是一个‘飞行’计划。”令人欣慰的是没想到真被言中了。其实，创始合伙人张斌的预言实现并非偶然，因为类似的“律师离开卓建又再回来”的例子不止发生一次。这也充分证明了卓建不仅有爱才惜才的可贵情怀，更有筑巢引凤的超强实力。

3. 多渠道的招聘方式

卓建对于管理人员储备和关键岗位人才的招聘，首先采用内部竞聘方式进行选拔；其次借助校园推荐；最后鼓励内部员工推荐和通过社会招聘（包括网络、合作伙伴推荐等）吸纳有经验的社会人才。同时，卓建合伙人众筹投资了法律人的招聘平台——律菁英，还与招聘网站（智联招聘，中华英才网）和多家高校建立了合作关系，为卓建的人才储备奠定了基础，不仅扩大了应届生的就业选择，同时也缓解了社会的就业压力。

（三）卓建招聘系统的完善

为了支撑卓建的战略目标，进行新领域的业务突破，以及完善卓建的人力资源管理系统，卓建计划未来在以下几种类型的人才引进方面加大力度：行业领军人才；专业业务领域人员；专业管理人员。

卓建认为，领军人物是一个团队的核心，是团队的灵魂。领军人物的引导作用和示范效应，以及给团队成员带来的信心，将对团队的发展具有深远的影响。同时也会提升律所名气，使律所获得更丰富的资源。引进专业业务领域人员的考虑，主要是基于目前卓建还存在一些未突破的业务端口，比如资本市场业务，税务、涉外等业务领域，因此还需要更进一步吸引专业领域的人才加入卓建，以此完善卓建律所的业务团队和方向，助力卓建的业务朝着更加专业化和高端化的方向发展。此外，卓建也意识到了引进专业管理人员的必要性。人才是律所的核心要素，要把优秀的人才吸引进来并留住，让不同的人才聚集在团队里齐心协力为了共同的目标进行奋斗，难度非常大。对于卓建而言，这些律师毋庸置疑都很优秀，在处理法律问题方面非常专业，但是律师在管理方面缺乏专业知识，因此卓建希望借助专业管理人员的协助，打造出更强的团队。

为实现以上规划，卓建已开展了初步行动。如卓建通过业委会业务指导委员会成立了资本市场业务组，积极开拓相关业务。卓建的 10 个业务部门成员、10 个专业委员会委员也在持续推进卓建战略目标的落地实施。此外，卓建针对未来战略规划的实现，计划引进更多的复合型专业人才。（见表 9.10）

表 9.10　卓建战略规划项目人才需求与人才引进

战略规划项目	人才需求	人才引进渠道
业务拓展	专业能力强，具备跨行业专业知识的律师	招聘、内部选拔与培养
人力资源发展战略	具备人力资源管理、人才培训能力与经验的律师	招聘、内部选拔与培养
战略布局	具备全面规划与统整能力的合伙人律师及顾问	招聘、内部选拔与培养、聘请顾问
律所管理	具备丰富的组织管理经验的合伙人律师及顾问	招聘、内部选拔与培养、聘请顾问
文化发展	具备丰富文化素质及强烈的文化认同感、责任心的复合型律师	招聘、内部选拔与培养
品牌建设	具备品牌推广能力的律师	招聘、内部选拔与培养
业务拓展	具有业务营销与拓展能力的律师	招聘、内部选拔与培养

相信通过这些规划的落地实施及持续改进，卓建律所未来将会实现从行业大所向行业强所的迈进。

四、卓建的人才培养系统

鲁迅曾说："在未有天才之前，须有培养天才的土壤。"律师是律所的人员，是律协的会员，是司法行政队伍的重要成员，因此，以上各主体都承担着对律师的培养责任，是培养律师人才的"重要土壤"。

其中，培养律师人才最重要的"土壤"当数律所。这主要是由法律工作的特点决定的。"法律的生命不在于逻辑，而在于经验。"美国现代实用主义法学创始人霍姆斯的这句名言不仅揭示出法律的实践性特征，而且为培养法律人才的实践能力提供了理论依据。

虽然我国大部分院校都开设了法学专业，从法学学士到法学硕士和博士，形成了完整的教学体系，但大多模式相同，教学内容相似。在这种通才教育的理念下，导致所培养的法学专业人才的知识结构难以建立起来，专业技能得不到提升。因此，这种法律人才供需之间的矛盾，依然需要律所来解决。

律所作为律师执业最基本的场所，它在培养律师的实践能力中起着根本性的作用，且律所作为培养律师专业人才最直接的获利者，也具有培养律师专业人才最原始的动力。

纵观那些成功进入国际法律服务领域的律所，都有着成熟的律师培养制度。因此，律师作为律所长远发展的基本保障，怎样强调律所对律师进行培养都不为过。那么，我国律所对律师专业人才的培养现状是怎样的呢？

中国现在的律所大都采用传统提成制。律师与律所事实上形成的是一种挂靠关系，业务上没有太多联系，并不具有合伙组织内部的紧密性。在这种关系下，律所对律师人才的培养会仅停留在口号上，缺少行动支持，由于律所的合伙人都是从提成律师转变而来，习惯于松散的组织，把现有的存在当成了一种合理状态，很容易形成思维惯性，因此难以从现有体制架构中寻找到突破点，专业人才的培养也就成了空谈。

改变这一局面必然要从一体化中进行突破，这将是律所发展的转折点。卓建所的一体化管理体系，打破了合伙人各自垄断案源的局面，律师和律所不再是简单的挂靠关系，而是成为律所有机的组成部分。合伙人的身份向管理者转变，要提高律所承办案件的质量，势必要培养律师专业人才，而培养律师专业人才这个过程也在潜移默化地巩固一体化管理体制，因为今天接受培养的对象，明天可能就是律所的合伙人，他们是新制度体系下的直接受益者，必然会沿着这条道路发展下去，所以说，卓建一体化管理体系是律师专业人才培养的合适土壤。

（一）培养土壤——学习文化

1. 学习文化对培养人才的重要性

卓建认为，律师是专业人士，其工作是解决各种纷繁复杂的社会矛盾，既需要有非常专业的法律知识和服务技能，也需要有非常广博的社会知识、经济知识、科技知识，因此，律师行业是一个知识密集型行业。这些知识与技能的获得必须通过长期、系统的学习才能获得和巩固。面对浩瀚的法律文献和法学著作，再有天赋的人也无法不通过艰苦的学习而自动掌握，律师只有通过不断的学习，才能了解社会对法律服务的需求，才能掌握最新的法学理论、法律规定、司法政策、服务技能，才能为社会提供有针对性、有时效性、有价值的法律服务，所谓的“一招鲜吃遍天”已经不再适用。许多曾经非常有名的律师之所以雄风不再，就是因为不注重学习，导致知识和技能的老化，难以适应时代的发展。在实践中，经常有律师在办案时引用已经过时的法学理论和已经废止的法律规范，这不但会损害律师界的声誉和形象，而且会给服务对象造成误导和重大损失。因此，律师必须要有持续学习、主动学习的精神，这是对律师的培养取得良好效果的前提，不然，即使律所提供再多的培养机会，律师本人不努力，也是徒劳。所以，建立一种学习文化，提高律师的学习主动性，促进律师之间的相互学习，是律所适应社会发展所必需的。很难想象一个没有学习文化的律所能够有生命力——一个知识贫乏的律师或律师团队，就像一个没有武器的士兵或军队，根本无法在战场上立足。

2. 卓建的学习文化

卓建学习文化遵循如下原则。

（1）全员学习的原则

律所的学习应当是全体成员的学习，学习的主体包括合伙人、普通律师和辅助人员，不能只是个别人或部分人的学习。在这个方面，律所的负责人、高级合伙人，要发挥模范带头作用，使全所成员认识到学习的重要性，树立学习的主动性和自觉性，创造学习的良好氛围。通过全所上下的学习，带动全所成员在知识水平、实践能力方面的提升，使整个律所保持积极向上、努力奋进的态势。

（2）全面学习的原则

全面学习是指在学习的内容方面要尽量宽泛，要点面结合，以期全面提升律所成员的综合素质和能力。首先是知识方面的学习，不应只局限于律师专业知识，还应该包括政治学习和与执业密切相关的社会知识、经济知识的学习；其次是能力方面的学习，不仅是对具体办案能力的学习，还应该包括营销沟通能力、掌握和利用工具的能力、演讲能力、写作能力、领导能力、协作能力、管理能力等能力的学习；最后是为人处世、待人接物等情商方面的学习。

（3）重视学习能力的培养

把学习能力的培养当作律所学习文化的重中之重。所谓“授人以鱼不如授人以渔”，只有全体律所成员的学习能力得到了提升，才能提高学习的效率、取得更好的学习效果，才会更加激发大家的学习热情。因此，律所在构建学习文化的过程中，要着重加强学习能力特别是自学能力的培养，寻找律师学习的规律，帮助大家改进学习方法。

（4）集体学习与个人自学相结合

律所如果能够组织经常性的集体学习，固然是求之不得。但鉴于律师的工作性质，这样的学习很难保持很高的频率，如果集体学习过多，反而会成为大家的负担，效果未必会很好。而律师的自学有非常大的灵活性，可以充分利用工作的间隙以及其他闲暇时间，可以采用各种各样的方式，这样既不会给工作造成困扰，也会起到“积跬步以至千里”的效果。因此，律所的学习应该坚持集体组织与个人自学相结合的原则，以成员个人自学为主、集体组织学习为辅。

（5）系统性与计划性相结合

律师的学习应当要有系统性和计划性。所谓系统性，是指律所对学习有系统的规划与安排，学习的内容要系统化，要围绕全面提升律师的业务能力和综合素质展开，通过学习建立属于自己的、适合本身业务发展的知识体系。律师的学习如果缺乏系统性，只会得到碎片化的知识和信息，难以对工作带来帮助。同时，律所的学习要以科学合理的学习计划为指引，要制定总体目标和阶段性目标。律所要有律所的学习培训计划，团队要有团队的学习培训计划，成员也要有自己个人的学习培训计划。

在以上原则的指导下，卓建把学习文化的建设作为律所的战略规划之一，为此设立了培训与律师发展委员会、卓建律师学院等来贯彻全员学习和全面学习的战略规划。

3. 学习文化下的人才培养效果

卓建对学习文化的重视和坚持，取得了一系列的成果，最直接的就是为卓建培养了一大批人才，为卓建的健康、蓬勃发展提供了坚实的保障。

卓建对学习文化的贯彻，特别是以青年律师为主要培训对象、向全市律师开放的战略以及浓厚的学习氛围，使卓建的青年律师迅速成长，也吸引了许多所外的青年律师参加学习，卓建被业界誉为“青年律师成长摇篮”。基于卓建学习文化的辐射效应，卓建还吸引了大量青年律师的加盟，使卓建律师从建所之初的5名增加到300多名，其中，青年律师占据了绝大多数。

很多青年律师都从卓建的学习文化中受益，这里仅举一例。

卓建律师李国民曾被卓建律师的使命感和求知欲深深感染，他说，“看看每天下班后办公室仍然灯火通明，那是卓建人正在不断汲取新的专业知识；是卓建人正在为提高律师的服务质量而不懈地努力；是为满足不同当事人不断提升的法律服务而耕耘。正是他们时时提醒我，千万不可懈怠，否则，随时会被这群‘90后’超越。卓建的小伙伴们时时充满着梦想与激情，有着憧憬和向往，热爱学习，是他们激励着我不断前行。”“很多人在下班后、节假日里在休息、在放松自己，而卓建人却出现在民断是非的辩论会上，出现在卓建论道的演讲台上，出现在业务交流会上，每一个分享，都是卓建人自己的经验总结。卓建律师学院是我们每一个卓建人成长的平台。我们的小伙伴们如雨后春笋般不断地超越自我。”

（二）制度保障——多渠道的人才培养方式

在卓建学习文化滋养的基础之上，卓建以“卓建律师学院”和“卓建论道”为核心，构建了“专业、系统、持续、有效”的律所内部培训机制，建立了员工入职培训制度和合伙人提升培训机制，使之成为带动卓建未来发展的重要引擎。

卓建的培训规划为：在“三五”发展规划期间内，将继续发扬卓建的“学习文化”，完善以“卓建律师学院”为核心的培训体系，鼓励利用互联网进行培训和学习，打造“线上卓建律师学院”。通过制度化的培训机制，吸引才人，培养人才。以培养为主、以引进为辅。

1. 培训体系

卓建用制度保障各项人才培养规划的实施，使人才培养一以贯之，将人才培养真正落到实处。

首先，卓建制定律所年度培训计划，并根据年度计划制作月度培训计划，按照相应的流程组织实施。在专业培训上，卓建设立了卓建律师学院，开设了“卓建论道”“青年律师成长之路”等各种课程，为执业律师、实习律师、律师助理等提供优质的法律理论及实务培训，致力于全方位提升执业律师的专业素养，培养优秀的律所人才。

其次，根据业务领域的不同，卓建所划分了10个专业委员会，所内成员根据业务方向自愿报名加入，通过专业委员会给予所里的10个业务部门提供业务指导，进而有效地提升法律服务质量，强化业务协作，促进律师的“专业化”和法律服务的“精细化”发展。卓建制定了《广东卓建律师事务所入职手册》，收录了事务所章程、组织架构、日常管理制度、卓建文化、执业道德和纪律、晋升及惩戒机制等内容，并按月组织新入职员工进行培训和考核，考核通过后核发证书。

2. 培训与律师发展委员会

卓建把学习文化的建设作为律所的战略规划之一，为此设立了培训与律师发展委员会。培训与律师发展委员会由若干高级合伙人、普通合伙人、律师组成，专门负责律所培训与律师发展工作的组织与开展，制定律所的学习、培训计划以及相关制度。培训与律师发展委员会的年度工作计划要报经管理委员会讨论和批准，其工作成果要在每年接受管理委员会的考核、评定。培训与律师发展委员会的成立，使律所的学习有了坚强的领导机构，使“有组织的学习”成为现实，极大地推动了律所学习热情的提高，提升了学习效果。培训与律师发展委员会也多次荣获律所的“最佳团队奖”。

广东卓建律师事务所学习培训制度

第一条 目的

根据《律师法》第二十二条“律师事务所按照章程，组织律师开展业务工作，学习法律和国家政策，总结、交流工作经验”之规定，为不断更新知识，适应律师业务发展需要，提高律师办案质量和业务能力，进而提升本所的竞争力和品牌，把本所建设成一个学习型组织，制定本制度。

第二条 定义及适用范围

本制度所称的学习培训包括：本所的卓建论道、本所部委/专业委/各团队内部论坛、卓建律师学院培训、深圳市律师协会组织的业务培训、本所所聘请的专家培训、中华全国律师协会及社会机构组织的培训、其他行业协会或市场主体的培训、与其他机构之间的交流培训、针对新入职人员或者行政财务人员的专门培训等。

本制度适用于本所的全体律师（包含律师助理，下同）和员工进行培训学习的活动。

第三条 职责

本所要求：本所每一名律师针对自身专业和精通的业务领域对其他律师进行介绍和交流；本所每一名律师和员工应积极参加深圳市律师协会或者其他组织举办的相关培训。

本所倡导律师应不断加强学习，强化自身业务领域的优势，学习律师执业技能、技巧与相关实务，将自身锻炼成一名优秀的律师。

第四条 负责落实

本所培训与律师发展委员会总负责学习培训工作，本所一体化运营中心密切提供支持和帮助，各专业委员会、各部门、各团队积极配合。

第五条 考核

本所培训与律师发展委员会有权制定相关细则。

学习培训工作与本所公共积分制度挂钩，是考量本所律师和员工公共贡献和专业能力的重要指标。

第六条 内部学习培训

1. 内部学习培训仅针对本所律师和员工。

2. 本所培训与发展委员会负责内部学习培训工作，每年年初根据不同的学习培训对象分别制订计划，严格落实。

3. 内部学习培训主要包括如下内容：

（1）行业执业规范、纪律和道德操守；

（2）新的政策、法律、司法解释等；

（3）执业技巧与律师实务操作；

（4）具体专业方向培训；

（5）本所的规章制度、文化理念、专业方向等。

4. 学习培训对象分为两类：一是全体律师，二是行政、财务人员。

5. 学习培训方式应多样灵活，与本所文化建设相互结合。

6. 学习培训的主讲人可以是本所人员，也可以根据培训计划适时邀请部分专家学者。

7. 每次的学习培训均应有明确的主题，该主题应提前公布；且应确定主讲人，其他参与人也应进行充分准备，发表自身观点和意见。

8. 鼓励对每一次学习培训，均应有总结综述，形成成果，并载入本所所刊。培训成果的发表记入考核。

9. 鼓励本所各部委/专业委/各团队的内部学习培训有条件地

对本所人员开放；若是律所层面组织的专门学习培训，除非出差、重大客户会见、其它紧急特殊情况等则培训对象必须参加。

10. 本所鼓励律师走专业化，在自身专业领域精耕细作，实现各个专业百花齐放、百家争鸣。

第七条 外部学习培训

1. 外部学习培训指本所人员在外参加非本所举办的学习活动。

2. 本所鼓励本所律师参加其他社会机构组织的专业培训。符合下列条件的，可由本所承担培训费用：

（1）符合该律师专业发展方向；

（2）本人提出申请，合伙人会议审批；

（3）主管机构或行业协会举办的培训将优先考虑；

（4）本人与本所签订《培训服务协议》；

（5）通过培训考试，取得相应资格或证书。

3. 培训费用一律由受训律师先行支付，培训结束后持培训费用发票、结业证书或资格证书、培训服务协议到所里报销。外部的交通费用也可报销。

如无法通过培训考试，未取得结业证书或资格证书，则培训费用由受训律师负担。

4. 如受训律师违反培训服务协议的约定，中途离开本所，应按《培训服务协议》的约定承担违约责任。

5. 为增加专业优势，本所将尽力建立专业协作团队单位，积极开展外部交流与合作，为本所律师提供外部交流的机会。

6. 本所鼓励律师出国交流与培训，且将尽其可能提供便利条件。

第八条 本所鼓励律师进行学术探讨，撰写研究论文，培养浓郁的学习氛围。对在本所杂志或在公开学术刊物上以本所名义发表论文的，给予适当物质和精神奖励。

第九条 本所通过所刊和网站的建设，为本所律师提供业务学习和交流的便利。

第十条　培训纪律与考勤

1. 本所的内部培训与的外部培训及交流应予以考勤，具体本所培训与律师发展委员会负责。考勤结果提交给本所一体化运营中心，记入律所考核。

2. 学习培训应当注重实效，转化为书面成果进行发表。本所培训与律师发展委员会应当不断提升学习培训的系统化，以及学习培训的专业化和针对性。

第十一条　本制度由本所高级合伙人会议审议通过后生效实施。

第十二条　本制度授权本所培训与发展委员会负责解释。

3. 建立卓建律师学院

为了将卓建打造成一个学习型组织并使这种学习长期化、制度化，卓建设立了卓建律师学院，作为建设学习文化的主要平台。卓建律师学院的授课老师既有来自本所的业务专家，也有外聘的专家、教授，同时还聘请了部分知名专家担任律师学院的顾问。

4. 开展“双百”“十千”计划

卓建在“三五”发展规划期间推行“双百”“十千”计划，针对两项业务发展计划的候选执业律师和团队负责人，卓建对其加强在业务方面以及管理方面的培训。该计划的目标是到2022年，培养100名业务年收入超过100万元的执业律师，培养或引进10个业务收入超过1000万元的专业律师团队。（见图9.6）

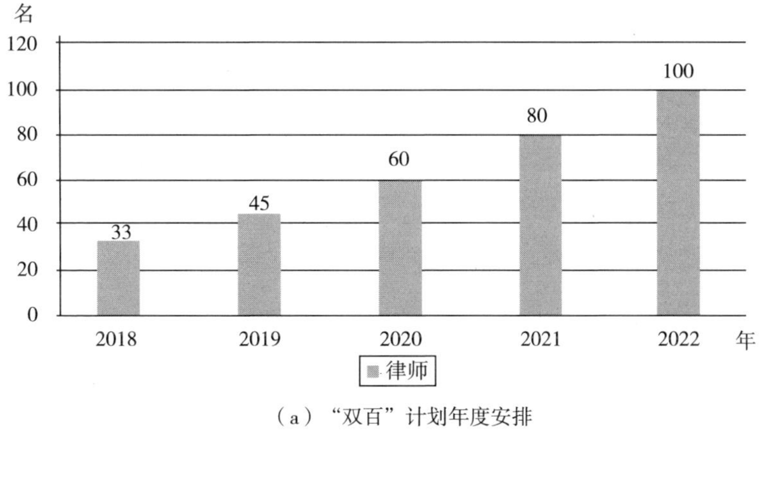

（a）“双百”计划年度安排

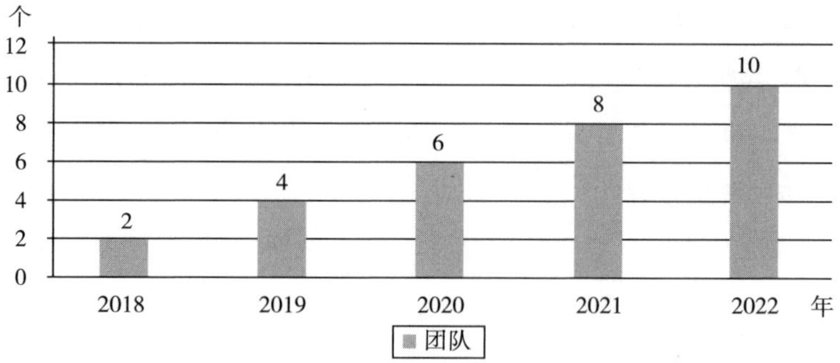

（b）“十千”计划年度安排

图 9.6 “双百”“十千”计划

5. 建立导师制度

卓建建立了导师制度及 1 +1 结对子帮扶制度，对青年律师、团队带头人、领军人才、“双百”人才进行培养和指导，致力于打造与员工共同成长进步的平台。卓建鼓励各专业部门、各团队根据自身的实际情况，定期召开部门业务交流会，鼓励各专业部门定期就本部门业务领域所涉及的法律法规、理论前沿及实务问题进行研讨和学习。

6. 继任计划

卓建一直关注与培养卓建的继任主任人选，确保卓建能平稳发展。卓建在选任管理委员会成员时就特别注重年龄占比，将老中青相结合。卓建通过组织领导力培训、推荐参加领军人才学习、推荐担任律协专业委领导职务等培养后备领导者，保证卓建领导层的培养有效，后继有人。

7. 青年律师支持计划

随着卓建的发展壮大，人员数量增多，青年律师在卓建占了很大比例，他们代表着律所的未来。但是，由于执业经验欠缺、社会资源不足等原因，青年律师的生存与发展面临着严重的困难，卓建本着以人为本、面向未来的原则，制订了青年律师支持计划，支持培养青年律师成长，主要内容包括：设立青年律师支持基金；在律所管理费、办公费用收取方面给予青年律师优惠；开展“青年律师成长之路”的系列专题讲座，把对青年律师的业务培训作为全所培训工作的重点；在参与行业管理、律所管理的各项活动中，优先鼓励青年律师参与，组建以青年律师为主体的“卓建辩论队”，拓宽他们的成长空间；开展“卓建造星”计划，从青年律师中选拔优秀人才予以重点培养；积极吸取优秀的青年律师加入合伙人队伍，代表青年律师参与律所的战略制定和管理决策；律所统筹成立小额诉讼案件中心，给青年律师案源支持，以此来扶持、支持青年律师的成长。

（三）培养创新——卓建律师学院

在前文介绍的卓建的人才培养体系中，提到了卓建律师学院，这是卓建人才培养体系的一大创新。下面将详细介绍。

1. 卓建律师学院的由来

卓建创始合伙人团队在立所之初就充分认识到建设学习型律所的重要性和必要性，为了将卓建打造成一个学习型组织并使这种学习长期化、制度化，卓建自建所之初就初步确立了建设卓建律师学院的发展目标，由于初期律所人员较少，自第二个五年规划期即2012年起，卓建正式成立了律师学院，由当时的培训与纪律委员会负责牵头，定期举办讲座、研讨会等学习活动。卓建律师学院的授课老师既有来自本所的业务专家，也有外聘的专家、教授，同时还聘请了部分知名专家担任律师学院的顾问。卓建律师学院的学习、培训课程不仅针对本所人员，而且向全市律师开放。

卓建律师学院开发了许多有特色的学习板块，比如以青年律师经验交流为主题的“同学讲堂”，以青年律师成长为主题的“青年律师成长之路系列讲堂”，以业务探讨为主题的“卓建论道”，以法律前沿问题为主题的“法律名人大讲堂”，还有以公司法业务为专题的“公司法特训营”（现扩展为“法律实务训练营”）等。（见表9.11）

表9.11　卓建律师学院栏目

序号	主题	板块	成立时间	面向对象
1	青年律师经验交流	同学讲堂	2012年1月	律师同行
2	青年律师成长	青年律师成长之路系列培训课程	2017年1月	青年律师

续表

序号	主题	板块	成立时间	面向对象
3	业务探讨	卓建论道	2015 年 6 月	卓建律师
4	法律前沿问题	法律名人大讲堂	2015 年 6 月	法律界人士
5	公司法业务	公司法特训营	2015 年 6 月	感兴趣人员
6	民营企业家	送给民营企业家十堂法律课	2019 年 3 月	民营企业家
7	客户维护	客户开放日	2017 年 3 月	卓建单位客户

其中，青年律师成长之路系列培训课程，是卓建根据所内青年律师成长的需要，适时推出的。本系列培训课程强调系统性和实务性，针对的对象主要是青年律师。卓建的“法律名人大讲堂”则是卓建针对法律实务界、法学理论界的热点问题，邀请国内外一流的专家学者举办的专题讲座。(见图 9.7)

图 9.7　法律名人大讲堂

“卓建论道”作为卓建内部的学习交流平台，每年汇集精华内容，出版《卓建论道》丛书。以下为卓建论道的部分课程目录。(见表 9.12)。

表 9.12 课程目录

序号	课　　程
1	私募投资基金概述及法律实务
2	法律案源开拓技巧之代理词
3	律师谈判实务
4	业主委员会的选举与举行
5	传统律师业务技巧拓展
6	学习美国律所的成熟模式
7	离婚案件中的房产分割问题
8	公司清算及破产法实务
9	中国律师的志愿法律实践及新雨计划中小学校园普法讲座
10	企业法律风险诊断方法
11	城市更新项目交易案例分析及项目建议风险防范
12	财产保险法律实务
13	夫妻财产分割 14 种模式及其运用
14	建筑工程之“签证与索赔”律师法律实务
15	房屋买卖法律实务系列一
16	房屋买卖法律实务系列二
17	房屋买卖法律实务系列三
18	美国行半月谈
19	企业法律风险管理前沿
20	如何开拓政府法律业务
21	物业公司的更换
22	律师如何办理资金监管业务
23	民间借贷法律实务
24	律师的专业化、团队化与个人分享
25	互联网金融法律问题的简要概述
26	律师业供给侧结构性改革
27	刑事辩护中认定犯罪故意的逻辑推理

续表

序号	课　　程
28	青年律师开拓新型法律业务的几点探讨
29	说说新三板的现状
30	浅淡律师职业
31	法律框架下财富保护与传承
32	刑事案件办案技巧分享

2. 卓建律师学院的设立目的

卓建通过设立卓建律师学院，开设“卓建论道”“青年律师成长之路”等各种课程，其目的有三：

第一是在卓建范围内营造一个良好的学习氛围，为法律工作者、实习律师、执业律师提供优质的法律理论及实务培训，致力于全方位提升全所执业律师的专业素养，培养优秀的律所人才，为卓建的持续发展提供力量；

第二是通过学习平台的打造，使更多的同行、法律工作者认识、了解卓建，扩大律所的影响力及学习文化的传播力；

第三是通过与高校教授、知名同行等嘉宾的学习、交流，构建更加良性的法律职业共同体关系。

3. 卓建律师学院的成果

卓建律师学院开展的系列学习活动，极大地营造了浓烈的学习氛围，吸引了一批优秀的律师加入卓建，也为卓建培养了一批又一批优秀的专业化人才，在卓建形成了良性循环的学习传统和文化，保障了卓建的专业化发展，有力推动了卓建与客户共同成长，为卓建的快速发展提供了坚实的专业基础。卓建律师学院部分系列课程面向全国的律师同行开放，已经成为深圳市一个法律行业学习、交流的平台。

卓建律师毛晶晶曾说：“来卓建的三年，是我飞速成长的三年。在自律的同时，卓建也督促着我成长。团队每周三安排集体学习，雷打不动；律所每周四晚上有‘卓建论道’，各路大咖在此为年轻律师分享各种经验；每周六下午所里组织不同层面的知识培训讲座。不断的实操，反复地钻研，才会使人成长。人都是有惰性的，但有这样的学习大环境，想不进步都难啊。来卓建后，我办理的绝大多数案件，都取得了较好的结果，受到了当事人的认可和嘉许，这无不与律所及团队给我的支持与鼓励有关。”

4. 建立卓建云律师学院

卓建在“三五”发展规划纲要中提出，为了提高培训的便利性和共享性，要完善以“卓建律师学院”为核心的培训体系，鼓励利用互联网进行培训和学习，打造“线上卓建律师学院”。将卓建的各类培训视频及课件汇集于网络学院，同时采购一些精品网络课程，搭建线上、线下一体化的卓建律师学院。

这样既可以保障听众在现场听，也可以通过网络在线听，并且支持随时听；此外，卓建还将建立卓建课程库，将全部讲座纳入课程库中。2020 年由于疫情原因，卓建提前感受到了“线上卓建律师学院”的独特魅力。

（四）培养成效及完善

在卓建全方位、多途径的人才培养系统下，卓建真正实现了律师与律所共成长的目标。卓建的培训覆盖率、培训满意度以及内部培训讲师比例逐年提高，律师也得到了良好的职业发展。（见表 9. 13、表 9. 14）

表 9. 13　卓建的培训成果

单位：%

指标名称	2018 年	2019 年	2020 年	2021 年
培训覆盖率	100	100	100	100
培训满意度	96	98	98	98
内部培训讲师比例	67	69	70	72

表 9. 14　卓建培训后律师职业发展成果

单位：%

指标名称	2018 年	2019 年	2020 年	2021 年
内部执业律师晋升率	6. 2	6. 4	6. 4	7. 0
职业资格获取率	97	98	98	98
受奖励人数比例	17. 5	20. 0	22. 0	25. 0
合伙人晋升比例	3	6	10	10

卓建律师谢艺萍回忆起卓建的培养时说："卓建的学习文化让我受益匪浅。记得刚加入融资担保团队没多久，有一家顾问单位一下子发来 20 多份合同需要修改。由于我对融资担保、质押、保证这些条款不是太熟悉，当时一下子就懵了。幸好，当天晚上的'卓建论道'是刘主任主讲'完美的合同'。真是雪中送炭，听完卓建论道之后，我对审理合同需要抓住的重点、要点，一下子就豁然开朗了，然后再看这些合同，就全是纸老虎了。"

袁婷律师也得益于卓建师徒制的培养，她说"在张帅律师的引领下，我初次接触律师职业，开启了人生新的篇章。起初我根据张律师的要求，按照所里的模板对案件进行归档整理，看着满柜子的案卷我不由得皱起了眉头……随后在张律师手把手地教导下，开始学习如何起草文书和准备诉讼材料。从起初需多次返稿修改到现在的几乎很少返稿；从起诉材料都不清楚有哪些，到现在能熟练掌握起诉材料的梳理和挑选。还记得，在张律师的带领下第一次到法院立案，连深圳各大法院的地址都不清楚，而我现在基本上都独立到法院办事……"

俞菁华律师也十分感激于卓建的培养："在卓建的一年时间里，我参与了很多投融资项目的尽职调查、出具法律意见、草拟相关协议等工作。尤其是团队内部每周的学习和例会、主任指导督促下研究课题写论文、团队案件的模拟法庭等，极大帮助了我们个人的进步。从接触客户后提交的项目建议书、报价方案到案件证据目录的整理装订、结案报告等，甚至于一份法律文书的字体、字间距等细节都有规范，让我养成良好的工作习惯并受益至今。"

十年躬耕，卓有建树。卓建以学习文化为沃土，以搭建的全方位的培养体系为支撑，以首创的"卓建律师学院"为引领，为律师的学习成长和知识更新提供了非常重要的平台。

五、卓建的激励系统

人力资源管理的终极目的主要是对个人潜力进行最大化的挖掘与开发，使其以下两方面的能力能够充分发挥：主观能动性、创新力，从而实现以下两个层面的目标：组织、个人。那么，律所要想有效实现其战略目标，就必须在以人为本的理念指引下，顺应律师和行业特点，制定有效的激励机制。

为什么公司制的律所现如今依然不能成为行业的主流业态？一个非常重要的原因就是它对律师的激励效果没那么强，对于极具个性和独立性的律师而言，公司制统一分配案源的做法不能充分发挥律师的才能。而传统提成制律所，虽然律师个人的工作积极性很高，但律师之间缺乏合作，律师与律所之间的联系也不是那么紧密，这就不利于知识的流动和积累，也不利于创新，同样无法很好地发挥律师的个人才能，因此以上两种形态久而久之都不利于律所的发展。

卓建一体化的运营模式，解决了以上的激励难题。一体化运营的理想状态是“律所团队化，团队公司化”。这种一体化为基础的激励制度，既调动了律师的工作积极性，有利于开发其业务能力，同时又能够解决那些单枪匹马解决不了的问题，具备协同性，促进了知识的共享和律师之间的合作，有利于律所的创新和长远发展。

（一）个人公共积分制度

由于律师执业的相对独立性，律所里边几乎每一个人都天生自带驱动力，都想把自己的业务做大做好，从而获得更多的个人利益。这从个人工作积极性角度来看是好事，但是从另一个角度看，如果大家都各自忙自己的业务，公共的事务没有人做，那么大家所依赖的公共资源的消耗将没有人补给，最终会出现公地悲剧的现象。而我国目前大多数律所，并没有像企业一样倾注专门的人力去从事公共事务的建设，因此，只能从合伙人、律师、律师助理中寻找、培养相应的人员。

为了避免公地悲剧的现象，防止少数的活雷锋独自奉献，卓建别出心裁，创造性地引入公共积分制度，号召、鼓励律所成员参与律所公共事务及文化建设。将参与所务、文化、公共建设及参加学习的行为通过积分量化后，与律所管理费用和公共资源机会挂钩，用经济杠杆和机会获得手段，促使人人参加所务、文化、公共建设并调动学习及分享研究成果的积极性，体现“有钱出钱、有力出力”的公平基础上的共建文化，克服了传统合伙人制度下律师“散兵游勇”、自扫门前雪的弊端。

卓建设立了公共建设积分考评制度，为公共积分制度的落实建立了机制保障。表 9. 15 为卓建律师公共建设积分考核分值明细表的部分内容。

表 9. 15　卓建律师公共建设积分考核分值明细

类别	序号	项目	分值/分	考核方式	说明	申报说明
纪律	1	违反行业纪律并受处罚的	-30	评定	每次	
	2	违反行业纪律并造成律所连带处罚	-50	评定	每次	
	……					
宣传	9	对外开展事务所宣传活动（非个人）	5	申报	每次，注明系卓建律所人员	活动拍照证明
	10	本所内部刊物、网站、微信、视频号、抖音号等平台发表专业文章（含合规研究院刊物、公号等平台）	5	申报	同一（类似）稿件按最高分加分	截图上传证明
	……					
业务	23	办理法律援助案件	2	申报	每件（封顶 30 分）	案件证明
	24	审核法律意见书、见证书、调查报告、外文审核	2	统计		截图上传证明（在金助理审核界面）
	……					
培训	43	组织一期《卓建论道》	8	登记	参与组织人员团体共获得	由培训委统一申报
	44	主讲一次《卓建论道》	5	登记		由培训委统一申报
	……					

从表 9. 15 可以看出，帮助律所宣传、参与律所的文化建设、参与培训、知识贡献等公共事务都可以获得相应的公共积分。卓建又将公共积分与律师的管理费、合伙人升降职、评奖评优以及资源分配等挂钩，以此来调动成员参与公共事务建设的积极性，落实公共积分制度。具体而言，卓建公共积分制度包括以下内容。

首先，个人公共积分直接与管理费的二次分配挂钩。积分越高，律师需承担的管理费就越少，甚至免除管理费。而积分低于平均数的，则将承担更多的管理费。

其次，个人公共积分与推荐对外学习、推荐担任律协等职务和年终的评优评先挂钩，在进行这几方面的选拔、推荐和评选时，同等条件下，积分高的优先推荐和评选。

再次，个人公共积分还和律所的资源分配挂钩。律所会将资源向那些积分比较高的人倾斜，因为律所规模大了，人员也比较多，但是资源是有限的，所以分配资源时会参考积分排名。比如有一些推荐优秀青年律师到律协学习的机会，在有多人竞争的情况下，卓建就会参考律师的公共积分，公共积分达到要求，所里才会推荐。另外，在选择新办公室的问题上，卓建也会按照积分排名排出个人选择权的优先级。

复次，个人公共积分和合伙人的升降级挂钩。卓建于 2019 年 3 月 31 日通过的《合伙人升降制度》中将年度公共建设积分作为合伙人入伙、升降的条件之一，从制度上确保合伙人参与律所公共事务及文化建设。如果要晋升合伙人，个人的公共积分必须要达到该层次的平均数以上。卓建里还曾发生过因为公共积分不达标而错失入伙合伙人资格的例子。

最后，公共积分在每个季度都会公示。这样如果律师看到自己的积分排在最后，从荣誉和自尊心的角度上来说也会鞭策他更多地参与公共事务。

在这些制度的保障之下，卓建的各项公共积分都逐年递增。（见表 9.16）

表 9.16　卓建年度积分情况

指标名称	2018 年	2019 年	2020 年	2021 年
积分总和	12,195.25	15,246.00	19,637.00	26,389.00
公益公共计分	1213.00	1823.00	2354.00	3772.00
培训公共积分	2849.25	2964.00	4786.00	6710.00
宣传公共积分	4384.50	5527.00	6809.00	8521.00
业务公共积分	3748.50	4950.00	5688.00	7386.00

总之，卓建通过《公共积分考核制度》，将参与公共事务管理通过制度

固化，使每一个人的切身利益与律所的公共利益挂钩，让自发的奉献变为自觉的主动行为。《公共积分考核制度》的建立，切实促进了律所的公共管理服务水平，让全体工作人员参与到律所的建设和管理中来，避免了“搭便车”的行为，让每个人的贡献与经济利益挂钩，与分配模式挂钩，与从律所取得的各种机会挂钩，从而有效地调动了积极性，将律所的绩效考核规范化、制度化，真正做到了共建、共享、共成。通过该种公共积分考核制度，卓建建立起优胜劣汰、能上能下、能进能退的良性发展机制，保持律所的活力及持续发展能力，通过考核的手段，使每一个人都参与到律所的公共建设中，从而提高了律所的一体化运营能力，借助这一平台，也实现了个人理想与团体价值目标的协同发展。

（二）绩效考核机制

律所人才考核机制的设计是为了避免执行过程中的随意性，让律师通过自己的努力，可以清晰地判断出自己的回报。正如律所发放年终奖金，是通过考核机制计算而来，而不是凭合伙人的喜好。具体而言，人才考核机制包括绩效考核机制、激励机制、晋升机制。绩效考核机制要建立量化的评价体系与激励机制，能直接对律师产生作用，设计好这一机制具有重要的意义。激励应当以绩效考核的结果作为重要依据，这是公平的基础。晋升机制是考核机制中不可或缺的，它的存在让人才看到了希望，也为人才铺设了成长阶梯，同时，通过这一机制也为律所选拔出优秀、高效的管理层，从而保证了律所持续、健康的发展。

卓建在创造性地提出公共积分制度的基础上，还建立了全员绩效考核制度。根据合伙人、律师、辅助人员等不同职位建立全方位的绩效考核体系，有效解决了过去“大锅饭”“平均主义”及“搭便车”等问题。

1. 绩效考核原则

卓建的绩效考核以部门团队和员工个人考核相结合的方式进行。部门绩效考核根据部门职责和考核任务（根据律所年度工作目标分配的部门任务）进行，部门考核可以半年进行一次也可以一年进行一次；员工个人考核以个人岗位职责和考核任务进行，员工个人考核可以按季度进行也可以每半年进行一次，当然也可以按年度进行。部门绩效考核结果和员工个人考核结果是计算员工绩效薪资、奖金、职位晋升以及其他待遇的重要依据。

对于绩效考核工作由谁负责，卓建是这样规定的：各团队负责人负责本团队各员工的绩效考核工作；部门负责人负责本部门下各业务团队的绩效考核工作；律所授权业务指导委员会负责业务部门的绩效考核工作。

对于员工的绩效，卓建在律所整体和团队两个维度实行绩效管理方法。其中，针对律所的整体管理，主要分为以下几个方面的内容。（见表 9.17）

表 9.17　卓建的绩效管理

名称	内容	适用对象	作用	考核周期	效果
公共积分制度	公共事务参与	全体员工	促进公共事务的管理	一年一次	公共事务有效开展
知识积分	知识共享	全体员工	促进知识的共享	一年一次	实现知识的充分共享
业务承诺书	业务保障	团队负责人	保障律所的最低收入	一年一次	律所最低收入有所保障
业务提成指引	业务提成	全体业务办理人员	给予团队办案的提成予以指引	每个案件办理完毕	给予律师团队业务提成以指导
专门专业委员会及部门的绩效考核	完成关键绩效指标	全体员工	评优评先	一年一次	组织绩效提升

首先，卓建创造性地引入公共积分制度，通过将参与所务、文化、公共建设及参加学习的行为通过积分量化后，与律所的管理费用和公共资源机会挂钩，用经济杠杆和机会获得手段，促使人人参加所务、文化、公共建设并调动学习及分享研究成果的积极性，体现“有钱出钱、有力出力”的公平基础上的共建文化。

其次，卓建通过建立知识管理考核评价体系，鼓励员工将办案过程中形成的文书范本、典型案例、办案心得、业务指引、价格目录等内容共享到律所的知识库中，根据共享内容的数量和质量，给予一定的公共积分奖励、物质奖励或荣誉奖励。该体系的建立有效地规范了本所的知识管理，提升了本所的知识共享水平，促进了律师之间的知识交流。

最后，卓建规定了团队负责人须向律所管理层签订业务承诺书，以保障该年度的最低业务量和业务收入，通过这种方式，律所管理层能够有效地在宏观层面把控整个律所的绩效管理。

考核积分除与当年的管理费挂钩核算外，在律所公共案源、评优评先、对外推荐学习、担任社会职务等方面的机会，律所都将积分与员工挂钩，即根据最终积分的高低，直接获得或丧失相关机会。例如，对于考核分值在前的员工，能够优先获得公共案源的办理资格、参加商业培训的资格以及上级、外部单位的评优争先、学习、考察的资格，甚至可以直接成为年度“卓建之星”。

同时，按照不同员工的职位层次，卓建还制定了合伙人目标责任制、律师动态化考评办法、辅助人员绩效考核管理办法等制度，用于各层次的绩效考评，并及时把评价结果反馈给相关责任人，以便于绩效的改进。

2. 人才晋升通道

根据卓建的职级体系规划，卓建对于员工的发展通道进行了清晰明确的划分。针对律师助理和实习律师层面，其晋升至执业律师的标准主要是根据律协考核结果，通常来说，只要实习律师通过了律协的考核，原则上都有资格成为卓建的执业律师。在卓建的《晋升制度》中是这样描述的：参照国际律所和国内成功律所的经验，本所将设置明确的职业体系架构，职务序列从低到高排列，逐级晋升。在职务级别晋升中更多地强调个人能力和业绩，同时兼顾服务年限，以便为律师和其他工作人员提供有规划的职业发展道路，也有利于明晰其未来的职业晋升路线，并推动其不断地提高职业技能。鼓励各团队结合自身的发展情况，对团队内部执业律师及律师助理进行分级管理。卓建不同职务职级晋升通道。（见表 9. 18）

表 9. 18　卓建的晋升通道

创始合伙人	行政总监	财务总监
高级合伙人	行政主管	主管会计
初级合伙人		

续表

执业律师	高级行政专员	高级会计
	中级行政专员	中级会计
	初级行政专员	初级会计
律师助理（实习律师）	高级行政助理	高级助理会计
	中级行政助理	中级助理会计
	初级行政助理	初级助理会计

对于执业律师向合伙人层面的晋升，则主要根据《合伙人升降级制度》的相关规定。一方面，该制度为律所各个层级的律师提供了公开、透明的晋升发展渠道，有效地促使律所的优秀人才不断发展和精进业务水平；另一方面，降级制度也督促和告诫合伙人律师不断地进取和精进，有效地抑制了玩忽懈怠卓建的《合伙人升降制度》，确立了各层级律师的晋升渠道，从制度上保障了律所的平稳、健康、可持续发展。其中，也确立了对管理委员会团队的考核标准，并由监事会对管理委员会团队进行考核监督，考评结果将决定管理委员会成员能否连任。

3. 绩效考核的效果

卓建在试行绩效管理全覆盖以来，绩效考核有效性高，考核结果被应用于薪酬调整、奖金分配、职位晋升、培训管理中，绩效考核表现优秀的员工不仅有着较高的基本工资、工资增长率以及年终奖，还可获得额外奖励。通过各项绩效与相关业务模块的管理活动，员工业绩得到不断提升。

此外，卓建的员工参与公共活动的程度与组织绩效呈现正相关的关系，也就是绩效积分越高的团队，团队的业务收入也越高。员工通过参与公共事务，增强了其个人对组织的参与感和认同感，形成一种向心力，巩固了组织的愿景、使命和价值观。

（三）员工赋能

创始合伙人张斌在谈及管理理念的时候多次提到，律所要由管理向服务转变，律所作为一个平台，要能够为律师赋能。

谷歌创始人拉里·佩奇曾说：“未来组织最重要的不是管理与激励，而是赋能。”那么赋能一词的含义究竟是什么？从表面词义看，赋能的意思是赋予能力（enabling），它是一个相对泛化的含义。赋能一词最早源自积极心理学，旨在通过言行、态度、环境的改变给予他人正能量，以最大限度地发挥个人的才智和潜能。显然，这里的赋能意指创造环境，激发个人的潜能。不仅是赋予能力（enabling），从外部赋予个体能力，更是激发能量（energizing），激发出个体内在的潜能。拉里·佩奇所说的赋能，显然更接近于激发能量的含义。将积极心理学中的概念应用在企业管理领域，意指创造一个能够充分释放员工潜能的组织环境。这样的组织环境显然有别于传统的组织环境。《重新定义公司》一书揭示了拉里·佩奇的管理之道，那就是“聚集一群聪明的创意精英，营造合适的氛围和支持环境，充分发挥他们的创造力，快速感知客户的需求，愉快地创造相应的产品和服务”。

赋能应用于企业管理领域，其核心是创造全新的组织环境，激发一线团队与员工的内在能量，敏捷适应环境变化。赋能组织中的个体与团队，把组织转变成为一个赋能型的组织，这是当下管理与组织的变革潮流。赋能组织是一个有机生命体。如果组织希望成为一个永续的组织、基业长青的组织，就必须把它变成生命体，而不是机器。

那么，如何创造赋能型平台，激发一线团队与员工的内在能量呢？卓建采取的激励办法是：授权、对创新进行激励、鼓励内部创业。

1. 一线团队授权

律所作为一个平台化的组织，“一放就散、一管就死”，如何协调和管理权力是一个难题。团队作为律所的基本业务单元，对于律所的发展起到了基础性的决定作用。为此，律所管理层将一部分权力下放给律师团队，既避免律师或者律师团队从律所管理层处夺去较多的权力，导致律所管理层被架空，又避免律所管理层掌握过多的权力，导致律师团队的灵活性较差。基于上述现实情况，卓建的管理层在向一线团队授权时进行了慎重的考虑，主要将员工的人事权、薪酬管理权和业务的开拓权下放给了一线团队。

2. 创新激励制度与措施

卓建律所营造了良好的创新文化，将创新理念融入卓建人的血液当中，通过多种形式鼓励人人成为创新者。

卓建律所创新理念与表现形式。（见表 9. 19）

表 9. 19　卓建所创新理念与表现形式

序号	创新文化理念	表现形式
1	卓尔不群，卓有建树	卓建所名体现
2	勇于创造，打破常规，实现创新与飞跃	LOGO 设计体现
3	卓建创新 16 阶	卓建创新宣导词
4	拒绝平庸、锐意创新	卓建誓词
5	再高的目标也能超越	卓建所歌
6	超越自我、追求卓越	卓建格言

为了培养创新意识，激励各项创新规划与计划的落地与实施，卓建律所还制定了被证明行之有效的创新激励制度与措施。（见表 9. 20、表 9. 21、图 9. 8）。

表 9. 20　卓建所创新激励制度与措施

序号	目标	制度	措施
1	服务标准化与新服务研发	法律服务产品创新大赛制度	1. 举行法律服务产品路演大赛 2. 法律服务产品目录更新
2	激发所内律师在各个业务领域的创新能力和创新意识	设立“业务创新”卓建之星荣誉称号制度	每年评选在各个业务领域创新意识强、并将创新意识运用于实践的一定数量的优秀律师，并给予一定金额的奖励
3	充分调动所内律师利用创新型知识成果的积极性，推进创新成果作用于实践	设立知识管理创新先进团队及个人评选制度	每年评选出一定数量的知识管理创新先进团队及个人，并给予一定金额的奖励
4	鼓励员工参与创新	合理化建议制度	对于采纳的合理化建议给予公共积分

表 9.21 法律服务创新大赛参赛作品

序号	年度	参赛作品名称
1	2019 年度（进入决赛的作品）	《知识产权保护工作站服务包》
2		《跨境投资 VIE 结构的设计与搭建》
3		《反向尽调投资机构法律服务产品》
4		《关联企业实质合并重整法律服务新产品》
5		《“租赁保”—工商业地产租赁及运营专项法律服务产品》
6		《公司股权优化》
7		《知识产权侵权市场清理》
8		《外资股权并购内资企业》
9		《章程法宝》
10		《行政处罚法制审核专项法律服务》
11		《专利竞争性情报分析》
12		《国有企业并购专项法律服务》

图 9.8 卓建之星

为促进法律服务创新产品的产生与切实落地，卓建所优先创新资源配给。不仅对参与法律服务产品创新大赛的优秀参赛者给予奖金鼓励，而且在法律服务创新产品的市场推广中加大资金支持力度，给予其市场推广机会及案源优先配给。

优先创新资源配给的具体内容。（见表9.22）

表9.22　卓建优先创新资源配给的具体内容

战略中的创新点	创新计划	资源配给
管理规划	建立公共积分制度	信息化支持 资金支持
	建立知识管理平台	
	实施大部制改革	
	设立一体化运营中心	
业务发展规划	创新型产品目录	资金支持 人力支持 技术支持
	推行服务精细化	
	创新服务方式	
	借助信息化手段，如金助理、大数据支持	
培训规划	实施“双百”“十千”计划	信息化支持 资金支持 人力支持 技术支持
	推行卓建法律云学院	
	推出青年律师进阶计划	
地区布局规划	完善律所区域布局	资金支持 人力支持
	与其他非法律机构建立战略合作	
	与法学重点院校深度合作	

在卓建的创新激励制度下，律所成员的创新潜能被很好地激发出来，取得了一系列创新成果。如开发了民营企业法律风险测评系统，开设了系列专业课程，还有如《匠心卓建》这样的经典案例汇编等，这些反过来又促进了卓建的创新氛围，使律师的才智在卓建这个平台上得到充分发挥。

3. 鼓励内部创业

对于律所而言，过于稳定的团队意味着过于单一化的发展方向，而偏安一隅的律所，则意味着会失去区域性的资源优势。针对上述状况，卓建鼓励执业律师发挥自己的能力，自行创建新型业务团队，并鼓励律师向全国各大城市开办分所。在这样的激励之下，卓建已经在全国开办了多家分所。无论是新型业务团队的建立，还是各地分所的开办，无不体现着卓建人的智慧与汗水，也验证了卓建高层领导人高瞻远瞩的激励智慧。

六、卓建的职员关怀

相比其他职业，律师这个职业承受了更大的心理压力，一是因为客户期待值高，案件不可能每个都赢；二是律师是与公平正义相关联的职业，有时候会承受较大的社会舆论压力；三是律师经常加班，在办公室的时候比较长，接待客户等对办公环境要求高；四是律师为案子常年在外奔波，经常三餐不继，身体健康状况普遍较差；五是律师作为提供专业知识服务类型的员工，工作独立性强，更需要律所层面的凝聚和融合。

基于以上职业特点，卓建通过制定权益保障机制、建立友好合作的组织氛围、畅通组织内的沟通渠道、重视员工反馈、举办丰富的文体活动、每年定期体检等多项福利措施，实施人性化管理，对卓建的律师进行关怀，提升了员工的幸福感。

（一）权益保障机制

卓建严格遵守国家的各项法定政策，制定了相关权益保障制度，为员工提供心理疏导、购买商业保险、组织集体旅游，优化办公环境。（见表9.23）

表9.23　卓建的权益保障机制

权益保障机制/方法	保障权益类型	保障对象	优化周期
工作环境优化机制	提供优质的工作环境	全体员工	一年更新一次（绿植优化、设计风格更改）
商业保险购买	防范职业风险及人身风险	全体员工	一年一次
关爱基金	员工意外风险	全体员工	长期
集体旅游	身心健康	全体员工	一年两次
体检	身体健康	全体员工	一年一次

续表

权益保障机制/方法	保障权益类型	保障对象	优化周期
心理疏导	身心健康	全体员工	定期
团购健身卡	身体健康	全体员工	年

（二）友好合作的组织氛围

根据律师工作独立性强所带来的压力，卓建在包容和谐的家文化、团队文化的基础上，通过举办年终总结大会、茶话会、部门会议，建立官方微信群等多元化的沟通方式，增强了律师的沟通与合作，建立起一种友好合作的组织氛围，保障了员工的各种诉求都有解决渠道。（见表 9.24）

表 9.24 卓建的沟通机制

沟通方式	沟通内容	时间
年终总结大会	通报本年度战略目标完成情况、各委员会、各部门工作情况及绩效考核结果	每年年底
茶话会	通报本年度的工作进展、进行工作总结，沟通联络感情等	新春、端午、元旦
拓展训练、主题演讲	听取员工对卓建的改进意见	中秋节前后
部门会议	部门工作总结沟通交流	各部门安排，每周或每月一次
卓建论道	业务交流	每周四
邮件、官方微信群	员工可以随时对律所的工作提出建议	随时

（三）重视员工反馈

卓建有着海纳百川、兼收并蓄的胸怀和风格，一向重视员工对于改善卓建发展的建议，并设置了多种渠道，如通过各种总结大会、QQ 群、微信群等即时通信平台、微信公众号留言、专人访问调查等方式收集员工建议。卓建合伙人长期开门办公，听取大家意见。专设职工监事收集大家意见。（见表 9.25）

解决困难。“在卓建大家庭里，付出早已成为习惯，奉献蔚然成风，互帮互助，抱团发展，早已成为卓建人的主旋律。”卓建对律师的真心关怀，也收获了律师的成长和对律所的忠诚，凝聚了人心，真正实现了律师与律所的紧密融合，共建共成。

七、团队管理

（一）团队管理的重要性

关于团队，美国组织行为学的权威斯蒂芬·罗宾斯认为：团队是指一种为了实现某一目标而由相互协作个体所组成的正式群体。杰克·韦尔奇曾经说过：“我的成功，百分之十是靠我个人旺盛无比的进取心，而百分之九十全仗着我拥有的那支强有力的团队。”任正非在一次讲话中也曾提道：“我后来明白，一个人不管如何努力，永远也赶不上时代的步伐，更何况知识爆炸的时代。只有组织起数十人、数百人、数千人一同奋斗，你站在这上面，才摸得到时代的脚。我转而去创建华为时，不再是自己去做专家，而是做组织者。在时代前面，我越来越不懂技术、越来越不懂财务、半懂不懂管理，如果不能民主地善待团体，充分发挥各路英雄的作用，我将一事无成。”博比·克茨认为，企业领导的责任不仅仅是考虑员工个人才能的问题，而是应该根据每个员工个人才能的特点，加以组织并形成团体协作力量的问题，没有团队协作的个人能力，就只能是局部的效应。

当今世界上的许多知名企业也都得益于高效的团队管理。宜家家居是世界上品牌知名度最高的公司之一，它所创建的团队文化更是独具特色，为他人称道，也是它成功的关键所在。宜家的招牌广告语是：“你不必富有，只需机灵。”它创造的团队文化也具有类似特征。为了鼓励团队成员间的高度融合和协作，公司并不给每个员工明确的岗位说明；相反，他们要求团队成员自己商榷讨论决定谁负责什么，该如何运作最为有效等，然后如此执行。团队的领导人也没有特殊的头衔，与他人平等相处，主要起协调沟通的作用，理顺团队并让每个人都能充满乐趣地工作。宜家团队的管理关键在于队员之间的互相磨合和默契，创造积极向上的、彼此信任和喜欢的团队气氛。

随着建设法治社会的不断推进，我国律师业的服务领域日益广泛与复杂，专业分工越来越精细。散兵游勇和单打独斗的服务模式已经难以适应现代律师业务的需要，团队化服务已经成为大势所趋。IBM 中国区总裁表示“现在已经是一个打群架的时代”。加强团队建设和发扬团队精神是律所必须考虑和解决的命题。然而，团队并非多数人员的简单结合，团队建设是一项非常复杂的系统工程，包括理念的契合、精神上的相互支持、价值观的认同、共同规则的制定和遵守、工作方面的合理安排与协助等。卓建所从建所之初就重视团队管理的作用，虽然卓建的专业团队建设时间还不算长，但已涌现出一批颇有实力的专家型律师，且卓建近年来创新成果颇多，吸引了不少同行前来取经学习。这充分说明了卓建的专业团队建设、专业水平得到了业界的认可。下面我们将从卓建的团队文化、团队发展定位，以及团队协作等方面分别介绍卓建在团队管理上的成功实践。

（二）卓建的团队文化

在社会诸多行业中，律师天生对自由敏感，独立性强，很多工作都是凭借律师一己之力达成，而且由于律师的工作时间灵活，工作地点更不受办公场所的约束，律师的集体归属意识、团队合作意识并不是很强。正因如此，我国律师业虽然蓬勃发展，但因为没有建立起优秀的团队文化，没有将思维转化成团队作战的模式，所以我国的很多律所很难与那些规模大、专业性强、具有国际竞争力的律所进行竞争。

律师团队合作执业，要求律所必须建立强有力的团队文化系统，加大自身的生存发展空间，事实也告诉我们存在时间长、发展快、规模化和执业能力较强的律所普遍都有较好的律师团队和律师团队文化。可以说，团队文化是团队的灵魂，只有形成良好的团队文化，才能促进团队的长远发展，进而促进品牌的形成与提升。

在团队文化的内涵及意义方面，卓建认为，团队文化的内涵包括形成团队组织效能的共同认知系统；团队成员都能认可的习惯性行为方式；隐含在团队价值观背后的基本假设系统；以及团队成员间达成的团队心理契约等。成功的团队文化建设，对于团队成员而言具有非常重要的意义，主要表现为以下几个方面的正面影响：（1）帮助团队成员培养良好的职业道德。成功的团队文化建设能够让团队成员形成趋同的价值观，团队成员受到正能量的文化熏陶，特别是在职业道德的养成上影响巨大，帮助团队成员养成良好的职业道德。（2）促使团队成员养成规范的工作习惯。成功的团队文化建设会注重团队工作制度的建设，通过团队规矩和规程规范团队成员的行为，促使团队成员养成规范的工作习惯。（3）使团队成员高度认同所在的组织，能够心情舒畅地工作。成功的团队会形成共同的团队使命、价值观及工作目标，团队成员之间的协同性较高、认同度较强，团队工作制度氛围较好，团队成员能够心情舒畅、主动自发地开展工作。（4）帮助团队成员规划和实现个人长期职业目标。在团队的照应下，个人目标置于团队目标之下，通过不断的总结、反思，团队成员能够清醒地认识到个人的优势及劣势，动态地调整自己的职业规划，从而实现自我超越，实现个人的长期职业目标。

在团队文化的建设方面，卓建认为律所的团队文化应该具备以下特点：（1）人本性。与其他组织不同，律师是律所最基本也是最重要的“资产”，这就对“以人为本”提出了更高的要求，团队建设必须围绕这一“资产”的保值与增值展开，要更多地考虑律师的内心感受和发展需求，要根据团队成员的业务特点、现有能力及潜力、性格特点等进行团队构建、制定团队发展规划。（2）包容性。律师属于专业人士，各有自己的执业特点、执业风格，有的律师专业能力强而营销能力较弱，有的律师营销能力强而专业能力较弱；另外，律师具备较强的独立意识，一般不愿意屈从和屈就，也有“此处不留爷自有留爷处”的自信和决断。因此，律所的团队文化应该具备较强的包容性，能够包容个性不同、执业特点不同的律师，能够为其个性张扬提供空间，而不能像军队、企业一样，要求整齐划一和抑制个性。（3）民主性。一般而言，一个团队会形成核心，这个核心在团队中居于支配地位，也不允许其他团队成员挑战核心的权威。然而，基于律师的职业特点和执业的独立性，律师更强调平等性和对自身权利的维护，既具备强烈的权利意识，也具备行使权利的知识和能力，家长作风和一言堂在律所团队中很难有市场，核心地位、权威并非绝对的。因此，律所团队文化应该有浓厚的民主性色彩，要允许、鼓励团队成员的意见表达和权利主张，形成民主决策的氛围和机制。(4) 回应性。琼·R. 卡扎巴赫和道格拉斯·K. 史密斯在《团队的智慧》一书中指出:“团队不是指任何在一起工作的集团。团队工作代表了一系列鼓励倾听、积极回应他人观点、对他人提供支持,并尊重他人兴趣和成就的价值观念。”这种回应性可以表现为三个层面:从纵向来看,上下层级之间指令的发布、接受、执行与反馈要顺畅,要通过流程化的设计保证回应性;从横向来看,同级之间的协作要形成交流、互动;从立体来看,在整个团队合作当中要形成同频共振、协作互补。

为了保障团队文化在律所内部的落地实施,卓建为团队文化建设提供了六大保障。(见图 9.10)

图 9.10　卓建团队文化建设保障机制

一是价值引导。团队文化建设,首先要发掘成员对团队的重要价值,并引领其认可公司的核心价值观。二是制度规范。团队建设需要精神力量的激励和引导,也需要有制度来规范和保障。团队的成员存在个体差异,理解能力、自律能力、行为风格各不相同,也会存在程度不同的惰性和自私倾向,因而会发生矛盾和利益冲突。在这种情况下,就需要团队建立内部争议解决机制,通过制定制度、规则来解决团队成员之间的争议和纠纷,排除对团队利益、团队和谐的干扰。如果没有制度作为先导和保障,仅仅依靠团队成员的道德力量,难以形成团队中长期而稳定的和谐局面,也难以形成团队成员之间的通力合作。因此,卓建在这方面通过一系列制度性文件和公司的组织架构,保障文化建设的落地实施。三是目标激励。团队建设一定要设定明确而深入人心的共同目标,让成员参与到目标的制定中,还要让成员知道团队要干什么、往哪里去。卓建将明确的战略目标作为旗帜和方向指引,并制定了具体的、切实可行的实施计划，将个人目标融入团队目标之中，起到了较好的激励效果。此外，卓建还强调团队带头人的领导推动作用、创造一种协同共生的组织氛围及提供资金支持。

（三）团队的发展定位

在合伙制的律所中，主要是由合伙人带着一个个团队在运作，每个小的团队都是一个创业中心，都具有创业者的特征。所以优秀的团队在发展过程中，也需要引入战略和营销思维，为自己的团队进行精准的定位，让自己的团队能够找到市场空缺，能够与众不同、别具一格，让团队在自己潜在的客户中占有不可替代的位置。团队在进行定位时，不仅要考虑团队本身的发展，也要考虑团队成员的发展，因此，在此理念的指引下，卓建提出了团队定位的“五协同”方略和定位六步法。

卓建提出的团队定位的“五协同”方略包括：（1）个人与团队愿景协同。（2）个人与团队成长协同。鼓励个人的发展与进步，让团队成员与团队共同成长。（3）长期与短期目标协同。远景目标与短期目标相结合，并能转化为团队成员的实际行动。（4）个人特质与团队形象协同。在尊重个人特质的基础上，善于塑造团队的整体形象。（5）守正与创新协同。不断修正团队的发展目标，树立团队的危机意识。

卓建提出的定位六步法包括：第一，要了解自己拥有怎样的定位。即自己在潜在顾客中的心智是什么。第二，明白自己想拥有怎样的地位。卓建认为，如果想满足所有人的要求，将会一事无成。最好聚焦自己的专业，让自己成为独一无二的专家，而不是什么都干的通才。第三，想清楚谁是自己必须超越的。对于市场领导者，最好不要进行正面攻击，绕过障碍比穿过它好得多。最好是选择一个别人没有完全占据的定位。第四，考虑自己有足够的资金支持，因为定位意味着需要投入。第五，问问自己能否坚持到底。定位需要的是积累。第六，审视一下自己，是否符合自己的定位。比如，广告、衣着是否与定位相符等。

以卓建的投融资律师团队为例，该团队在负责人的带领下，聚集了一批理论素养深厚、业务能力精湛、执业经验丰富的律师。卓建投融资律师团以

“投融资法律服务领域的领跑者”为愿景，以“公司治理、并购重组、证券发行、间接融资”为核心业务领域，在“专业专注专心”的理念指引下，凭借着具有深厚法学理论功底、复合专业背景、精湛业务能力和丰富实践经验的专业律师团队，为客户提供“高层次、高效率、高质量”的专业法律服务。多年来卓建处理了大量公司非诉讼及诉讼项目，积累了丰富的投融资法律服务经验。

（四）卓建的团队协作

前面我们提到，卓建的LOGO设计里融入了雁阵元素。根据仿生学家的观察，雁群的行为很有组织性和协同性：在领头雁的带领下，大雁呈“人”字形排列结队飞行，并且雁阵能够保持队形长期不乱，即使领头雁被猎杀或者受伤，也会迅速产生新的领头雁，带领雁群朝着既定的目标飞行。在飞行过程中，在领头雁的领导和指挥下，雁群往往能及时调整飞行方向，躲避现实和潜在的危险。雁群的这种组织性和协同性，带来了效率的提高。据仿生学家测算，雁群的飞行效率比单个大雁的飞行效率要高出30%。

管理专家们将这种有趣的雁群飞翔阵势原理运用于管理学的研究，形象地称之为：“雁阵效应”。“雁阵效应”带给人们的启示是：靠着团结协作精神，才使候鸟凌空翱翔，完成长途迁徙。雁阵如此，管理建设亦如此，唯有顽强拼搏、团结协作才能带领企业走得更远、更好。有了协调共融，阵中大雁就可以飞到单独飞行所达不到的地方。

“雁阵效应”揭示了管理工作中部门行为与全局行为之间的关系：这两种行为是相互影响相互促进的，全局行为的效能提高离不开部门行为的配合，例如，整个雁阵要飞得快飞得省力，就必须依靠每个雁子“位移”和“对齐”的配合；全局行为效能提高后也就能够保证部门行为效能的提高，例如，整个雁阵飞得快飞得省力后，每个雁子就可以借助其他雁子的羽翼所产生的空气动力，使自己的飞行得更快更省力。

在卓建团队文化的影响下，各团队负责人都非常重视团队建设，而且用心做好团队建设。就像卓建的律师何美华所言，团结建设，在我心里非常重要，就像我的胳膊一样，如果我怀着这样的心去进行团队建设，怎么会建设得不好呢？卓建借鉴雁阵效应的智慧，通过沟通协作，创建了良好的团队氛围。卓建在团队协作方面所做的具体努力如下。

首先，在人员的配置上，卓建提出了三级的金字塔梯队模式，认为这样最有利于团队的稳固和发展。（见图 9.11）

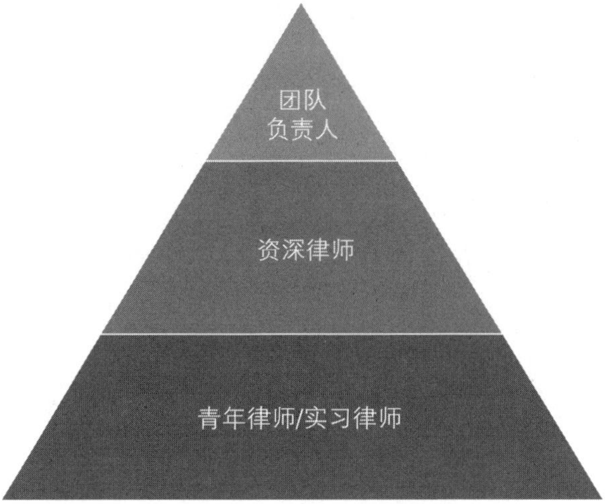

图 9.11　卓建的三级金字塔梯队模式

其次，卓建通过文化支撑、团队公约流程指引、岗位责任化团队作业标准化实现了合理分工、知识共享、防范了破窗效应，实现了高效的团队协作。

比如，在沟通方面，卓建通过早会或者周会，以及业余时间的谈话，建立合适的多渠道的沟通模式，实现了工作上的及时反馈和生活中的情感共鸣。

在协作方面，卓建引入“灵捷式”竞争理念，实现了全员合作快速响应客户需求。通过高效协作，可以聚集团队的力量解决疑难问题。卓建培养团队精神、形成补位意识，以强化团队的主动协作精神，全面贯彻协作性组织理念。

通过以上各项举措，卓建实现了管理界一直追求的最佳效果，即 1 + 1 > 2。近年来，面对新的形势，卓建又开始探索新一轮的业务团队建设，拟通过大部制的二次改革，使卓建在资源配置、业务协作方面更得心应手、游刃有余。

(五) 团队的分配机制

利益分配问题是律所必须面对的问题，也是团队建设的核心内容之一，如果没有合理的、具备激励能力的分配制度，则很难保证团队的和谐与稳定，很难促进团队的发展。

卓建的分配机制，主要贯彻以下原则：（1）重视当下。体现成果分享的及时性，调动团队成员的积极性。（2）着眼发展。不搞“吃光用光”，而是从每年的创收中提取一定比例建立公共基金，为律所发展及律所文化建设提供财力支持，解决了发展的后顾之忧。（3）义利兼顾。不以律师创收为唯一考核指标，而是综合考虑团队成员的不同贡献制定分配方案，充分体现团队成员的价值。（4）现实与未来兼顾。青年律师的创收能力有一个由弱到强的过程，而资深律师的创收能力可能会出现由强到弱的变化。因此，卓建的分配机制是让青年律师有未来的发展、让老年律师有未来的保障。

以招投标业务为例，卓建出台了制度性文件来保障分配规则的实施，在文件中具体规定了招投标业务承揽提成计提方式及标准：（见图 9. 12）

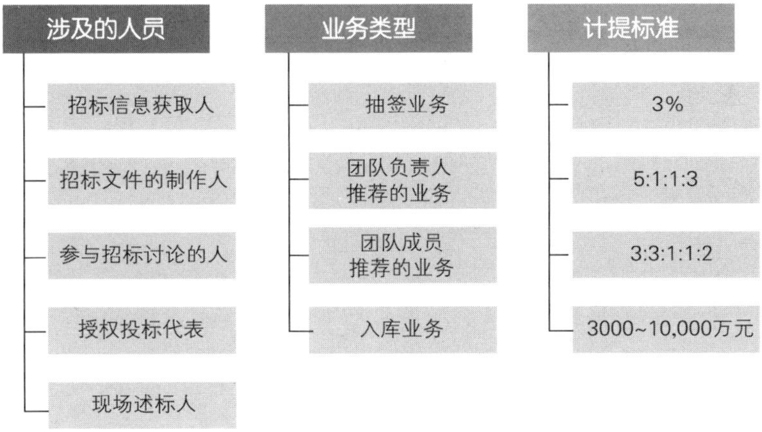

图 9. 12　卓建招投标业务承揽提成计提方式及标准

在团队的绩效考核方面，首先，卓建引入了能力评价报告以使团队负责人了解团队成员的能力情况，该评价报告主要包括对逻辑思维、语言组织、文书写作、法规运用、工作态度、人际关系这几方面的考核，评价方式分为自评和他评。其次，卓建通过公共积分考核制度，建立起优胜劣汰、能上能下、能进能退的良性团队发展机制，从而实现了个人理想与团体价值目标的协同发展。

卓建通过践行团队化管理，克服了传统管理模式暴露出的种种弊端，取得了良好的成效，改变了律师相互之间单打独斗、不甚紧密的现象，培养了律师的团队合作意识，增强了律师的认同感和归属感，符合律所发展大势，实现了律所发展的行稳致远。

第十章

专业分工　团队合作

传统的大型律所业务定位有两种方式，一种是以业务主体为单位，没有专业划分，每个律师或每个团队都是全能的；另一种则是以业务所运用的部门法为标准，如证券法、商法、刑法等进行区分，或是以客户所属的业务领域为标准，分为资本与证券、金融业务、房地产业务等。往往越大的事务所，对于上述细分领域的划分越精细，有些还会结合新领域或者热门概念，专门成立如“互联网+”“一带一路项目”等更为细分的团队。而中小型事务所或者选择其中几个领域深耕细作，或者以律师个人为品牌，不进行业务领域的细致划分。这些传统的划分标准完全是以客户为导向的，目的在于方便客户第一时间对律师和团队的业务能力产生信任。无论是以业务主体为标准还是以业务部门所运用的部门法为标准的律所，业务分工与跨界合作成为行业的一种必然发展趋势。业务分工与跨界合作是解决思维碰撞的最佳途径，跨界不是越界，是律师生存发展适应市场的必由之路。

一、为何要建立整合的业务平台

业务整合又称业务重组，是指针对企业发展过程中已有的业务进行调整和重新组合的过程。通常业务整合往往伴随资产重组、债务重组、股权重组、人员重组和管理重组等相关过程。企业发起业务整合活动是市场经济条件下的一种正常的企业行为。在律所中进行业务整合，主要是为了集中律所资源，发挥专业优势，在律所中培养有竞争力的团队，打破原来律所各自为战、一盘散沙的局面。

目前律所进行业务整合既是来自环境的要求，也是来自律所自我提高的需求。具体来说，律所业务整合具有以下几个方面的考虑。

第一，竞争激烈。律师人数的快速增长，让几乎所有律所都感受到了法律市场日益白热化的竞争。司法部官网统计的数据显示，截至2022年3月，全国共有执业律师62万人，与2018年年底相比增加了15.3万名律师，增长率达33%，同业人数的增加会直接加剧竞争。国企、央企、上市公司等对中介机构招投标的管理越来越严，使法律服务的竞争也越来越激烈。况且近年来，随着互联网的迅速发展，越来越多的行业正在向互联网转型。短短几年内，数十家法律电商应运而生。传统法律服务市场中客户与律师之间的信息不对称以及律师收费不透明、交易成本过高等问题给法律电商带来了契机，但同时给传统律所带来了很大的竞争压力。

第二，环境变化。2019年中美贸易战重塑了世界经济格局，给国内经济也造成了巨大的动荡，这也间接影响了律师业务的增长，很多律所业务停滞不前。另外，此次全球性的新冠病毒对全球经济造成了巨大打击，也给中国经济带来了极其负面的影响，尤其是对一些抗风险能力更弱的民营企业。大量的民企倒闭，不少民企在新冠肺炎疫情前一枝独秀，甚至能位列500强之首，新冠肺炎疫情后甚至要走到破产边缘。这种经济形势无疑让律所的外部环境不容乐观。相对于前20年经济的高速发展，律所所面对的客户遇到了很大的困难，依托于实体的律所发展也受到严峻的挑战。法律服务本身属于高端服务业，相对于实体经济，是一个辅助行业。法律行业快速发展的前提是经济快速发展、行业兴旺、投资火热、资金流转快，在经济的基本面向好时，法律行业才有更大的服务空间。在整体经济大势下滑时，律师行业肯定会受到不利的冲击和影响，这就要求律所必须进行服务创新和升级，以更好地满足顾客的需求。

第三，管理创新。伴随着律所的不断发展，不少律所也纷纷进行管理创新的探索，提高其抵御风险的能力，优化律所的整个运营机制。在此过程中，有的律所探索公司化运营的思路，有的律所探索一体化运营的思路。律所精细化运营是2019年中国法律市场的热词，在过去一年中以及2020年，律所管理体制、合伙人制度、分配制度等都进行了一定程度的调整。对于一个处在发展期的律所而言，迫切需要进行业务体系的梳理和整合，对律所的业务进行清晰的定位，寻找、发展出让律所与众不同、不可复制的专业优势和协力优势，从而让律师在市场中更有竞争力。

二、卓建的整合业务平台是如何运作的

卓建律所业务整合是一体化运营的重要方面。为了保障卓建顺利进行业务整合，卓建设置了业务指导委员会。如前所述，业务指导委员会不仅对律所业务的全程进行风险把控，还在律所内部制定了相应的制度确保业务整合后的高效运转。

（一）专业分工

为了推进专业化建设，卓建推行了“一主两辅”的专业化改革，鼓励每位律师、每个团队选择一个“主业”即核心专业方向，同时可以兼顾两个“辅业”，即辅助专业方向，鼓励人人有主攻专业方向，号召人人搞专业化。卓建在推进专业化的过程中没有搞“一刀切”，而是采取了循序渐进的方式，例如，律所鼓励和倡导“一主两辅”，没有搞“一刀切”，而是给了过渡期，过渡期之后，律所会强制“一主两辅”，即律师或者团队“一主两辅”以外的业务会强制分配给相应的专业律师或者团队承做。通过几年来的“一主两辅”实践，卓建涌现出了一批优秀专业律师和专业团队，他们的业绩实现了快速增长，律师与律师、团队与团队之间的横向合作明显增强，卓建的业务细分逐步深化，卓建的业务链越来越密实。

（二）大部制改革

卓建原有的部门建制是以团队为单元划分的，一个团队即一个部门，虽然也冠以某某部门，但事实上每个部门基本上都是综合部门，专业化的部门较少。为了推进专业化，卓建在专业分工的基础上推行了大部制改革。卓建的业务平台整合首先划分了10个专业领域，律所通过大部制改革，将全所划分为10个专业部门，每个部门对应成立一个专业委员会，10个专业委员会为对应的10个业务部门提供业务指导，有效提升了法律服务质量，强化

了业务协作，促进了律师的专业化和法律服务的精细化发展。卓建业务部的10个专业领域分别是公司法律事务部、刑事法律事务部、金融法律事务部、政府法律事务部、涉外法律事务部、房地产与建设工程事务部、知识产权法律事务部、劳动人事法律事务部、婚姻家事与财富传承法律事务部、争议解决法律事务部。每个律师或者团队进入相应的部门主要以其所选择的“主业”方向为标准，原则上以自主选择的主业进入相对应的部门。

（三）团队建制

卓建一直鼓励团队化建设，在大部制改革之前，卓建的团队化建设取得了成效，已经形成了50多个专业团队，形成了“大所小团队”的格局，推行团队化建设也是卓建快速发展的密码。但是由于团队化建设属于鼓励和倡导性的，仍然有近1/3的律师还处于单打独斗的状态，没有加入团队。为了进一步推进专业化建设，厚植专业化土壤，卓建在进行大部制改革的同时，强制要求每个律师都要加入团队，没有团队的人员要组建团队或者加入团队。大部制改革后，卓建管理的最小单元是团队，因此，要求所有人员都要加入团队，所有团队都要进入部门，这就形成了以部门为网兜，以团队为网格的新格局，每个团队都有团队负责人和团队秘书，团队负责人和团队秘书就是网结，目前卓建共有10个部门，50多个团队。

（四）业务合作指引

未来律师行业发展一定是团队化，但不一定是公司化。可以参考的模式是律所团队化、团队公司化。律所按照团队去发展，既解决了能让律师独立自主、调动律师积极性的问题，又能够解决一个人单枪匹马、单打独斗的问题，而且实际上我国现有大多数知名的律师背后都有强大的团队。在律所团队之间，律所律师之间合作，如何建立良好的业务合作机制是重点。

目前卓建共有50多个团队，这些团队大致可以分成三种类型：紧密型、半紧密、松散型。第一种是紧密型团队，类似于公司化管理，这种团队的特点是由1～2个律师作为团队的合伙人，其他人都由合伙人招聘，共同为团队服务，团队内部进行密切的分工合作。第二种是半紧密型的团队，这种团队的特点是律师们一起学习，一起进行产品研发，甚至一起进行市场开拓，共同承接的业务共同完成，而各自承接的业务既可以单独承办也可以合作承办。这些团队甚至可以使用公共的助理。第三种是松散型的团队，这种团队的特点是团队成员一起学，有困难一起讨论，有难题一起解决，但业务是独立开展的，内部也是独立核算的。

对于律所内部的业务合作，卓建所在建所之初就出台了业务合作指引。2019 年 3 月，卓建业务指导委员会总结多年实践产生的经验和教训，再次修订了业务合作指引，经高级合伙人会议审议通过后执行。该文件制定的目的在于建立和完善不同团队之间的分配机制与合作规则，充分调动本所人员的合作积极性，发挥律师、团队的专业特长及资源优势，推动团队化营运模式，并最终实现一体化运营的目标。卓建的业务合作指引在帮助团队成员有效合作方面起了重大作用。

合作指引中首先给出了一些关键内容的定义。什么是业务合作？业务合作是指各合作团队之间的业务合作，即合作团队共同开拓案源、相互介绍案件、合办案件、协办案件、指导案件、代为出庭等共同开展具体法律事务的内部合作方式。引案人是指利用自己的资源、优势、宣传、影响及社会关系能够为合作团队提供案源的律师、律师助理、行政人员等，不包括本所的专职客服人员。办案成本是在办理案件过程中实际支出的办案费用，如市外差旅费、交通费、调查费等合理费用，原则上以合法票据为准，若有特殊情况由合作团队协商确定。

合作指引中给出的原则包括以下几点。

1. 保障客户的合法权益和尊重客户意愿原则

客户合法权益最大化是律师代理案件的基本目的，合作案件应以最大限度地维护客户合法权益为原则寻找合作团队，在具体合作团队的选择上，应告知当事人，并充分尊重客户的意愿。

2. 保障引案人利益，鼓励合作原则

若客户提出新的业务需求，合作律师应如实告知案源律师，新业务由案源律师决定是自行承办、另和其他团队合作还是继续合作办理。未经案源律师的同意或许可，合作律师接洽的该客户的新业务收入仍属于合作业务，案源律师仍为新业务的引案人，有权按照本指引规定的引案规则获取引案分成。

3. 专业化、团队化原则

培养专业律师，提倡专业案件由专业律师团队办理。引案律师承接或洽谈的案件，属自身不擅长或不熟悉的业务领域时，为满足客户需要，保证办案质量，应当邀请所内擅长和熟悉该领域的律师团队合作办理，或将案件转交所内擅长和熟悉该领域的律师合作办理。引案律师不应在明知自己承办能力不足的情况下仍独自承办案件，否则，本所有权邀请其他律师共同承办或要求将案件转交其他律师承办。

4. 利益协商原则

合作各方的利益分配应当以本指引为参考，在兼顾各方利益的基础上由合作各方协商确定。

5. 勤勉尽责原则

合作各方应恪守律师职业道德和执业纪律，勤勉尽责办案，热情周到服务，善待客户，保持合作方之间的信息及时沟通，引案人不参与案件办理的，主办团队应定期（不超过三个月为一期）、定时（一般指案件有重大进展时）向引案人反馈案件进展及与当事人的沟通情况。因不尽职尽责造成的不良后果及损失应由不尽责一方自行承担；主办团队不尽职时，引案人有权单方终止合作或者要求更换案件的承办人。

6. 扶持青年律师成长原则

青年律师是律所发展的生力军，也是律所厚积薄发的储备力量，对青年律师的培养和扶持，不仅关系到青年律师的个人前途，也关系到律所的自身发展。合作过程中，合作各方应从有利于年轻律师成长的角度，多指导、多帮助，通过传帮带，促进年轻律师的执业技能提升。

针对合作利益分配问题，业务合作指引也制定了相应的细则。当然，各专业部门之间的合作分配、专业团队成员之间的分配，根据各自在案件中所起的作用，参照本指引执行。律所鼓励各专业部门、专业团队根据本指引形成各部门或团队适用之指引并报律所备案。因本所内部业务合作发生争议的，可向业务指导委员会申请调解，调解不成的，可提交业务争议解决委员会作出裁决。违反本指引且情节严重的，按本所有关纪律考核与评价规则处理。

（五）卓建协力团队

在卓建大部制改革后，在卓建文化、核心价值观引领下，卓建已经成长为全国性的律所，总部已有超过300名执业律师。同一部门及跨部门的团队之间的业务合作虽经常发生，但都是无意识的、随机的合作。随着人员的增多和专业分工的精细，团队之间虽然经常交流，也难免存在对彼此的业务范围、专业特长、产品服务和资源优势等不是太了解的情况。

2020年年初，全国爆发新冠肺炎疫情，社会环境及律师工作条件发生了重大变化，卓建春节放假之后的开工会议也不得不转为在线上举行。卓建所通过腾讯会议组织了多次头脑风暴会议，商讨应对方案。在一次合伙人头脑风暴会议中，业务指导委员会提出了“借鉴国际人脉引荐组织，打造卓建协力团队”的倡议，得到大家的一致认可。此后，管理委员会审核通过了《协力团队运行指引》，并成立了多个“卓建××协力团队”。多名不同部门及专业的卓建律师，本着“分工协作，相互支持，共同服务好客户”的合作理念，定期开会、相互介绍业务和产品、现场推荐客户及资源，并不时邀请可能与本所律师建立合作关系的注册会计师、资产评估师、银行证券等金融从业人员作为嘉宾，参加协力团队会议，以便于整合资源，打造紧密协作的团队。

卓建所通过打造协力团队成功地建立了一套内部协作系统，让无意识的合作变成有意识的合作，让随机的合作变有规律的合作，极大地推动了不同部门、不同团队之间的专业分工与协作。

（六）风险管理制度

律所的风险管理是指对律所或者律师在执业过程中违法违规违纪的管控，防止律所因此遭受制裁、处罚，承受财产损失和名誉损失。风险管理的目标是促进律所积极健康地发展，增强律所和律师的自我约束能力，实现律师行业的规范发展。在进行风险管理时，也要遵循一定的原则，第一是全面，风险管理应当涵盖律所的所有业务、行政部门，涉及全部合伙人、律师等。第二是独立，风险管理在机构设置和人员选择上应该具备独立性，防止受到不当干涉，以及遭遇利益冲突。第三是可持续，风险管理制度应当根据内外环境综合制定，既要着眼于制度变化，也要关注律所本身的特殊情况。

为了律所的稳健运营及保障服务质量，减少风险损失，律所实行统一的风险识别、评价、监测及控制，以结果导向推动法律服务一体化，提高客户满意度。律所设立纪律与考核委员会，隶属于管理委员会下属的 7 大专门委员会之一，主要负责全体律师的年度考核、风险警示以及违纪处理工作。（见图 10.1、表 10.1）

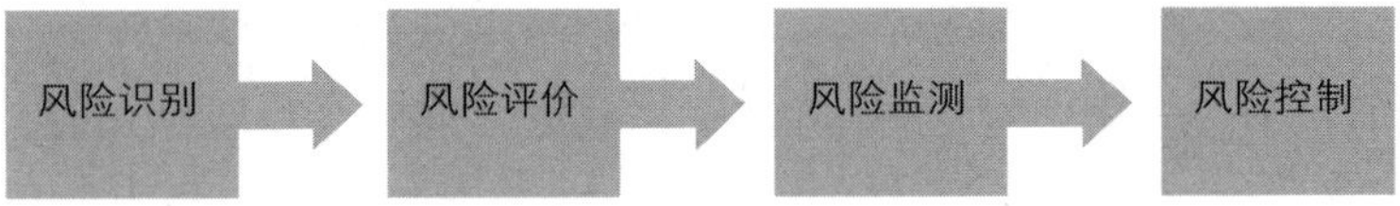

图 10.1　卓建风险管理

表 10.1　卓建内外部风险与防控办法

风险类别	风险类型	防控办法
内部风险	劳动争议等	人力资源合规、投保商业保险、定期体检、严进宽出
	财务、税务等	密切关注政策、定期培训、自查、加强审计
	律师利益冲突	通过金助理办公系统建立利益冲突筛查机制
	利益分配冲突	制定业务合作指引，明确分配机制
	合伙人管理权争夺风险	制定合伙人升降制度、律所运营管理制度，保证律所有序运营
外部风险	顾客投诉	加强学习，提升专业能力、服务能力，成立客户服务部，开展售后跟踪
	顾客索赔	预留风险基金、购买执业保险
	司法机关处罚	长期与司法机关交流并发布与司法机关交流，定期发布律师执业警示报告
	政策、经济形势等变化	加强学习、关注政策、经济形势等、加强创新、开发新产品、适时转型

业务风控是律所的生命线。如果业务风控出现问题，则律所将面临客户索赔、被行业协会及主管行政机关处罚的风险，对律所品牌也将造成严重影响。基于此，卓建建立了完善的风控体系，不仅通过办公软件识别简单的潜在风险，还根据业务类型，建立了不同的专业委员会及风控小组，并邀请高校教授及其他行业大咖组成专家顾问团，为重大案件提供论证意见。（见表10.2、表10.3）

表10.2 卓建内外部专业服务支撑

类别	名称	作用
内部专业服务支撑	专业委员会	组织开展疑难案件讨论
	风控团队及内核团队	对服务把关
	外聘专家顾问团	为法律服务提供论证
外部专业服务支撑	会计师事务所、审计师事务所、资产评估机构、鉴定机构、翻译机构、商业调查与统计等相关中介及服务机构	提供协助和联动
	高校法学院	提供协助
	行业协会、社会团体	为案件办理提供该领域的专业意见

表10.3 卓建近几年的风险管理项目

单位：个

项目	2019年	2020年	2021年
风险识别数量	56	64	72
制定风险措施数量	12	15	20
审计不合格数量	0	0	0

律所的经营风险与防范，已经成为律师行业必须直面和关注的一个重要话题。加强律所风险管理对律所的发展壮大有着积极的意义。合伙人对律所风险要有清醒的认识，减少和避免律所风险事故的发生，不断提高律所的风险管控能力，为律所创收保驾护航，为法治建设添砖加瓦。

（七）业务发展中心

为了充分发挥卓建所多年积累的品牌优势，进一步加强对公共案源的规范和管理，提高律师及律所的业务创收能力，帮扶年青律师发展，卓建所成立了业务发展中心，并建立了公共案源合作律师库。业务发展中心的主要职责包括：（1）负责本所品牌推广和业务推广；（2）负责管理公共案源及前期咨询接待；（3）负责执行公共案源业务合作；（4）负责监督公共案源办理质量并确立考评机制；（5）维护并开发公共案源客户；（6）其他律所交办的工作。

公共案源是指律所投入资源而吸引的客户或基于对律所的信任而接洽且未指定服务律师的案源，具体包括如下情形：（1）直接拨打律所咨询电话或直接上门咨询形成的案源；（2）律所聘请的专职客服/推广人员开拓的案源；（3）律所业务发展中心人员组织参加的各种法律服务入库/投标活动所形成的案源；（4）律所出资举办的各种讲座、论坛所形成的案源；（5）律所出资加入的各种协会所形成的案源；（6）律所出资在网络、报纸、电视等媒体推广形成的案源；（7）所内外人士及企事业单位推荐给本所且未指定服务律师的案源；（8）公共案源客户的延续和业务的续接；（9）公共案源客户转介绍的客户；（10）其他途径获取的公共案源。

为了兑现对客户的承诺，也为了确保服务品质，卓建对承接公共案源的律师提出了以下要求：（1）在本所执业一年以上；（2）上一年度公共事务绩效考核积分不低于平均分；（3）愿意遵守本所公共案源制度及承诺书；（4）遵守律所管理制度，没有违规违纪行为；（5）没有受到过有效投诉；（6）有明确的申报专业方向。

在业务发展开拓过程中，合作律师为公共案源做出的贡献，将具象转化为“贡献值”，主要可通过宣传主讲、课件研发、宣传策划、资源引荐、宣传协助、提供业绩等方式积累“贡献值”，由发展中心核实和登记，并作为公共积分的补充，以及公共案源后续合作的重要参考值。业务发展中心接到公共案源后，将根据客户需求和合作律师的贡献值排序并结合客户意愿、合作律师意愿等发出接洽通知。

业务发展中心有权对合作律师的办案质量及遵守本制度的情况进行监督考核。合作律师在办理公共案源案件过程中应尽到勤勉尽责义务，并及时告知业务发展中心的工作人员所承办案件的进展情况。公共案源客户由律所业务发展中心的工作人员进行维护。业务发展中心的工作人员应当建立客户档案，及时掌握案件进展情况，案件办结后对客户进行跟踪回访。合作律师应当诚实守信，不得将公共案源变为自己的私人案源，需要离职转所的，应当与业务发展中心进行工作交接。业务发展中心有权对律师承办公共案源的法律服务质量进行监督，对违反本制度的合作律师，有权警告、暂停业务合作或者终止其合作资格。情节严重的，提交卓建所纪律与考核委员会、监事会按卓建所有关规定处理。

（八）强制执行中心

为了打通律师代理诉讼案件的最后一公里障碍，卓建设立了强制执行中心。强制执行中心由专职人员负责日常运营，集中了本所强制执行领域专业律师的团队，专注于强制执行领域的重大疑难案件、有能力拒不履行的终本案件。强制执行中心在查找债务人和财产调查方面有着丰富的经验和大数据资源，能为客户提供快速财产调查、快速查封、执转破、执转刑、司法拘留、股东追责六位一体的全流程服务，为解决客户的执行难问题提供最佳方案，为企业、银行切实解决回款难问题，实现客户利益最大化。强制执行团队以法律为武器，以财产调查、查找债务人为突破口，凝聚律师力量，借助平台大数据办案中心，将强制执行进行到底。

（九）大中台建设

所谓中台，是指在组织内部，以服务驱动，从后台获取资源为前台服务的平台。中台可分为：基础中台、技术中台、数据中台、业务中台等，但其本质还是为前台服务。这一切源自 Supercell 中台，指的是公司将游戏开发过程中公共和通用的游戏素材和算法整合起来，并积累了非常科学的研发工具和框架体系，构建了一个功能非常强大的中台。这样强大的中台可以支持若干个小团队在短时间内开发出一款新的游戏。目前，卓建正在制定中台业务合作指引，建立中台人员资源库，解决“事多人少”的矛盾。卓建所正在推动为全所律师业务提供合作办案人员支持的大中台落地。

三、卓建整合业务平台的经验

律所的管理架构就是要设计用何种机制来解决律所的内部决策、运营管理、权力监督等问题，从而有效配置律所的人力、物力、业务、市场等资源。律所业务整合的目的是让律所的人力、物力以及所有资源的效率最大化，更好地服务客户，提升律所服务质量。卓建整合业务平台的建设经验主要有以下三点。

（一）合伙人既要统领大局又要开拓创新

任何一个组织的发展都离不开组织的领导者。优秀的领导者会为组织的发展提供强大的动力，律所也是这样。律所的人合性决定了其对律师创收、专业能力、社会资源的依赖性。除非是那些上百年的大型律所，这些律所已经有了自己稳固的文化和传统。大多数合伙制律所的发展和壮大都离不开当时的创始合伙人和高级合伙人，他们的引领和付出为律所的发展奠定了良好的基础。卓建能够成功地进行业务整合，与卓建合伙人的高瞻远瞩、信念情怀和不断地开拓进取有很大的关系。

卓建为什么要提一体化运营的思路，为什么要进行业务整合？这与卓建创始人对律所的理解有关。他们认为合伙制律所本质上是属于合伙人和律师的，律所要为律师的发展提供更广阔的平台。这个平台能够成就律所的每一位律师和合伙人，同时合伙人和律师的杰出表现反过来能够提升律所的知名度和美誉度。所以对于卓建的创始人来说，他们建立的是一个互利共赢的平台，是一个先利他后利己的平台。在这样的思想指导下，卓建开始推进业务系统的整合。同时，卓建的管理层能够通过建立创新性的合作机制将办所理念与全体共识迅速落地。有这样的管理层，才能有卓建业务整合的成功。

（二）文化价值观的引领

在利益面前，人心难平；在分配面前，人对自己的认识都会有偏差。几乎所有的人，都会认为自己应该得到的更多，认为自己的付出没有得到公正评价。在业务合作方面也是如此。所以，仅从利益角度来衡量合作，合作很难持续，合作要获得成功，就需要有文化价值观的牵引。卓建是一个强律所文化的组织，卓建文化对所有的卓建人都有潜移默化的影响。卓建的家文化、学习文化、团队文化成为凝聚卓建人心的重要力量，对卓建业务整合的影响巨大，尤其是卓建的团队文化。在卓建人的心里，十分认同团队合作，潜移默化地会用团队合作的思维去看待和处理每一个问题、每一个难题，也会愿意为了长久的团队合作和未来的可持续发展放弃短期利益和眼前利益。这样就让卓建的业务合作有了坚实的基础。

同时，卓建的团队文化一直强调专业团队的构建与发展，这种对专业化的执着追求虽然最开始落实的时候有一些艰难，影响到律师的一些业务，但是长期坚持下来，成果可观。为了帮助专业化团队的构建，卓建不仅制定了合作分配指引，还制定了仲裁、协商机制，在团队成员的合作过程中成为中立的可信的第三方，帮助成员搭建合作框架、相对公平地进行利益分配。在卓建的文化倡导以及制度引导下，卓建做到“人员进团队，团队有专业”，卓建的团队会越来越专注，会在某个领域越来越深耕。专业的细化分工让各个团队真正意识到了业务合作的价值，团队业务的整合就会越来越顺利。

目前卓建有 10 个业务部门，每个业务部门都有若干个团队，整个律所有相对明确的专业分工，而且这种分工模式还在不断完善。目前卓建准备推行律师最多只能选择“1 +2”的业务模式，也就是一个律师最多有一个主业，加上另外两个其他领域，这是在业务整合的初期，给团队成员相对宽泛的选择，将来随着卓建业务整合的发展，卓建拟定是“1 +1”的模式。也即每一位律师只能选择一个专业领域，再加另外一个辅助领域。这就要求律师尽量去做专业的事情，专业化上一定要一体化，不允许有例外。面对新的形势，卓建所也开始探索新一轮的业务团队建设，卓建正在通过大部制改革，使卓建在资源配置、业务协作方面更得心应手、游刃有余。

（三）一体化运营推动业务整合

卓建的一体化运营对其业务整合发挥了举足轻重的作用。对于业务的推广和个人品牌的打造，律师一般相对不擅长。为了促进业务的发展，卓建拟招募专人进行专业性的、整体性的品牌推广。卓建所已经在尝试进行律所品牌的推广，但还处于摸索阶段。业务的整体推广就是尽量推广律所品牌，推广卓建所本身，获得客户的认可，让客户委托卓建的律师来做相关业务。卓建的下一步推广是要推广卓建的律师，用以点带面的方式让客户更立体地、更充分地、更直观地认识卓建、认同卓建。卓建的一体化运营中心是推进业务整合的重要组织机构，对整合业务运营、提供律师服务起到了积极的作用。

此外，卓建已经建立了一套相对成熟的内部运作流程，确保业务从一开始就能够保证高品质的服务输出，这也能够促进卓建业务整合的成功。卓建对业务的承接、登记、办理、归结到业务的考评反馈已经形成了完整的流程要求，随着这几年卓建引入 ISO9000 体系，参加福田区的区长质量奖、深圳市的市场质量奖和知名品牌等的评选，卓建逐渐学习了如何从外部评价律所，如何从卓建客户的角度来思考律所的流程改进，并将这些思考落地。卓建的流程构建中，充分考虑了业务整合的利益冲突、关联程度、谁能够更好地代表律所承接业务等内容，律师基于合作能够创造出更高的效率、更好的服务、更持续稳定的输出。卓建的这些内部流程对其业务整合起了重大作用。

四、卓建整合业务平台的提升

随着卓建所规模的不断扩大和业务领域的不断拓展，事务所的人员规模从最初的 5 名律师增加至现在的 500 多名，并且设有广州分所、龙岗分所、西安分所、重庆分所、杭州分所、马鞍山分所、大连分所、福州分所等。但是在业务整合平台上，卓建所仍然准备从以下几个方面进行提升。

（一）明晰管理职责、引进专业团队

卓建作为平台化的组织，实行全体合伙人会议领导下的管理委员会负责制。管理委员会具体负责事务所战略、一体化运营、业务管理、培训、宣传、纪律与考核、分所及国际化建设等事项。卓建设立监事会负责监督，监

事会设监事长 1 名，监事 4 名（含职工监事 1 名）。监事长负责全面工作，其余监事负责对本所管理委员会各专门委员会的监督工作、本所各专业委员会及对应部门的监督工作、行政财务的监督工作，职工监事还负责收集本所员工反映的相关意见与建议。其中，合伙人会议是事务所的权力机构，决定律所的一切重大事项。管理委员会作为合伙人会议决议的执行机构，主持本所的日常事务性工作。管理委员会根据章程规定和合伙人会议的决定履行职责，对合伙人会议负责。目前卓建的治理架构相对清晰，但也有一些职责有重叠之处。为了更好地整合业务平台，卓建将更清晰地规定不同组织架构、不同管理者的管理职责，让各个结构的配合更加顺畅，让不同管理者的职责更加清晰。

此外，在律所普遍存在一人多职、一人多角色的情况。律所采用的是主任负责制，主任对律所承担管理的职责，主任一人身兼三职，承担多种角色，其不仅是律所的管理者，同时也是律所的合伙人和普通执业律师。主任不仅要负责律所日常的员工内部管理，更要兼顾律所业务的拓展，同时还有作为律所骨干律师的绩效压力和业务压力。其他的合伙人也存在类似情况，既要承担管理职责，也要直接面向市场做业务标兵，还需要承担公共事务。一个人的时间和精力有限，这些多重角色使律所管理层分身无术，难免顾此失彼。所以律所可以考虑剥离一部分核心骨干的管理职能，引进相应的管理团队进行专业管理，解放主任和合伙人，让公司的管理层能够更专注于律所的战略发展、律所的团队培养以及自身业务的精进。

（二）总分所资源整合与互动

时下，设立分所已成为越来越多的律所规模化发展的首选，卓建律所在广州、龙岗、重庆、杭州等地都开设了分所。虽然许多律所在国内乃至海外都设立了分所，但是在总部与分所的关系上，连接松散、缺少沟通。相关调查数据显示，在国内分所中，普遍认为发展现状较好的分所数量很少，而感到压力大甚至举步维艰的分所却占国内分所的 1/3。全国大部分的律所都是中小型律所，这些律所普遍面临经营成本过高、品牌塑造难等问题，如何处理好总部与分所的关系、助推分所的发展，将直接影响到律所的生存与发展。

由于管理模式、业务分配等方面的差异，国内分所质量参差不齐，大多数律所的总部与分所之间未能建立有效、规范的资源整合机制、业务合作与信息沟通机制，这也成为律所规模化发展的一个痛点。为此，律所可以进行一个统一的尝试。在平台建设方面，律师运用统一的案件管理系统和 OA 办公系统，对高风险业务进行统一控制。在品牌建设方面，分所的行政、培训、风格都要向总所看齐。在业务方面，分所的业务部门和产品要和总所看齐。在管理模式上，允许各家因地制宜，大同小异，但是管理架构上要相对统一。这些层面的统一能够使分所的金钱成本、时间成本大大缩减，形成管理辐射，产生协同效应，实现共享共赢。这些是卓建在随后建设中需要关注的内容。

（三）积极拓展公共案源

如前所述，案源压力可以说是律师的永恒压力。卓建的业务整合要顺利推进，就需要积极拓展公共案源。为此，一方面，卓建成立了业务发展中心，积极推动公共案源拓展，为律师提供业务资源及客户资源的支持；另一方面也将积极对现有客户的延伸业务进行开发，集律所同仁的综合业务能力，为客户提供更加丰富的法律服务，弥补单一律师团队服务的短板，提升客户的服务体验，同时提升律师的业务收入。业务发展中心外闯市场，内强管理，紧紧围绕客户需求，把律所服务和律师推广给客户的同时也对律所的公共案源进行管理。业务发展中心作为卓建业务创新的突破方向，是卓建进行的勇敢探索，也是卓建迈出的一大步。

此外，要拓展公共案源，归根结底还是要提升卓建的品牌影响力。参照企业发展模式，什么叫作成功的企业？有的企业可以做大，整个华南区的都可以看见它的分公司；有的企业可以做强，市场占有率遥遥领先。但是很少有企业能够做久，在社会有自己的影响力。如果能够做大、做强、做久，那么无疑是一家成功的企业。对于卓建而言，目前还是要通过点点滴滴的努力，通过一个案件一个案件的反馈，通过专业化的推广力量，提升卓建品牌。品牌搭建的最终目的就是提高案件转化率和溢价能力。从本质上来说，律师从事的是服务业，服务本身未能让客户明确产品的形态，想要提高案件的转化率，就必须从服务本身出发。长期以来，专业化、规模化、品牌化一直是律所发展的愿景目标，“三化”的核心是实现律所发展的品牌化，良好的品牌最终将沉淀为律所的无形资产，支撑着律所的传承与发展，也是解决案源不足的终极途径。

第十一章

知识管理　共建共享

知识管理作为一个重要的管理领域于最近20年在企业界兴起，公认的对知识管理领域研究的关键性人物有瑞典企业家与财经分析家卡尔·爱立克·斯威比，美国管理学教授彼得·德鲁克和日本管理学教授野中郁次郎。

管理学者彼得·德鲁克早在1965年即预言：知识将取代土地、劳动、资本与机器设备，成为最重要的生产因素。20世纪90年代，现代管理学之父彼得·德鲁克提出“知识是今天唯一有意义的资源。经济理论认为，知识在财富的创造过程中占据中心位置，如今可以说知识已经成为财富创造过程中的必要要素。只有这样的经济理论才能说明今天的经济，说明创新”，他也强调企业最重要的经营资源是知识。知识是竞争优势的源泉，但当下更加现实的问题是如何积极主动并且有效地利用知识从而将其转化为企业的竞争优势。

卡尔·爱立克·斯威比被誉为知识管理的“奠基之父”之一，他是知识管理基础理论的开拓者。他于1986年在世界上首次提出了知识型企业和知识管理的概念（他因此被称为知识管理之父）。他探索了如何管理快速成长的知识型组织，作为一个企业家，他将知识管理直接建立在对企业资产的重新认识、测量、管理上，并指出知识型组织不同于传统企业，经营依赖的是知识和员工的创造能力。他提出企业家的使命就是全面认识和掌握企业的有形资产和无形资产（特别是无形资产），有效地对企业资产进行成功运作，达到资产有机增长的发展目标。

野中郁次郎教授通过30多年来跟踪观察日本制造企业由弱到强的变化

规律，他发现一个重要的共同特征，即一个组织之所以比其他组织更优秀或更具竞争力，是因为它能够“有组织地”充分调动蕴藏在其成员内心深处的个人知识，而著名的西蒙“信息处理”范式，即组织只是对所获得的信息进行处理来适应环境，无法解释组织成员能动地创造新知识、新现实来面对变化了的世界。领先获得这种独特组织能力是进行持续创新和获得竞争优势的关键。

野中郁次郎认为知识管理就是将个人和企业的知识资产有组织地集结、共享，并借此提高效率，生成价值，以及以此为目的而开展的框架构建和技术应用。同时他也指出，虽然目前有很多人都在呼吁开展知识管理，但其实他们并未真正理解知识与“技术”或“信息”等概念间的差异。

对企业而言，“知识”真正的含义并不仅仅是单纯地把信息概念替换成知识概念，或者在（狭义的）知识管理的口号下，谋求工作时间缩短或业务效率的提高。野中郁次郎指出，真正的知识经营，归根结底是从知识的角度出发，全面考察战略、组织、产业等与经营相关的各个方面，并付诸实践的认知形式。他认为，未来的企业和生产经营方式将发生根本性的改变，企业将普遍以知识作为动力推动成长。

一、知识管理的重要性

毫无疑问，企业是由人组成的，其作为人的集合必然富集了那些或多或少存在于每个人身上的知识。虽然知识诞生于个人，但组织可以通过影响其中的个体从而激活、推动和升华知识管理的过程。在知识管理的实践中，组织以“人”为中心，利用最佳的习惯、实践、组织结构、规则等从而让“人”分享和创造知识。通过这样的方式，组织不仅能充分应对环境变化，还极有可能快速实现技术或管理创新从而提升组织的竞争优势。

正因为未来世界不可预测，所以组织或个人必须具备这种能力：可以与环境共存共生、在组织或个人的任何级别上均能敏捷地利用知识，以对环境的改变进行判断并采取行动的能力，这一能力对于企业的发展至关重要。

丹麦生产商奥迪康公司便是凭借知识管理从而成功转折的代表。该公司被誉为世界上最先进的多焦点式助听器生产厂家，其原本是传统的技术主导型企业，并且在与大企业竞争中曾一度处于不利地位。在这种情况下，奥迪康公司适时地提出了“知识基础型企业”的口号。这个公司首先做的便是知识共享，并且将知识共享与组织变革进行有效的结合，奥迪康公司丢弃了原本的金字塔式组织结构图，废除了办公室的有形壁垒，并将所有的业务模式改革为以课题计划为中心的展开模式，职员不再拥有自己的办公桌，而是根据所处业务的具体进程在移动中进行办公，这样的模式可以更好地实现知识在组织中的共享与流动。公司采取这种新的组织形式之后，很快便完成了重大的技术革新，其后该公司的主打产品多焦点式助听器也应运而生。

瑞泰保险也是关注知识管理的典型代表公司。瑞泰保险是位于瑞典的金融、保险服务业公司。他们在多个管理框架中引入知识资产概念，如客户关系、人力资本、业务程序等。同时，他们还将与此相关的各类信息以企业年报特别版的形式加以回顾，并借此评定业务成绩。在企业内部，瑞泰保险还尝试通过知识管理程序提高效率，通过既有的技术转移，大幅度简化了伴随全球化进程出现的办公场所设置问题。总言之，作为一家极具代表性的知识企业，该公司认识到保险服务的本质在于知识，而且在经济利益方面，隐形的智力资本价值有可能远远超过物质性的知识资本价值。

总而言之，知识管理通过获得、创造、分享、整合、记录、存取、更新等过程，可以使组织中的个体从其中快速获取到知识并将新的知识回馈到知识系统内，从而达到知识不断创新的最终目的，个人与组织的知识得以永不间断地更新和积累，从组织系统的角度来看这将成为组织的智慧资本，有助于组织做出正确的决策，从而帮助组织更好地应对外部市场环境的变化。

遗憾的是，目前我国大部分公司在知识管理的实践中普遍存在以下问题。

（1）对知识管理的认知水平较低，阻碍了知识管理实施的成功率。由于知识管理本身的抽象性和相关理论的成熟度，许多做知识管理多年的机构和人员其实都没有搞清楚知识管理的本质与内涵，最容易望文生义地理解成知识管理就是“管理知识”，等同于存图纸、报告、规范、档案、论文等内容保存工作，最后的结果是内容存了很多，但这些内容却鲜有人去使用，更无法实现提升组织能力的目的。

（2）知识管理工作浮于形式。中国目前500强的企业中，很多都将知识管理写入公司的发展规划，并且做过不少工作。然而这些企业的员工们大部分都不知道他们所在企业做过知识管理，更不知道这些知识管理对他们的工作产生过哪些价值。因为很多所谓的知识管理项目大都是为了时髦、为了所谓的“创新”去做的。这样的知识管理主要目的不是真正解决研发、营销和创新中的问题，而是为了“好看好听好汇报”，所以这种类型的项目都做得很“高大上”，但对于组织的提升是否真正有价值则没有人在意。

以上做法显然不利于企业在竞争激烈的环境中长久保持竞争力。当然我国也有部分企业在比较早的时候就研究知识管理，并切实运用到企业的实践中，为自己抢占先机、获得独特竞争力起到了功不可没的作用。比如华为在2010年就请安永会计师事务所专门来讲怎么做知识管理，并在当时成立了公司级的知识管理项目群，华为的知识管理负责人在接受采访时也明确指出知识管理的价值在于用，他在回答记者提问时举了2个例子证明知识管理在华为内部的应用所带来的切实的价值，其中一个提到，某个测试用例的开发，原来要90分钟才能开发，后来只要10分钟就能开发，效率大大提升。

对于律所来说，他们为客户所提供的产品或服务便是其自身所掌握的知识的体现。随着行业的发展，律所知识管理的重要性愈发凸显。欧美等发达国家的头部律所特别重视知识管理，甚至设立专门的部门和专门的岗位进行知识管理。国内公司制的律所也非常重视知识管理，在他们看来，律所的知识管理能够对律所的发展提供业务支持、知识营销以及成为律所不可或缺的重要资产。律师行业日渐认识到知识管理和输出的重要性，甚至认为知识管理是一家律所软实力的核心构成，律所的知识管理水平决定了其是否能够保持持续的竞争力。

卓建作为一家不懈探索、勇于创新的律所，其在知识管理方面的探索实践从未间断，以下将介绍卓建在知识管理方面的一些独到经验。

二、卓建知识管理的重要实践

作为一家规模较大的律所，卓建力求加强知识的有效管理和共享，使现有的知识成果能最大限度地发挥作用，可以节省大量的人力物力，通过知识的共享更能加强成员之间的交流与合作，为团队建设提供知识和智力支持，这对于团队的建设和发展也至关重要。

首先，卓建将知识管理上升到组织战略层面，将其列为组织战略创新点之一。(见表 11.1)

表 11.1 卓建组织战略中的创新点

战略中的创新点	创新目标	创新计划
管理规划	探索律所管理协同共生新生态的一体化运营管理模式	建立公共积分制度
		建立知识管理平台
		实施大部制改革
		设立一体化运营中心

卓建还将其写入“三五”发展规划，在卓建公众号专设知识管理员，每日推送 3 ~5 篇稿件，并对其实施进行了有力监督。(见表 11.2)

表 11.2 2018 年卓建“三五”发展规划的战略监测

发展项目	目标值		完成值	完成度
人力资源发展	执业培训	推出合伙人提升培训机制	已完成	100%
	人力资源制度	公共积分制度初步建立	已完成	100%
文化发展	卓建公众号专设知识管理专栏，每日推送稿件		已完成	100%

其次，卓建制定了系统且详细的知识管理规划：完善所内的知识管理制度，视情况逐步设立知识管理专员、知识管理部门、知识管理体系和知识管理交易机制。卓建力争在 5 年内将该所打造成一家知识管理强所，利用信息化手段，搭建起两个统一管理平台，即“业务管理平台”和“知识管理平台”，提高管理效率与服务质量。具体而言，整合各部门已经形成的知识管理成果，建立一体化的知识管理系统，既鼓励智力成果分享，也注重知识产权保护，建立知识分享权限分级及知识内部交易制度。

自知识管理被列入律所规划和组织战略创新点以来，通过高层与律师们的持续的共同努力，卓建律所建立了行业内处于领先水平的知识管理系统。这无疑为员工的知识共享和获取提供了便利。(见表 11.3、见图 11.1)

表 11.3 卓建的知识管理系统

序号	主要设备	用途	水平
1	金助理律师协同工作平台	把控办案每个环节，帮助律师实现流程化、标准化作业，提升法律服务品质和客户满意度	行业先进
2	卓建 KMS 知识管理系统	用于律所知识管理，自主定制，为律师办案提供知识支撑	行业先进
3	金蝶 KIS 专业版	用于财务账务处理、报表数据等	行业先进
4	直播学习系统	主要为在外办案无法按时赶回现场参与培训的律师提供实时学习的机会	行业先进
5	法规、案例等大数据检索数据库	为律师办案提供法规及案例支撑，更准确地把握案件走向结果	行业先进

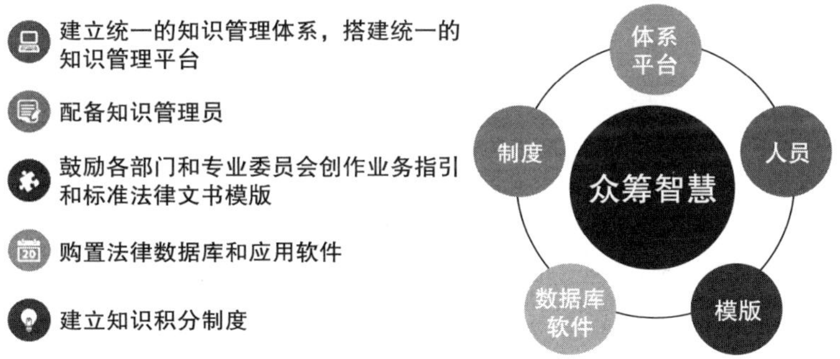

图 11.1 卓建的知识管理体系

此外，卓建还将 2018 年确定为知识管理年，通过建立一体化的知识管理体系，实行有偿分享、使用的知识制度，卓建整合了各部门、各团队已经形成的知识成果，实现了知识的创造、更新与共享。

以下将选取卓建在知识管理方面独具特色的知识管理平台、知识积分系统、专业委员会分别介绍其如何帮助卓建实现了有效的知识管理。

（一）知识管理平台

为了保证知识管理的高效性，卓建开发了知识管理平台，知识管理平台是企业通过对知识的收集、整理、运用、传播和管理，构建完整、系统的知识管理体系，从而实现知识的快速检索，帮助实现企业战略目标的知识管理

门户，通过这一门户能够在客户与企业之间架起沟通的桥梁，提高客户满意度。（见图 11.2）

序号	知识名称	版本	类型	一级分类	上传人	上传日期	浏览	下载	评论
1	供应商质量承诺书		知识	参考合同	[redacted]	2022-07-15 13:19:22			
2	南山区公安局户籍人口信息查询表		知识	经验心得	[redacted]	2022-07-13 20:15:49			
3	前期物业服务合同		知识	参考合同	[redacted]	2022-07-05 11:56:57			
4	共有产权住房买卖合同		知识	参考合同	[redacted]	2022-07-05 11:46:30			
5	物业服务合同		知识	参考合同	[redacted]	2022-07-05 11:43:59	2		
6	花卉买卖合同		知识	参考合同	[redacted]	2022-07-05 11:40:06			
7	商标申请代理服务协议		知识	参考合同	[redacted]	2022-07-05 11:38:04			
8	保护未成年人法律法规汇编		知识	业务指引	[redacted]	2022-07-05 11:03:15			
9	一般通用离婚协议		知识	参考合同	[redacted]	2022-07-01 14:19:20	1		
10	遗产继承分配协议		知识	参考合同	[redacted]	2022-06-30 17:05:43			

图 11.2　卓建 KMS 系统知识查询页面

卓建律所在组织中建构的这样一个由计算机系统支持的、人文与技术兼备的知识管理平台是对律所所有在职人员开放的，所内人员均配备了账号和密码，可以在知识库上传、查询、检索、下载各种具备参考和实用价值的文书范本、经典案例、办案心得、业务指引、价格目录等相关文件，如律所管理规章制度、办事指南、业务指引、法律产品及服务流程、诉讼/仲裁案件相关的文书范本及办案资料等。由于各位律师通过上传材料来分享自身的经验、观点，同时也可下载查阅他人的材料，通过知识的碰撞，迸发出新的灵感，从而创造出新的思路，新的方法，从而更好地为客户提供服务。

卓建的知识库使用也较为便捷，律师们需通过律所官网登录该系统，便可随时随地查阅知识库中的所有材料。目前知识库中，有 50,000 多份律师的知识经验总结和办案常用文件，为各位律师办案提供了极大的支撑。（见图 11.3）

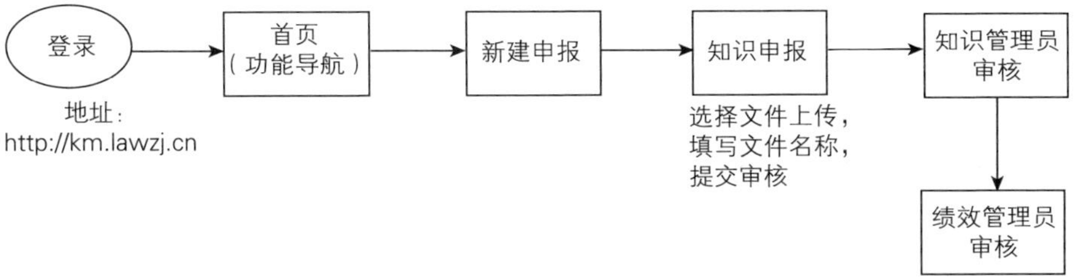

图 11.3　卓建知识库上传简要流程

卓建知识管理平台的数据库目前主要包括商业数据库、目标客户资源数据库和企业智力资本信息库，未来还将对数据库进行进一步开发。

1. 标准化的商业数据库

该数据库涵盖两部分，第一部分是业务数据库，该数据库集合了所有法律法规和全所律师、专业人士及相关办案人员的所有办案信息，通过对这些信息的收集、利用、存贮、增值和信息系统的开发与实施，为全所律师提供办案信息技术方面的支持，比如有关办案信息的获取、存储、检索、查询。

建立这个数据库平台所要达到的目的是：在为目标客户提供法律服务时，帮助诸多律师、专业人士及相关办案人员在信息的传递、互换等方面能够更加快速、准确使不同阶段的成员从不同的专业角度对案件能予以快速反映，从而达到每位成员在对案件的了解、专业的掌握和运用等方面都能符合案件的需要与当事人的要求，最终提出解决问题的最佳方案，为目标客户提供“精品化”的服务。

第二部分是管理数据库，该数据库涵盖律所组织结构、工作岗位、员工要求、组织文化多个方面，涵盖业务流程、管理控制体系、决策体系等管理方案信息。其目的是为组织的有效运转提供信息技术方面的支持，为组织的管理、决策和战略实施提供快捷的通道和坚实的保障。

2. 标准化的目标客户资源数据库

该数据库涵盖目标客户的企业性质、发展远景、客户类型、关注问题、当前法律需求、潜在法律需求、对法律服务反馈的意见及选聘律师的方式等诸多方面的信息集合。其目的是为组织能够在第一时间快速而准确地响应目标客户的需求提供信息技术支持。该数据库的建立大大促进了对客户的价值识别。卓建通过对案例进行大数据检索，挖掘顾客的“痛点”与潜在需求，发现价值点，提出相应的解决方案，并对顾客价值点进行排序，确定需求转化的优先次序。(见表11.4)

表11.4 顾客/市场潜在需求

顾客/市场潜在需求	价值点	优先次序
数据合规	保护个人隐私	高
游戏直播产生的影响	游戏版权保护	中
无人驾驶汽车的法律责任	人工智能的法律责任	低

3. 完备的企业智力资本信息库

企业智力资本信息库为管理决策提供基础信息。通过对智力资本进行审计，企业可以掌握人力资本、结构资本、客户资本、社会资本的准确情况，将这些情况编码归档，可以建立健全智力资本信息库，从而为企业的智力资本管理决策奠定基础。智力资本管理决策包括人力资本管理、结构资本管理、客户资本管理和社会资本管理决策，每类决策又包括很多具体决策问题。以人力资本管理决策为例，其决策内容包括员工的招聘、培训开发等。这些决策都要以智力资本审计提供的人力资本信息为基础。

（二）知识积分系统

在卓建除了绩效考核这样通常的指标外，还有一种有趣且特别的指标——知识积分。卓建的员工在知识库共享符合相关管理办法规定的类型和要求的文档时可以获得相应的知识积分，下载文档则需要消耗相应的知识积分。每一个员工账号创立之初给予10个积分。积分消耗完毕，如需下载文档，就得向知识管理员发送购买积分的申请。知识管理员收到购买申请后向积分高的人发送购买申请，购买人缴费后获得积分，卖出方扣减积分，获得相应对价。

卓建的知识积分制度设计直接将其与管理费二次分配挂钩，同时还与年终的评优评先挂钩，知识计分还与学习与晋升的机会挂钩。在单位推荐优秀青年、律师、优秀律师时，偶尔会有多人竞争的情况，此时卓建就会考察员工的知识积分，视情况决定是否优先推荐。知识积分还会与合伙人的升降级挂钩，比如想要晋升合伙人，员工的知识积分至少要达到相对应层次的平均数以上。由此可见，知识积分对各层员工来说都至关重要。

卓建将知识分享与知识积分这种激励性制度挂钩的做法能够很大程度上消除人心壁垒。其实早在知识积分制度设立之前，在卓建文化的影响下，很多团队成员就曾自发地参与到知识分享中来，但仅靠自发的奉献并不能维持员工长期的知识分享行为。为了将团队成员的自发行为转变为自觉服务行为，并且保证长久之下员工对知识分享的主动和热情，卓建建立了知识积分考核制度，将参与知识分享通过制度固化，让每一个人的切身利益与律所的公共利益挂钩，让自发的奉献变为自觉的主动行为。这样就动员全体工作人员参与到律所的知识建设中来，避免了只索取不奉献的搭便车行为，让每个人的知识贡献与经济利益挂钩，与分配模式挂钩，与从律所取得的各种机会和回报挂钩，从而有效调动员工知识分享的积极性，形成共建、共享、共成。

（三）专业委员会支持

正所谓“闻道有先后，术业有专攻”，知识管理平台的建设离不开专业团队的支持。同时，专业委员会也是作为最直接地对知识共建提供支持的团队。如果想要将律所内部专业知识工作者的知识网和知识工作者头脑中的知识展示出来，必然需要特定的组织结构。而这种组织结构的构架必然伴随着组织设计和组织文化的变革。当然，其间也会牵涉到一部分人力资源管理的内容。此时人们需要把眼光聚焦在“知识”上考察人事、教育、组织制度等多项内容。

想要找寻合适的组织结构、管理系统并不是一件容易的事。为聚合不同人才的才能与知识而试图找寻的合理的组织结构、规章制度、组织文化如同化学反应中的催化剂，除去夜以继日的尝试外，这个思考过程本身的投入成本也不容小觑。为了切实打造共建共享的知识管理体系，卓建不断进行尝试，在组织内部设立了多个相关专业委员会为知识管理建设保驾护航。

首先，卓建设立了业务指导委员会负责知识管理制度的拟订、修改；其次，卓建还设立了管理委员会负责知识管理制度的审议、通过，并明确了相关负责人的责任。如业务指导委员会有计划地开展对律所成员的培训、组织知识整理、知识共享，在此基础上建立自己的知识库；业务指导委员会主任及知识库小组负责人负责知识管理的协调工作，并且要组织人员对所内常用业务文书进行修订、更新，制定和优化各种文书模板和范本，制定各项办案指引及价格目录，编制律师业务指引、法律服务产品目录，这为法律服务的标准化、规范化奠定了基础，为专业化团队的发展提供了有力的保障；知识管理员负责本所知识的收集、整理、发布，对知识库进行日常维护和更新；信息管理员则是为知识管理系统载体的日常维护提供技术支撑。卓建还设立了由本所具备较长执业经验、较强专业能力的律师组成的知识审核委员会，成员由本所管理委员会任命，专门负责知识管理平台的建设工作，为知识库的质量严格把关。

此外，卓建的专业委员会力求对知识管理实现纵向和横向的全方位带动作用。横向上成立了培训与律师发展委员会，在知识管理、业务培训、公共管理等方面通过各专业委员会实现横向的协同进步，从而建立起纵向引领、横向互动、纵横交错的高效律所管理机制。在横向构建各部门之间的联系、互动的同时，纵向带动全员参与，要求从合伙人到普通员工的所有组织成员必须加入某个专业委员会。每个专业委员会都必须制定学习、培训计划，专业委员会的委员必须执行学习计划、参加该专业委员会组织的学习，通过以上措施将全体组织成员纳入卓建的知识培养体系。

三、知识管理的效果

卓建运用知识管理平台，并通过一定的激励机制促进员工积极参与知识共享。卓建的知识管理平台将与企业经营和服务所有的相关知识集结成网络，使员工可以很方便地通过检索组件查询到与自己相关的业务知识，为律师创造了良好的自主学习提高条件。同时在知识管理平台组件中，律师可以主动将自己所掌握的知识与他人进行共享，也可以方便地分享他人的知识。管理员可以在知识管理平台中征集缺口的知识点，律师可以积极地对这部分知识进行搜集和补充提交，塑造更为完整的知识网络。此外，知识管理平台准确地反映了人、存储知识的物理介质与企业业务流程的关联，帮助律师跨越地理位置、时间等方面的限制，这也在一定程度上促进了知识的共享。

知识的共享，又进一步促进了卓建律师的高质量、高效率。通过前文的介绍我们已知，卓建所内部有一批员工专门从事知识管理的相关工作。其中，有些知识是购买得到的，有些知识是由自身员工在实践与创新中得到的。在卓建，当律师要用到某一个文本或某一个文件时，他可以向知识管理部发出需求，随后知识管理者马上匹配给他至少一个最相近的能够提供支持的文本。他就可以在原有文本上开始工作。在律师行业中某些文本具有固定规范与撰写标准，这样的“模板”会在很大程度上提高律师工作的效率和质量。倘若员工个别地进行作业，尤其是面对陌生业务时，文本获取和撰写的工作将会耗费大量的时间和精力，影响工作效率和工作质量。而从同事手中获取的文本效果往往差强人意，远不及由知识管理工作者匹配所得的文本效果。事实上，日本学者野中郁次郎的研究也表明确实如此。通过对案例技术的效仿和学习，企业可以缩短劳动时间，降低成本，进而带来显而易见的效果。进行知识管理之后，避免了重复作业，提高了生产效率。同时，通过技术知识共享缩短了工作时间，提升了作业效率和质量。

四、知识管理的进一步完善

在互联网和移动互联网环境下，信息爆炸知识更新日益加快，人们获取信息和知识的渠道增多成本降低，知识管理的核心问题在不断转移，知识管理实施的方式也在发生剧烈变化。因此追求卓越的企业在组织的各方面建设上都是永不止步、不断完善的。卓建对知识管理的进一步完善规划主要有以下几点。

（一）加强对知识的利用和创造

首先，卓建的管理者意识到了知识管理层次提升的需求。关于知识共建的层次问题，我们通过访谈了解到，卓建仅 2019 年一年就完成了 3 万多个法律文件的统筹规划，这些法律文件都进入了卓建的知识管理池。但是因为时间短，卓建目前的知识质量还不是太高，大部分律师在需要的时候依然倾向于用自己原来的版本。因此，短期性的输出固然重要，然而更重要的还是知识工作者是否通过其做到了知识的利用和创造，而覆盖整个组织的知识利用和创造又是否创造了应有的价值。知识经营的目的，不能仅限于业务的高效化、产品和服务质量的提高以及顾客满意度的提高等方面，更要重视通过知识经营提高知识创造者的能力和水平。

所以，卓建还需进一步优化其知识管理。这个过程需要时间成本的投入和组织内管理者与员工们共同的努力。与此同时，知识管理者要在“收集”和“模仿”的过程中产生自己的思考，并且树立远大的目标，将思考提炼成为新的知识，最终形成适用于自身的知识体系。

（二）优化组织结构

卓建还需要对其结构进行优化以更好地适配学习型组织和知识管理建设。研究指出，自由地获得公司信息对组织大有裨益，当信息差别存在时组织的成员就无法进行平等的交流，这就阻碍他们寻找新知识的不同解释。例如，花王公司的高层者不允许在公司员工之间有任何信息获取上的歧视，公司的全部信息（除了人事信息）都被放在一个单独的数据库中，对所有员工开放。

（三）关注隐性知识的挖掘

在野中郁次郎看来，隐性知识包括信仰、隐喻、直觉、思维模式和所谓的“诀窍”等，对于这些我们往往表述不出来，但我们的身体和灵魂却知道它们的存在。应当说，人类所有的知识都植根于隐性知识。很多人往往只对某一学科的知识感兴趣。他们的知识是排他的、单一的，但有国内学者认为，知识管理就是企业对组织内所存在的隐性知识、显性知识进行挖掘和共享，并采取适当的方法传递，以实现企业创造更多价值的目标。

虽然卓建在知识管理方面的做法还有很多地方需要完善，但其已经走在了同行前列，卓建在知识管理方面的很多创新性做法，都将为同行提供宝贵的借鉴意义。

如知识管理所提供的管理层面的人力和财力支持，尤其是高层管理团队对知识管理的理解和支持，对知识管理的推广和建设至关重要。安德森公司内部知识管理的领导者迈克曾说：“成功地开展了知识管理的组织通常都有高层领导的支持。”

再如卓建通过培植的学习共享的文化和知识积分系统巧妙地化解了人心壁垒。德尔菲集团的柯尔说：“组织没有开展一个巨大的文化转变而要让知识管理系统能够起作用是不可能的。”员工必须能够看到共享的知识是怎样让他们的工作更简单或者更好。员工只有理解了组织进行知识管理的价值，才会在价值观上，进而在行动上进行转变。由于隐性知识是最接近经营活动过程的员工的私人信息，很多员工会认为其拥有的这部分私人信息是其个人价值所在，如果把这部分隐性知识拿出来与大家共享，其可能会因为没有价值而失去工作。因此，培养共享隐性知识的文化，对隐性知识进行管理，这恰恰是知识管理的重要目的之一，隐性知识的异时、异地、异人的使用能给企业带来巨大的价值增值。

（四）强化和提升知识管理的输出能力

即将进入“四五”发展规划，卓建在知识管理的建设上有更高的要求，他们力求从10个方面强化和提升知识管理的输出能力：一是扩充知识管理的专职队伍加大专项投入；二是律所文书的标准化；三是业务资料范本化体系化；四是所内案件共享；五是专题研究的开放；六是知识产品成果化；七是外部知识的关联和交叉；八是知识成果流程完整成体系；九是强化知识管理的用户体验；十是强化知识管理的外化培训。

第十二章

资金保障　技术支持

一、资金保障

律所进行一体化运营，必须有相应的资金保障。没有资金保障，巧妇难为无米之炊，律所的一体化运营需要资金支持，如何确保资金到位是一体化运营的关键一环。

许多律所管理者都可能会遇到这样的问题：律所层面没有资金积累，想做市场、想做品牌宣传、想做专业团队建设、想开分所、想做讲坛，但都因资金缺乏而无奈作罢。因为没有公共基金的积累，律所在开展活动的时候总是缩手缩脚，甚至必要的团结员工、激励士气的一些活动也无法开展，逢年过节发个礼品都像是在挤牙膏。因为没有公共基金的积累，律所很容易给员工画大饼、空谈未来的想法。所以建立公共基金制度，是律所开展一体化经营的重要保障。但是律所如何筹措资金、合伙人或者律师是否愿意缴纳资金是公共基金建设的重中之重。

（一）一体化运营的资金来源

传统提成制律所和公司制律所不仅在体制上不同，而且在经济分配制度上不同，在资金管理上也不同。传统提成制律所虽有运营成本低、成本分摊到个人等优势，但在调动资金、人力、物力资源的能力上较为欠缺，对律所的统一管理能力较弱。在一体化运营的律所中，各个独立运作的个体组成一个紧密衔接、相互配合的整体，本质上所体现的是组织调动资源的能力。提升一体化运营能力，可以使传统律所整体变得更加强大。律所的一体化运营能力是律所调动资金资源、人力资源、物力资源的能力，只有具备了调动上述资源的能力，才能在律所运营上拥有话语权和有效的支配权。

卓建所成立之初的前5年实行的就是提成制，律所建设一直是投资合伙人在出资。但长此以往，一直让投资合伙人投资并不现实。一方面，对律所的投资永无止境，需要使用资金的地方数不胜数；另一方面，投资合伙人本身并没有义务一直为律所投资，投资合伙人也会考虑自己的成本收益。这种依靠几个出资人的方法既不能保证律所对公共事务的投入，也不能始终让合伙人保持心理平衡，心甘情愿地投入资金，结果必定会限制律所的长远发展。后来卓建管理委员会经过头脑风暴提出公共基金制度，这个制度可以解决很多律所资金缺口的问题。这项公共基金制度解决了传统提成制律所在公共建设上很难再有新投入的问题，以制度的形式，稳定、持续地为律所的公共建设积累资金池，为建设活动的顺利开展提供资金保障。

公共基金的来源主要有4个方面：（1）从合伙人、律师的业务收入中按比例提取及其他工作人员固定交纳；（2）接受本所人员或客户的捐赠；（3）政府财政补贴；（4）其他收入。

卓建的公共基金对于每一个卓建人的提取标准是有规定的，合伙人、非合伙人律师在扣除业务收入应缴纳的增值税后，应按规定提取公共基金，并纳入本所公共基金积累，具体规定了一定的提取比例和上限。公共发展基金倒三角的提取方式，意味着级别越高的合伙人提取的金额越多，但使用中并无个体的差别，既体现了高级别人员应承担更多的责任，也与占用公共资源度相匹配。

公共基金除了提取之外，还以每个执业律师和律师助理为单位提取公共管理费用。每年每位律师和实习律师提取的管理费用是一个固定的数额，但是在提取管理费用时又和公共积分制度挂钩，如果律师的公共积分排名足够高，那么管理费用可以减免甚至全免。相应地，如果律师的公共积分排名过低，那么管理费用就需要多缴甚至翻倍。这样的做法保证了公共管理费用与公共积分制度相衔接，既促使大家积极地参与到律师的公共事务管理当中，又保证了公共经费提取并未减少，是保证一体化运营的核心制度之一。

（二）一体化运营的资金分配与使用范围

本着取之于民，用之于民的原则，律所公共基金用于律所各项公共活动及律所公共工作人员的开支，抵御律所及律师的执业风险，促进律所的长远发展及解决本所全体律师、工作人员的福利、退休保障等。

卓建公共基金制度中所称公共基金包含发展基金、风险基金、关爱基金和退休基金。其中，公共基金中的 80% 作为发展基金、10% 作为风险基金、5% 作为关爱金、5% 作为退休基金。同时，风险基金累计总额达到人民币 300 万元时不再提取，则相应的风险基金转入发展基金，关爱基金总额累计到人民币 100 万元时不再提取，则相应的关爱基金转入退休基金。

1. 发展基金的使用范围

√ 用于本所公共宣传费用支出，如所简介、宣传画册、所刊、年历、贺年卡的设计、印刷、制作等类似支出；

√ 用于本所内部共享平台的费用支出，如金助理平台、知识支持管理平台的定制、升级费用、知识支持人员的费用等类似支出；

√ 用于外聘培训人员的费用，如外聘教授、法官、仲裁员等专家学者到本所的专项培训和授课费用；

√ 用于本所组织的公共活动费用，如演讲、旅游、会餐、年会、拓展培训、各类文娱活动等公共支出费用；

√ 用于本所开展的争优创先活动费用支出；

√ 用于本所各专业委员会、专门委员会开展活动的费用支出；

√ 用于本所为律所发展购置办公场所、办公设施设备等；

√ 其他应由发展基金支出的费用。

2. 风险基金的使用范围

√ 用于为本所及本所律师购买商业保险及补充保险的费用支出；

√ 用于本所律师因执业保险不能满足赔偿要求的损失弥补；

√ 用于本所人员因执业或工作导致出现需要赔偿的损失弥补；

√ 用于其他因执业风险或经营风险所引起的损失弥补；

√ 其他应由风险基金支出的费用。

3. 关爱基金的适用范围

√　用于本所人员的体检费用支出；

√　用于本所扶持、帮助青年律师的发展；

√　用于本所人员的疾病、伤亡等危难情形的慰问、补助、救济等类似支出；

√　用于本所人员的其他困难救济支出；

√　其他应由关爱基金支出的费用。

4. 退休基金的使用范围

√　用于本所退休人员节假日慰问支出；

√　用于本所退休人员退休时的退休金、退休补助等支出；

√　用于本所退休人员需要帮助的其他支出；

√　其他应由退休基金支出的费用。

从以上的资金使用范围可以看出，卓建的公共资金在品牌打造、拓展业务、服务律师中体现了对律师的关心和爱护。卓建投入大量的资金用于律师的发展和学习，卓建留出了培训场地和培训设施，而且每年都会从律所的发展基金里面提取一部分培训和学习的发展基金，聘请外部的专家教授进行培训。例如，2019 年为了提升合伙人的整体创收能力，以及帮助其实现业务的突破，卓建专门投入将近百万元资金，组织了一个“双百”“十千”的培训计划。在 2020 年专门划拨 100 万元用于卓建合规研究院的建设，以支持卓建合规法律服务业务的开展。这两笔投资较大的资金，如果是非一体化运营的律所的话，很难决策或能拿出这么多资金进行投入。

卓建的公共基金实行滚存制，当年所提取的公积金有结余的，会滚存到公共基金池里，合伙人不会参与分配。卓建的合伙人是非常有理想有情怀的一批人，对于办所，他们更多的是基于情怀和信念。律所初期亏损，合伙人、投资人即使没有见到经济效益，也还在不断投入。关于办公资源的使用，卓建的创始合伙人一开始就定调，卓建是为律师服务的，是为律师提供平台的，卓建不会在办公资源上赚律师的钱。所以卓建收的办公场地使用费、律师的管理费，基本都是量出为入预算好的，以达到收支平衡为原则。卓建从东风大厦搬到平安大厦，再到国银金融中心，一如既往地在执行平衡预算。在国银金融中心，租金陡增，每年的租金接近2000万元，即使这样，卓建在测算办公单位和办公场地的费用成本的时候，也还是秉持收支相抵的原则，一遍又一遍地计算费用，计算律师最低能够分担的标准是多少，不留半点盈利空间。这就是卓建，一直以来卓建的创始人都以“民之所忧我必念之，民之所盼我必行之”的以律师为中心的发展理念，始终想着把律所做大、做强、做久，做成行业内大家都公认的优秀律所，成为客户口中值得信赖的律所，成为可以传承久远的“百年老店”。正是因为卓建的这种气质、这种精神，卓建的律师都信任卓建，积极加入合伙，愿意缴纳公共基金。这也是卓建的公共基金制度能够得以推行的根本原因。

（三）一体化运营的资金使用程序

公共发展基金由卓建管理委员会进行管理，管理委员会是公共基金管理和使用的决策机构，一体化运营中心是公共基金制度的执行机构。基金管理和使用的会议由管理委员会主任召集，管理委员会应当将所议基金管理和使用事项的决定形成会议纪要，出席会议的管理委员会成员应当在相关会议纪要上签名。对基金管理的决策，管理委员会会议应当由2/3以上（含本数）管理委员会成员出席方为有效，管理委员会决议的表决，实行一人一票，管理委员会决议需由出席管理委员会会议的成员过半数（含本数）通过。管理委员会全体成员以书面形式一致表示同意做出决议的，可以不召开管理委员会会议，直接作出决议，并由全体管理委员会成员在决议文件上签名。公共基金的管理和使用由监事会负责监督。

卓建的公共基金使用采取预算制，年初由各专门委员会提出当年工作计划和资金使用预算，在管理委员会审核平衡后，编制年度预算报告，经合伙人会议审议通过后执行。年终由一体化运营中心编制年度决算报告，经管理委员会审核后提交合伙人会议审议。监事会监督公共基金的使用情况，同时对各专门委员会、专业委员会的工作进行监督并进行绩效评价。

凡按本制度提取公共基金的合伙人、非合伙人律师及其他工作人员，无论是何种原因转所、停业及辞职、辞退的，所提取的公共基金均不予退还或转出。卓建所合伙人、非合伙人律师、工作人员在本所达到法定退休年龄且不在其他律所执业时，从公共基金中按月提取一定比例作为退休期间的补助，直至死亡。退休补助制度的建立，让“家文化”在制度上得到了保障，在经济上给予了实际支持，同时也增强了全体卓建人的归属感。

在资金提取及管理的制度建设上，卓建依据《会计准则》的相关要求，建立健全了包括资金管理规范、资产管理规范、税务管理规范、成本费用管理规范、财务报告管理规范在内的一系列财务管理制度，使财务管理有章可循。卓建还坚持按照相关规定聘请外部会计师事务所提供审计、咨询等服务。聘请的会计师事务所具备担任审计机构的任职条件，具有相关专业的履职能力，与卓建没有关联利益，每年均出具了标准、无保留意见的外部财务审计报告，最大限度地保证了外部审计的独立性。

通过实行公共基金制度，卓建所有了自身源源不断的公共经费，为不断发展提供了资金保障。得益于公共基金制度的实施，卓建得以不断吸纳优秀人才、培养青年才俊、提升公共服务能力和水平。借此，2017 年，卓建完成了特殊普通合伙的改制；2020 年，卓建完成了新职场的租赁、装修及搬迁等各种软硬件的升级。同时，通过设立关爱基金、退休基金，让“家文化”在制度上再次给予保障，在经济上给予实际支持，增强了全体卓建人的归属感，卓建可凝聚群心，可助力将卓建打造为各成员终身事业发展的平台。

二、技术支持

在传播学领域，美国芝加哥学派对媒介技术进行过研究，后来媒介环境学派继承了芝加哥学派对技术的关注，并且提出“大媒介”的概念，致力于分析、理解传播技术如何控制信息的形式、数量、速度、分布和流动方向，致力于弄清这样的信息形貌或偏向又如何影响人们对客观世界的感知和态度。媒介环境学派分成了两边，一边是乐观派，认为媒介技术会促使社会进步，甚至会造就一个理想的乌托邦世界；另一边是悲观派，认为技术的发展会使文化向技术投降，社会产生的一切问题都源自技术。但是我们要清楚地知道，技术是中性的，对社会产生什么样的效果取决于人，人是有能动性的。只要合理地运用技术，就能不断地创造新的环境，给社会带来进步。卓建在建所之初就探索并不断地寻求在业务办理及律所管理中的技术支持，以推进卓建更大的进步。

（一）拥抱技术的重要性

《明日世界的律师》的作者理查德·苏斯金德说过一句话："如果说互联网科技将大幅改变我们的经济和社会，却独漏法律产业，未免太说不过去了。"这本书提到科技革命会颠覆律师行业，如果是在几年前，这样的想法不免让人疑惑。但时至今日，无论乐观主义者还是悲观主义者，行业律师大咖还是新锐，基于现实或者可预期的未来，都已经无法否认，科技革命对于法律服务业的影响力正在快速推进。

国外的法律科技创新最早源于 20 世纪 90 年代中期。自 2010 年开始，国外的法律科技公司发展进入快速上升阶段，至 2015 年达到高峰，共创立公司近 200 家，2016 年法律科技公司创立数量开始回落。目前，欧美等国开展了大量的法律服务能使技术创新，覆盖了信息检索、文档工具、合同管理、自动咨询、大数据预测、电子取证、尽职调查等不同领域。这些创新或帮助法律人提升了工作效率和服务质量，或直接为企业和个人用户提供法律自助服务，降低了获取专业法律服务的门槛。

国内的法律科技公司数量在 2013 年以后呈爆发式增长，从 2011 年的 20 余家快速增长到 2018 年的 270 余家。2016 年是国内法律科技公司创立的高峰期，新增公司数量近 100 家，远远高于其他年份。纵观国内法律科技公司的业务分布，绝大部分都属于"法律 + 互联网"范畴，重点依托互联网的连接作用，实现法律人与法律人、客户与法律人之间高效、精准地连接。相比国外，数字化法律服务平台创新较少。

为什么国内在法律科技创新上不如国外呢？究其原因，一方面是创新理念的不同，现阶段国内律所主要将法律科技作为拓展业务的一种手段；另一方面则是由于专业法律产品的创新有较高的技术门槛，而国内律所往往缺乏与科研机构等外部资源整合的能力，无法跨越技术鸿沟。

随着法律科技与人工智能的崛起和不断发展，法律工作者面临着新的认知与技术挑战，这也进一步要求高等法学教育适时拓展新的知识领域，以培养出“法律 + 技术”双重背景的复合型法律人才。

纵观全球，各大法学院在法律科技及“法律 + 人工智能”领域都进行了教学与研究领域上的创新尝试，并不同程度上取得了有益的学术成果。比如斯坦福大学法学院——CodeX 法律信息研究中心，早在 1984 年便开设人工智能与法律研讨课程，探索法律分析自动化的未来方向。再如北京大学的法律人工智能实验室，旨在打造世界一流科技与法律交叉的学术平台，推动人工智能领域规制研究，完善大数据时代立法，在法律规则层面解决人工智能化带来的新问题，促进人工智能带来的新行为、新现象的合法化，并在此基础上建立新规则、新制度。这些高等院校已经嗅到了未来法律行业与科技结合的气息，逐步开始培养法律科技人才，为法律行业的发展添砖加瓦。

（二）定制 OA 系统

各行各业都离不开科技，在科技面前不能故步自封。法律行业为了不断优化律所运营方式和管理模式，扩大律所影响力，提高法律服务质量，也在逐步引进各种技术。律所管理软件不止是律所管理系统，还能够帮助律师和团队做好知识管理和协同工作以及日常工作甚至可以协助进行业务推广。作为法律服务的核心提供者，于律师和律所而言，知识管理的重要性不言而喻。可以毫不夸张地说，知识管理是律所保持凝聚力和核心竞争力的关键要素，也是律师及律所基业长青、业绩长虹的基石。

为了便于卓建人进行知识管理，卓建专门开发了专属的知识库即卓建知识管理平台，卓建人通过专门的账号登录，保证了私密性及专属性。该平台的知识包含了知识库、公共资料、团队知识及律师学院四大板块。其中，知识库为全员共享，公共资料则多为律所的各项制度，团队知识则是团队内部共享，律师学院主要为培训课件。卓建人通过该平台可以自行上传知识，上传时可选择自己可见、团队成员可见及全员可见三种模式。知识管理员审批通过后可获得 1 ~ 30 分不等的积分，积分可用于下载其他人上传的知识，并且积分可自行交易。

为了实现律所的规范化管理，加强律所信息化建设，提高业务质量和工作效率，降低执业风险，卓建从建所之初就采用了“金助理”律师协同工作平台软件系统。在 2012 年，卓建深感“金助理”律师协同工作平台软件系统 1.0 版本已不适应卓建的发展，遂联合该软件开发商结合卓建实际打造新的 2.0 版本，2.0 新版本于 2012 年下半年全新上线，是专门服务律师行业的第一款 SaaS、第一个办公 APP，致力于为中国各大律所提供专业的律所管理系统，打通律所内部的业务、人事、行政和财务流程，为律所打造更加便捷规范的管理环境。律所的利益冲突审查、收案登记、立案审批、业务收费、发票开具、法律文书出具、业务归档等均通过“金助理”进行。

“金助理”律师协同工作平台软件系统具有 4 个特点：（1）规范化管理，打通律所经营管理的全流程，涵盖出函、文书盖章、结案归档以及作废解约等流程。（2）精准财务结算，一站式连接人、财、事、务的所有环节，让收款、开票、结算、分配更准确、高效便捷。（3）多维度统计分析，全方位智能统计律所数据，包括年度收结案情况、款项创收情况、客户价值分析等助力管理层决策。（4）无压力分所扩张，律所品牌推广分所扩张带来的异地管理不再受地域限制，线上管理无压力。“金助理”律师协同工作平台软件系统的智能办公特点，提升了律师的办案效率。

除了传统的 OA 系统用来优化行政、财务管理外，律所还会用到其他办公系统。拥有这些系统工具，律所的大多数问题都能迎刃而解，也可以大大提高律所的工作效率。卓建每年都会投入 10% ~ 15% 的费用来建设 IT 系统，因为一体化的整合能力都是通过 IT 系统提供支持的，包括智能会议系统、远程视频系统、培训系统、一体化的平台、业务的登记、检索和归档的平台都是以 IT 作为基础的。例如近期卓建与卓越律商合作开发了一款非常智能的用于公共积分管理的名为“律数”的小程序。卓建发展至今，随着知识库的建立和健全，如今，知识库已成为卓建人知识及素材来源的重要渠道，对卓建的专业品牌构建、律师办公效率及专业性的提升效果愈加显著。未来，卓建仍将致力于打造高品质的知识管理体系，推进卓建知识管理的转型升级。

（三）法律 AI 系统

人工智能（artificial intelligence，AI），是一个可以正确解释外部数据，从这些数据中学习，并利用这些学习灵活适用，实现特定目标和任务的能力系统。我们正处在一个人工智能大爆发的时代，任何行业、任何人都深受人工智能的影响。很多由人从事的工作都将由机器完成，甚至在围棋项目中，谷歌人工智能软件“阿尔法狗”战胜了世界冠军、围棋职业棋手李世石九段。我们每一个人都接触到了人工智能，比如智能手机里面的语音识别、人脸识别、智能问答等。

腾讯研究院未来科技高级研究员曹建峰在2017年“法律+科技”领军者国际峰会上对人工智能在法律行业中的应用和影响总结出以下十大趋势。（1）智能化、自动化的法律检索将深刻影响法律人进行法律研究（检索）的方式。（2）人工智能将持续推动法律文件自动化。（3）在线法律服务、机器人法律服务等替代性商业模式不断涌现，使法律服务的提供日益标准化、商品化、自动化、民主化。（4）基于人工智能和大数据的案件预测将深刻影响当事人的诉讼行为和法律纠纷的解决。（5）在线法院以及人工智能法律援助，将促进司法普惠性，帮助消除司法鸿沟。（6）人工智能和机器人将成为法律系统的主要进入点。（7）律师市场评价将使法律行业更加透明可能带来“马太效应”。（8）法律人工智能职业将作为法律行业的新兴职业而不断涌现。（9）法律教育与人工智能等前沿信息科学技术将日益密切结合起来。（10）计算法律以及算法裁判，或将成为法律的终极形态。

站在律所的角度，未来法律AI主要还是依靠第三方提供服务。现在中国超过95%的律所都是散乱的、一体化运营能力特别低的提成制律所，其中又有超过9%的律所是10人以下的小型律所，这就是中国律所目前的业态。对于大多数律所而言，并没有能力进行大的科技投入。但如果第三方开发相应的软件和平台，由律所采购支付年费，分摊到每一个年度，这样的做法还是有可行性的，因此社会上也催生了一些法律科技公司。例如聚法科技是一家法律大数据和法律人工智能企业，依托吉林大学丰富的人才、技术资源，致力于法律大数据和法律人工智能的开发，现已经发展成行业的领军企业。卓建创始合伙人在聚法科技创立初期即准确判断法律科技的发展趋势，深度参与了聚法科技的策划，也为卓建与聚法科技的深度合作奠定了基础。

卓建也在积极地规划未来并实践拥抱新技术和新模式，将人工智能融合进律所的管理当中，并在这个过程中坚持自己的三大文化，坚持律师对法律的理念和信仰，防止人工智能损害律所一直坚持的价值观和体系，让人工智能为律师服务，为客户服务，为司法服务。卓建与聚法科技及卓越律商联合深圳市司法局开发的《民营企业法律风险自助测评系统》先后获得了深圳市、广东省及司法部的大奖，得到了民营企业的好评；卓建成为了聚法案例开发的律师法律文书纠错系统的种子用户，为提高卓建律师文书的质量发挥了积极作用。卓建正借助于聚法科技力量开发多款法律人工智能工具，以更为紧密地拥抱新技术、新模式。

（四）法律数据系统

麦肯锡全球研究所给大数据下了定义：一种规模大到在获取、存储、管理、分析方面大大超出了传统数据库软件工具能力范围的数据集合，具有海量的数据规模、快速的数据流转、多样的数据类型和价值密度低四大特征。大数据的研发与应用，一般需要经过 5 个阶段：数据准备、数据存储与管理、计算处理、数据分析和知识展现。大数据技术是互联网时代的一个巨大变量，一旦找到合适的契机，大数据技术就会释放巨大的影响力。

“法律大数据”意味着更大规模量级的数据量，更为重要的是法律大数据不仅是满足传统数据库所做的单纯的法律信息化的汇总和整理，它的核心在于预测。例如，可以通过过去上千万件案例的分析，形成对具体某一案件的裁判预测，甚至对案件时长、法官态度、胜诉概率、赔偿数额都能进行预测。法律数据库是以收集法律信息内容为主的数据库，具有信息量大、检索方便等特点，大大提高了法律人士的工作效率。较大型的数据库一般采用 Oracle，中小型数据库一般采用 SQL server；目前国内法律数据库比较繁杂，多以法律法规为主要收集内容。

作为一名法律工作者，检索工作非常重要，好的检索至少要具备三个条件：（1）法律数据库的基本数据够全、够新；（2）法律数据库提供足够高效、有效的检索手段；（3）好的检索思维。

当前法律诉讼群体中普遍应用的数据库包括以下几个：（1）中国裁判文书网。这是中华人民共和国最高人民法院 2013 年建立的全国法院统一的裁判文书公开平台，也是司法公开三大平台之一。（2）无讼案例。无讼案例是易用、智能的案例检索工具，通过自有的关键词系统提供精准、快速、全面的案例与法规搜索体验。（3）法信网。法信网是中国首家深度融合法律知识服务与案例大数据服务的数字化网络平台。对海量法律条文、案例要旨、法律观点、裁判文书等知识资源进行深度加工、分类聚合、串联推送、一站式法律解决方案和案例大数据智推服务。（4）聚法案例。这是一个面向律师、法官、检察官、法学教授、学者、学生以及从事法律相关工作的人员的提供优质的案例、法律法规等法律大数据检索服务，具有检索精准、快速、全面等特点。可视化检索、关键信息提取、案情标签检索、命中词频展示等实用功能使聚法的检索更智能。

律所作为一个平台为律师赋能的话，更重要的是在信息化上予以支持，比如数据库的采购和数据库使用的教学，这对于所有律师而言都是极大的帮助，能够提高办事效率和服务质量。卓建采购了多款法律大数据系统，特别是聚法案例更是深度应用，保证每位卓建的工作人员都开通了聚法案例的个人独立账户，让每位卓建人法律大数据支持更直接、更智能，而且可以定期定量精准地分析法律检索的使用效率。

目前卓建充分认识到了技术对于业务发展、对于一体化运营的重要作用，并在自己可以调动的资源范围内、在自己的能力范围内，有条不紊地进行着卓建的信息化建设。虽然现在卓建的建设有不尽如人意的地方，但是卓建已经充分认识到了信息化在一流大所建设中的重要作用，也愿意尽己所能去投资信息化的建设。相信在未来的法律市场中，卓建的信息化建设能让其展翅高飞，尽显风采！

PART 4

第四部分

卓建之道

第十三章

卓建之道

——来自管理学家的评价[①]

卓建2007年建所之初只有5名执业律师，是一家几乎白手起家的“草根所”，经过15年的稳步发展，如今本部现有执业律师超过320人，在人数位居深圳前十。卓建之所以能够迅速发展，就在于卓建遵循了行业发展的一般规律，遵从了一些朴实的商业原则，遵循了一些看似简单的创业原则。正是这些原则，成就了卓建。在接下来的发展中，卓建依然会继续秉承这些原则，再接再厉。在本章中，我们对卓建所奉行的这些原则进行总结提炼，同时也希望对其他律所、其他公司提供一些参考。

一、卓建一体化运营的实践原则

我们认为卓建之所以能够迅速发展，主要基于卓建实践了以下几方面的原则。

（一）服务社会，创造价值

“服务社会”这一几乎为所有企业所标榜的目标，却往往流于口号而非付诸行动，但“服务社会”之于卓建所、卓建人，却由内而外地渗透进了卓建的血液之中。卓建深刻地知道，一个组织的存在意义，就在于为社会做

---

① 该部分由厦门大学管理学院博士导师成瑾教授，在深入调研卓建的基础上所撰写的研究成果。

出贡献；一个组织对社会做出的贡献越多，越能获得社会的认可。而且一个组织对社会做出的贡献越多，获得的认可也就越多，这是一种务实的理想主义。在《基业长青》这本书里，乔治·默克二世说："我希望……表明本公司同仁所必须遵循的原则……简要地说，就是我们要牢记药品旨在治病救人。我们要始终不忘药品旨在救人，不在求利，但利润会随之而来。如果我们记住这一点，就绝对不会没有利润；我们记得越清楚，利润就越大。"这些伟大的公司都相信，善意行动会获得回报，企业不能只是逐利的工具。企业越是追求利润，甚至不择手段追求利润，企业越是得不到市场的认可。这是一个简单的逻辑，简单到有多少企业都想不起这个逻辑。但就是对这个商业逻辑的坚守，却让多少企业由弱变强、由小到大，并且在市场中屹立不倒，甚至基业长青。

卓建就是这样一个律所。本着服务社会的理念，卓建人兢兢业业做好本职工作，怀揣"匠心"服务客户，进而服务社会，为律所自身与客户双方创造价值，从而促进行业的发展。本着服务社会的理念，卓建人参与法治服务，推动法治建设，从而用所学所长无偿服务社会，怀揣"热心"与"仁心"，为法治中国的建设添砖加瓦，竭尽全力。

十年磨一剑，15 年来卓建凝心聚力，齐心协力打造综合法律服务的能力，以期为客户提供卓越的法律服务。卓建基本拥有律师行业的全部牌照，具备了全科式的综合性法律服务能力，除了能够提供广泛的非特许（特殊要求）的法律服务之外，还获得了专利代理资质、商标代理资质、省一级破产管理人资质、深圳市政府采购预选供应商、中华遗嘱库高端遗嘱服务深圳对接方等特别的法律服务资质或资格。此外，深圳市民商事调解中心在卓建设立了投融资纠纷调解庭，卓建律师可以在律所内开展调解工作；深圳市中级人民法院在卓建设立了深圳中院矩阵中心卓建站网上立案点，卓建律师可以在卓建所进行网上立案、交换证据。卓建还进入了广东省律师协会涉外知识产权律所库，能为客户提供专业的知识产权服务。卓建所资质齐全、设施完备，同时也凝聚了一批优秀的卓建人。卓建有相当一批是实力强劲的复合型人才，可以为客户提供周到的增值服务。卓建律师除拥有律师执业证外，还有部分人员还取得了其他资质证书，包括注册会计师、经济师、心理咨询师、高级营销师、专利代理人、证券/基金从业资质、破产管理人、独立董事等。此外，卓建律师除母语外，还可以使用英语、法语、西班牙语、日语、韩语等多种语言进行工作，同时也能应客户需要使用粤语、客家话、潮汕话、闽南话等方言提供服务。在“专业化、团队化、一体化”管理模式下，卓建汇集了一批精英人才，形成了全面的综合性服务能力，卓建将继续致力于为客户提供“标准化、流程化、可视化、一站式”的卓越法律服务，继续为创造协同共生的新生态而努力奋斗。

深圳建设中国特色社会主义先行示范区的号角已经吹响，卓建将厚植深圳沃土，面向全国，持续改进运营模式，创新和优化法律服务，在实现客户价值的同时为推动中国法治进步贡献力量。2020 年 8 月，为贯彻落实中央、省、市关于加强民法学习、宣传和贯彻实施的相关部署，提升全区人民的法治观念和法治素养，卓建在福田区委宣传部委托下承办了民法典专题宣传活动，活动主题为“文明城市，民法护航，打造最优营商环境”。为了方便让活动参与者更加直观地了解民法典编撰历程及亮点重点，卓建精心策划了宣传特展，以丰富的图文和文物形式阐述中华民法史的变迁。特展分为两个部分，分别是《法与时转，治与世宜》和《社会生活的百科全书》。第一部分《法与时转，治与世宜》以图文、照片的形式，详细地展示了我国民事法律制度体系演进及民法典编撰历程、世界各国民法典历史、民法典立法亮点。第二部分《社会生活的百科全书》，则以丰富的文物形式，直观地展示了与民事法律制度相关的证书、契约、票据、文本及其他物品，引导观众穿行于法律时光长廊，感受法律制度与日常生活的紧密联系和时代变迁。“既有专业水平，又接地气，令人耳目一新。”这是深圳市司法局局长蒋小文对此次活动的评价。而这仅仅是卓建 15 年来，对于社会普法宣传，国家法治建设所做出的贡献中的一件“小事”。

一直以来，卓建都把律所的社会责任铭记于心，与许多企业、社会组织和政府机关的广泛联系与合作，参与对民众的普法宣传，取得了良好的宣传效果和社会各界的高度评价。2014 年 7 月 19 日，大型思辨性公益普法活动“民断是非”上演首期对垒，该活动系由深圳晚报“法行深圳”、深圳图书馆和深圳市民商事调解中心联合主办，卓建律所承办的公益普法活动，是由卓建所辩论队参与，选取与法律相关的，能够引起广大市民讨论的社会热点事件，在进行辩论赛的同时进行公益普法。自2014年首秀至今，“民断是非”已累计开展50余期，其曾入选深圳2014年当年“十大法治事件”提名，并被纳为2018年度深圳市“公民法律素质提升”资助计划项目，甚至被写入了深圳政府工作报告法治建设板块。“民断是非”仅是卓建所进行普法宣传教育的一个缩影，多年来，卓建律师利用自身的专业知识及社会影响力，多次进行普法宣传活动。卓建所也与深圳市外来工博物馆、维德中心等机构长期合作，长期为相关法律援助活动提供支持，每月还定期开展劳动法律公益普法讲座，至今已开展过近百场公益普法活动。为了抗击新冠肺炎疫情，卓建律师推出“抗疫有法”文章十多万字，帮助企业复工复产；卓建还成立了“应急先锋队”，上百名卓建人奋战在抗疫第一线，彰显了人民律师的责任与担当。

企业之于社会、国家的意义，不仅在于每年财务报表上的营收数字，更在于企业年复一年经营过程中对社会的贡献和付出，为推进社会进步所做出的努力。罗曼·罗兰有一句话：“最高尚的人，不为自己活，不为自己死。”这无论是对于人而言，还是对于企业，都同样如此。拥有高尚的企业精神极为珍贵，拥有企业责任感，对社会有一颗“服务”之心，才能多做实事，做好实事，这是企业为社会、国家创造的最弥足珍贵的价值，而以提升民众的法治观念和法治素养为己任的卓建，正以行动践行着“利他”精神，为构建和谐文明的法治社会贡献自己的力量。

接下来，卓建将发起成立“卓建公益基金”，继续打造“卓建公益”品牌，梳理卓建公益的历程和服务项目，将公益行业化、体系化、品牌化，用公益诠释人民律师的内涵。

（二）持续迭代，勇于创新

IBM第二代总裁，IBM开拓者小托马斯·沃森在《一个企业的信念》一书中这样警告世人：一个企业组织如果要应付世事不断变化的挑战，除了“基本的”信念之外，企业在向前进时，必须准备改变本身的一切。一家公司即使拥有世界上最珍贵、最有意义的核心理念，但如果只是无所事事，或拒绝改变，世界也还是会抛弃它。对于一个组织来说，如果抱残守缺、故步自封，必然会被社会淘汰，所以对于一个优秀的组织来说，一定要勇往直前、拥抱变革。但同时，优秀组织的变革也不是休克式变革，一步到位，而是从小的变革开始，不断调整、持续迭代，最终实现组织的巨大飞跃。

对于卓建来说，显然深谙此理。卓建律所通过 15 年的努力，发展到如今总所有 300 多名律师、13 家分所，2021 年总创收超过 2.5 亿元，就是因为卓建勇于创新，不断挑战自我，不断升华自我，实现了从“丑小鸭”到白天鹅的华丽转身，实现了卓建的快速发展。在变革的过程中，卓建注重倾听律师的声音，注重倾听法律客户的声音，每一个小的意见都变成卓建提升的杠杆，每一个不满的声音都会变成卓建追求卓越的动力，每个市场中的小惊喜都可能成为卓建聚焦前进的方向，每一个业务中的失败也可能成为卓建蜕变的理解，每一个市场的动态都可能让卓建化危为机，再接再厉！

卓建勇于变革，由一家传统的提成制律所转型，寻找到律所经营的第三条道路，实现了快速发展；卓建持续迭代，在正确道路上不断调整方向与步伐，让卓建走出的每一步都更稳当和踏实。

卓建变革最为典型的是卓建文化的持续迭代，卓建始终秉承“打造一家有文化品位的律所”的初心，在 15 年的发展历程中，根据律所硬件、软件等方面的变化，对卓建文化的内涵进行丰富和充实，卓建的文化建设经过了一个不断完善、不断升级的过程。在 1.0 阶段，卓建的理念是以文化立所，以文化聚才；到了 2.0 阶段，卓建形成了家文化、学习文化和团队文化三种文化并行的特色文化体系；卓建的 3.0 文化，是一种协同共生的“和”文化，在卓建看来，“和”文化是提成制律所发展的大趋势。文化作为一种价值观，是律所成员共同的信仰和行动指南。当这种价值观成为全体成员共同遵守的总则之后，就会逐渐地在律所内形成一种组织气质，进而形成一种组织和文化的自信。在这种组织气质形成之后，会形成一种组织生态，也就是文化生态。这种文化生态就像森林一样，会改变律所的环境。卓建目前形成的文化生态，就是全员共治、协同共生，核心理念是共建、共享、共成。没有共建不可能有共享，没有共享就不可能有共成，三者相辅相成。卓建协同共生的新文化生态分为三个层次：首先是律所要与员工和律师协同共生，协力把律所打造成一个事业发展的平台；其次要与客户协同共生，与客户共同成长；最后还要与社会协同共生，要与社会共同繁荣，促进社会法治进步。

卓建迭代创新的还有法律服务产品。2018 年卓建在行业首发法律服务产品目录 1.0 时，引发了行业的广泛讨论和热议。2022 年，卓建经过梳理、扩充和创新，又推出了法律服务产品 2.0，法律服务产品更多，产品描述更明确，流程更完整，定价更贴近市场。

卓建迭代创新的还有智能化办公系统。从最初的与“金助理”共同开发行业的办公软件，到建设智能化管理的数据平台，到现在的智能化管理系统，不同的软件和功能嵌入和丰富管理，让律所的管理更加智能化。

在建设一体化经营律所的这条路上，卓建同时设立了希望打造成创新型律所的目标，因此建立了卓建的创新生态，通过业务创新、管理创新、机制创新不断变革现有机制，不断刺激律所进步、成长。创新已经汇入卓建人的基因和血脉，成为卓建人的工作和生活习惯。卓建创新了决策机制，对律所进行股份制改革，建立了三级合伙人制度。每一个层级的合伙人持有的股份不一样，甚至同一层级的合伙人股份也不一样。同时，实行一股一票，改变了传统合伙制律所律师一人一票的弊端。在遇到重大问题或者有分歧的问题时，能够极大地提升决策效率。卓建还进行产品创新，每年都要进行几次产品创新大赛，通过多年的努力，产生了 200 多个法律服务产品。最后，卓建还进行了律所管理模式的创新，通过卓越绩效和一体化运营模式的导入，达到了 4 个方面的创新。首先，合理解决了律所和个体之间关系的问题，保留了律师的独立性、自主性和创造性；其次，解决了卓越绩效和一体化运营的无缝对接，双轮驱动律所管理迈上一个新的台阶；再次，实现了全员共治。在卓建，管理是全体人员、全员参与的事；最后，这种模式的探索，也是阿米巴经营管理模式在律所的成功实践。每一个团队就是一个阿米巴，就是一个利润中心，保持了团队的主动性和积极性，在律所一体化运营的体制下，卓建的业绩不断增长。

美国连锁超市沃尔玛创始人山姆·沃尔顿曾说过：“你不能只是继续做以前行得通的事情，因为你四周的每件事情都在变化，想要成功，你必须站在变化的前面。”未来，持续迭代、勇于变革的卓建虽然已经探索到了正确的律所发展道路，但仍不会止步于此。发展至今，卓建所乃至整个律师行业仍然存在法律服务同质化、新产品规划研发投入不足等问题。为提升律所法律服务和业务收入水平，卓建管理合伙人高瞻远瞩地提出了“推进律所供给侧结构性改革”这一新阶段性目标。“路漫漫其修远兮，吾将上下而求索”。在这条永无止境的卓建进化之路上，卓建将永远秉承对“更好”的追求，用“最好”的风貌迎接未知的挑战与荣耀。

（三）跨行业借鉴，兼容并蓄

卓建是一家有与众不同气质的律所，也即这家律所是非常懂管理的律所，在律所的运营管理过程中，充分借鉴管理和营销领域的先进思想和实践，并能真切落实到律所的管理过程中。在卓建的管理中，到处可见其跨界思维。例如，在卓建团队建设中，卓建能引用“定位”理论对团队建设进行分析，指导团队进行精准地定位。卓建系统化地引入“卓越绩效标准”，这在专业服务公司中是非常少见、难得的。

胡适在《差不多先生传》一文中所批评的国人处事不认真、敷衍苟且、马马虎虎，今天仍非常有启发意义，成为反省自身的对照。鲁迅先生在20世纪30年代曾经说：中国四万万的民众害着一种毛病，病源就是那个马马虎虎，就是那随它怎么都行的不认真态度。长期以来深受农业文明的影响，形成一种粗放式的认知体系，没有孕育出现代科学精神（现代科学有三个基本要求，即逻辑推理、数学描述和实验验证）。建设法治国家，律师要带头治好鲁迅笔下的这种病，探索新时代的天职观念，利用个案参与普法，增强民众对法律的良好体验，为法治精神注入魂魄，而工匠精神正是改良这种粗放认知体系的一剂良药。

卓建的“匠心”理念正是工匠精神的最好诠释，不仅在于律师业务的专业化，对客户“尽心尽力尽责”，对业务“专业专心专注”，还要求律师业务精益化。精益管理是由丰田精益生产方式所衍生出来的一种管理哲学，它强调“非常准时”和“按需要生产”，它要求生产过程中各个环节衔接得准时化，没有不必要的物流停顿和库存，在创造价值的目标下不断地消除浪费。律师的工作也需要和组织、流程、需求、工序、管控等现代管理学相衔接，厉行精益思维，才能帮助客户以最小的资源和投入获得最大的价值，提升专业服务的价值感知。

除了管理学方面的跨行业借鉴，工匠精神要求律师业务数字化。何柏生教授在《法律文化的数学解释》一书中指出，数学思维方式对西方形式主义理性法律的形成具有决定性意义，法律追求确定性和可预期性，数学知识则很大程度可以满足这种要求。可见，数学是法律的重要基因，如今随着大型跨专业的法律服务越来越多，如 IPO、大型企业重组、大型政府公共服务、重大投资建设、重要科技项目等，都需要依托数学建立模型，帮助各主体梳理信息，优化决策选择，回归法律理性思维，这些都离不开数学思维。

大数据、人工智能的崛起，为律师业务的工匠精神提供了强大的技术支撑，并在数字化基础上增加了大量的现代元素，智能化是数字化的升级版。目前，关于智能化的讨论很多也非常热门。清华大学法学院于 2018 年 7 月 9 ~ 11 日在清华大学校内举办了全国优秀大学生“计算法学”主题夏令营活动。该活动招募的对象是计算机科学与技术、信息与通信工程、网络空间安全、控制科学与工程、电子科学与技术、电气工程、数学、统计学及其他理工科专业或掌握信息技术相关专业知识的学生。这对于未来法律服务的发展趋势和法律人才的素养要求，具有重要的预测和风向标意义，值得高度重视。

目前卓建着力推进强专业，在薄弱领域 IPO 业务进行投入以期突破。此外，卓建展望到未来深圳高科技发展前景，TMT 领域发展潜力大，因此也在强力促进一些有计算机或者以科技背景的人才引进，筑巢引凤，从弱势投入发展为强势竞争点，投入未来的竞争之中。

随着社会主义市场经济法律体系的形成，我国法律知识已经从增量扩张向存量优化转变，单独的法律知识体系已经没有太大的发展空间，必须要和其他行业、专业、机构、区域进行联合，才能形成系统解决方案。律师的服务要指向真问题、解决真问题，以复合的知识背景，对问题进行精确发现、全面覆盖、系统布局、通盘考虑、彻底解决。

日本“经营之圣”稻盛和夫曾说：企业家要像匠人那样，手拿放大镜仔细观察产品，用耳朵静听产品的“哭泣声”。律师也要通过精进与修行，聚焦专业，将业务做到极致，为法治注入新的基因和元素，让公平可体验，让正义看得见，让信仰可依赖，从而参与构建法治项下无处不在的法治社会魂魄。

（四）以人为本，以律师为中心

在《中国文化的根本精神》一书中，楼宇烈先生谈道，与西方文化相比，以人为本的人文精神是中国文化最根本的精神，也是最重要的特征。在企业管理之中，“以人为本”自然也是需要坚持的核心价值观，无论公司的大小与资历，成长与发展的基本都在于“人”，无论是管理层还是所有普通的员工，都是整个组织中不可缺少的一环。对于卓建而言，“以人为本”的精神已经融入了卓建文化之中，通过整个组织的系统搭建渗透进了卓建的方方面面。

在卓建，以人为本首先贯彻的是“一切以律师为中心”，是以实现律师的全面发展为目标。卓建重视律师的需要，鼓励律师发展，注重培养律师。卓建的组织及流程设计以律师为中心；要求一体化运营中心把律师当作“客户”，提供“及时、周到、贴心”的服务，而不是冷冰冰的管理；把管理制度的强制性实施，改变为员工的自觉遵守和执行，这是对严格规范管理的升华。卓建平等对待每一个成员，每一个成员都可以参与律所共治。卓建打造的协同共生新生态一体化运营律所是一种新型组织。卓建所通过建立委员会制度，形成了公共事务有人共担的人力资源体系，着力建设全员共治组织。卓建的委员会制度采取专门委员会和专业委员会并行的方式。专门委员会负责公共管理，采取“内阁制”，专业委员会采取“竞选制”，每个成员都可以参与律所共治。

卓建历来非常注重本土人才的培养，构建了与战略发展规划相匹配的人力资源体系，在对各律师团队充分授权的前提下，卓建从“人员质量、人员数量、人员结构”三个维度出发，通过制定筛选、录用、培训、考核及薪酬政策，给每一个律师团队提供原则性指导，各律师团队则在律所人力资源政策的指引下，享有充分的团队发展、招聘管理、培训管理、绩效管理、薪酬管理的权限。此外，卓建确定了明晰的人员晋升通道及晋升机制，员工加入卓建后，卓建通过培训、考核、学习、合作等体系培养人、发展人、成就人，从而留住人，进而为打造集约化、专业化、精细化的律师团队营造了良好的基础条件和氛围。

在卓建，“家文化”就是以人为本的文化管理。“家文化”使律所与成员形成了一个利益共同体，律所成员之间成为事业上的伙伴关系，律所成为一个拟制的“家庭”，律所成员像兄弟姐妹一样坦诚相待、互相扶持、团结协作。在卓建大家庭里，一切为律师着想，一切为了律师，律所的利他精神无处不在；在卓建大家庭里，大家以卓建家人相称，充满着亲情，大家情同手足，互相支持，互相帮助，关爱之心无人不有；在卓建大家庭里，充斥着温暖，一人有难全所帮忙，暖心之举随处可见。有一位助理刚来卓建不久，在体检中发现患有肝癌晚期，卓建家人一夜间就向其捐款 15 万元之多。“家文化”让卓建人以所为家，“卓建是我家，共建靠大家”已经成为卓建人的共同心声。

为了营造“家庭”气氛，卓建在每个月最后一周的星期四定期举办“卓建生日会暨迎新会”，这项活动迄今为止已经坚持了 12 年，受到了全所同仁的普遍欢迎。疫情期间，卓建也以 VCR、电子贺卡等方式为寿星及新人送上特别的祝贺及礼物。无论是中国节日还是洋节日，卓建都会安排丰富多彩的联欢活动，圣诞节和元旦举办“双旦”节 K 歌会，元宵节举办灯谜会，端午节举办品粽会，中秋节举办品月饼和赏月活动等，卓建家人在节日气氛中增进了情感，陶冶了情操。每年年终的卓建年会，是构建“卓建家文化”的重头戏，也是展示“卓建家文化”魅力的重要平台。除了在精神上给予卓建人充分的关怀和重视，卓建也关心每一位家人的身体健康，律所成员经常加班加点工作透支体力，为了保证员工的身体健康，卓建所每年定期组织全所成员进行集体体检，督促家人关注身体健康。卓建“家文化”发展了人、培养了人，也吸引了人，留住了人，经过多年的深耕厚植，卓建“家文化”早已深入人心，助力卓建迅速成长。

人文精神是律师的肝胆，以人文化育，镶法于理，不忘初心，锐意创新，则玉在山而草木润，渊生珠而涯不枯。卓建人与卓建所彼此珍重，彼此成就，同心同德，稳步前行，这正是卓建经营之道、之妙。

（五）全员共治，以贤为先

“由大所转变为强所，由区域性地方所转变为全国所，由文化强所转变为专业强所，由传统型律所转变为创新型律所，由传统提成制律所转变为一体化运营的律所”是卓建“三五”发展规划确立的战略目标。2018 年 7 月 16 日，卓建所在平安银行大厦 20 楼举行了一体化运营中心成立的揭牌仪式，正式开始了卓建深入推行一体化运营的新篇章。如今，卓建已然走上转型的第三条道路，昂首阔步展望未来。

卓建一体化运营实现了全员共治，让管理不再成为创始合伙人一个人的事，也不是行政的事，而是全体人员、全员参与的事。为此，则需要卓建一体化运营利器——一体两翼的“保驾护航”。所谓“一体两翼”，是指卓建所的组织运营体系，以大部制改革后的 10 个部门为“体”，7 大专门委员会为“左翼”，10 个专业委员会为“右翼”，三者共同构建卓建的核心运营架构。

“一体两翼”之体——10 个专业部门从事法律事务的作业，是律所的生产主体，“一体两翼”之左翼——7 大专门委员会从事律所的公共事务管理，是十大专业部门的后台支持体系，“一体两翼”之右翼——10 个专业委员会从事专业研究和产品研发，是 10 个专业部门的智力支持体系，卓建通过“一体两翼”体制搭建了卓建一体化运营的人力支持体系。同时，“一体两翼”通过组织架构上的有效分工，实现了业务与公共事务的合理配置，卓建人不仅能自扫门前雪，而且公共事务也有人干。10 个专业部门为 10 个部门提供智力支持，7 大专门委员会为 10 个部门提供后台支持，相互配合，形成了闭环体系。卓建“一体两翼”建设已有两年多，目前运行效果良好。管理委员会于每年年初要求各部门、各专门委、各专业委主任认领“军令状”，根据律所的工作计划，结合各自的工作计划下达每年需完成的各项工作指标。“一体两翼”自建设以来，不断推动工作，有效提升了法律专业水平，提高了法律服务质量，强化了律所内部的业务协作，促进了一体化，促进了律师的“专业化”和法律服务的“精细化”发展。

全员共治的平台搭建，不仅让卓建人能以卓建家人自居，以卓建家人相处，同样尊重、保障了每一位卓建人的权利。扁平化结构带来通畅的沟通渠道，对于律所的整体建设予以无私的投入，对于自身权益的保障也有发声的通道。当然，在一体化运营营造的平等、民主、通畅的整体氛围下，卓建以“尊贤为大”为管理标准，通过建立合理的合伙人制度，搭建完备的晋升制度，选贤举能，对于律所的整体发展有核心的把控。

卓建是特殊普通合伙制律所，引入了股份制，实现了股份制与合伙制的融合。卓建根据合伙人对律所的贡献大小、出资份额及各年度业绩，将卓建人分成三级，分别是初级合伙人、高级合伙人及创始合伙人。除了硬性指标外，卓建还建立了合伙人年度考评和降级制度，对于业绩或公共积分连续两年不达标的合伙人要进行降级处理，通过设立对合伙人红、橙、黄牌提醒的制度，规范督促合伙人行为。卓建合伙人是团队带头人，在团队建设中发挥主体作用。合伙人以身作则，以团队为点，以专业为线，以部门为面，将专业学习、服务提供、团队建设、战略执行、风险分摊及律所公共事务承担等多重职能集于一身，使顶层设计与基层实践完美结合。

《旧唐书·食货志上》说：“设官分职；选贤任能；得其人则有益于国家；非其才则遗患于黎庶。此义不可不知也。”因“贤”而选出的合伙人组成的权力机构，除了自身的道德修养与责任感外，同样也需要完善的制度配套，鉴于传统提成制律所“一人一票制”下容易出现的决策僵局之弊，卓建所在发展过程中创新引入股份制，实行“一股一票”，并逐步形成了三级合伙人会议的议事机制及律所管理委员会统辖下的执行机制，构筑起卓建科学的决策体系。

至此，卓建的宏观治理逻辑链又回到了原点。从卓建文化出发的全员共治理念，到具象化的一体化运营模式的实施，再至细分辅助其运行的“一体两翼”，从文化到制度，从律所到个人，外部搭建而成的体系框架和内在精神的互相成就，让卓建的每一位成员都能拥有参与治理权的同时，也让更为优秀、贤能，具备相应才干的卓建人，能带领卓建走得更快速、更稳当。

（六）权责利平衡，协同共生

权责利等边三角形定律作为管理重点之一，指的是在任何一个管理单元上，权力、责任和利益这三件事情，必须同时地、对等地发生在一个主体身上。责任是地板，权力是天花板，利益是横梁直柱。三个方面结合，相互依存，才能形成一个有机的平衡体。而卓建的一体化运营模式正是贯彻了这一定律，从责任、权力到利益，通过制度的搭建和推行把握三者的平衡，让整个组织有序、有力地运作下去。

责任之于卓建，是大厦建成的根基，也是滋养组织的律所文化。卓建律所的核心价值观正是“做一个好人，尽律师责任”，律师办的不仅是案件，更是别人的人生。因此，律师首先应当是一个好人，一个善良的人，一个有原则操守的人，否则就不适合做一名律师，不适合在卓建从事律师业务。作为律师执业的平台，律所唯有如此，方能立足长远。尽律师责任，更是律师执业的根本，对客户负责，积极而正面地影响社会，才能促进社会的法治进步。

权力之于卓建，是卓建家人被郑重赋予的“民主自治权”，是上文所言的“全员共治”制度，在一体化运营模式下每个卓建人都能参与管理，通过完善的制度和畅通的渠道表达自己的观点，捍卫自己的权利，同时确保整个组织的决策向正确的方向施行。卓建设立的 7 大专门委员会为律所管理委员会直接下设机构，各委员会权责分明、各司其职、有效制衡、协调互补，覆盖了律所运作的全部公共事务，为保障卓建规范有序运营及战略目标的达成提供了坚实的组织保障，有效地推动了公共事务的全员参与，践行了全员治所的理念。

利益之于卓建，不仅是平时作为卓建律师要为客户坚定捍卫的，也是在卓建这个大家庭每位家人都应得应享的。首先是福利。无论是每个月最后一周的星期四定期举办，已经坚持了 12 年的“卓建生日会暨迎新会”，还是逢年过节的各种节日组织联欢、年度旅游团建等活动，在让卓建家人感受到“家”的氛围的同时，也凝聚了彼此，成就更好的未来。同时，卓建是一个年轻的律所，成员中大多是青年律师，他们代表着卓建的未来。卓建本着以人为本、面向未来的原则，通过各种政策扶持青年律师成长，从物质到精神，从生活到事业，方方面面予以实质的支持和帮助。其次是成长。在卓建有卓建律师学院，有卓建论道，有五位一体的全方位学习平台，从“名人名家大讲堂”到“法律实务训练营”，从“青年律师成长之路”到“未来合伙人计划”，只要你愿意学习，你就能获得渠道，就能快速成长。最后是发展。卓建为合伙人明确了各项制度，确保合伙人的执业收入，尽量降低合伙人的成本和付出；对于授薪人员，列明晋升的发展通道，出台最低工资标准，确保大家在卓建能够安心工作、学习和成长发展。

律所不仅是律师执业展业的平台，律所也应当成为律师事业发展和人生成长的舞台，成为律师心灵归属的家园。卓建将权责利平衡原则运用到了日常经营管理中的方方面面，渗透进了卓建文化滋养着一代代卓建人，外化为“专心、专注、专业”“尽心、尽力、尽责”“共建、共享、共成”的核心理念。同时，卓建还通过国内首创的公共积分制度，从制度上促进三者之间的平衡。

作为一家不断发展的大型综合律所，卓建多年来一直在摸索一种有效机制以激励律师参与所内公共建设事务，既能保障服务效率和满意度，又不过分增加运营成本。最终，卓建建立了公共建设积分制。在卓建范围内，针对全体职员参与律所公共事务的程度，设置不同的积分标准，将公共积分与律师或团队承担的管理费挂钩，多劳少交，少劳多交。同时，将公共积分作为评优评先、选拔人才、资源倾斜及合伙人晋升降职等的依据。卓建自实行公共建设积分制以来，律所全体成员积极参与律所的公共事务，为7大专门委员会的形成和壮大提供了坚实的人才储备，保障了律所公共事务的正常、持续、稳定、高效运转，解决了公共事务没人干和干好干坏一个样的问题。公共积分制度这一激励机制已经成为卓建推行一体化能力的核心密码。

通过律所管理模式的创新，卓越绩效和一体化运营模式的导入，合理解决了律所和个体之间关系的问题，保留了律师的独立性、自主性和创造性。通过实现全员共治，让管理成为全体人员主动、积极参与的事情。这种模式的探索，也是阿米巴经营管理模式在律所的成功实践。每一个团队就是一个阿米巴，就是一个利润中心，保持了团队的主动性和积极性，在律所一体化运营的带领下，业绩不断增长。

已然大所的卓建，在前往强所的道路上从未止步，卓建之道卓有成效，也同样随着卓建的成长经历而不断向内滋养丰富，从而再反哺卓建自身的经营管理。在这样的良性循环之下，卓建所找寻到的这条转型的第三条路，必将越走越宽，越走越稳当。

（七）打造利他平台，甘做造钟人

《基业长青》一书中提出了一个重要的命题：那些高瞻远瞩的公司创办人重视公司制度建设，而不仅仅在意个人是否是一个魅力型领导者。“拥有一个伟大的构想，或身为高瞻远瞩的魅力型领袖，好比是‘报时’；建立一家公司，使公司在任何一位领袖身后很久、经历许多次产品生命周期仍然欣欣向荣，好比是‘造钟’。我们研究所得的第一要点，是要说明高瞻远瞩公司的创办人通常都是制造时钟的人，而不是报时的人。他们主要致力于建立一个组织，一个会滴答走动的时钟，而不只是找对时机，用一种高瞻远瞩的产品构想打进市场，或利用一次优秀产品生命周期的成长曲线；他们并非致力于取得高瞻远瞩领袖的人格特质，而是采取建筑大师的方法，致力于构建高瞻远瞩公司的组织特质；他们努力的最大成果不是实质地体现一个伟大的构想，不是表现人格的魅力，不是满足个人的自尊或累积个人的财富，他们最大的创造物是公司本身及其代表的一切。”

卓建就典型地具有这样的“造钟”特征，卓建始终追求制度上的突破，治理创新，始终在改进流程，并以制度固化流程结果。这样的组织是一个不断演化的组织，也是一个在造就组织的组织。这样的组织是靠机制获胜、靠系统获胜、靠管理获胜，这样的组织不依靠某一个英雄或者某几个英雄，而靠一群一群的人，靠组织的所有人。从一定程度上来说，这样的组织更具有竞争力，也更具有长期存在的可能性。

在卓建成立之初，就是要成为一家能汇集三山五岳的精英，众揽五湖四海翘楚的律所。卓建建所的初心就是要为年轻律师搭建广阔的平台，用先进的管理制度和包容的文化氛围共同建成卓有建树的事业家园。卓建的顶层设计者把卓建所视作一个能为律师赋能并达成共赢的平台，而非单纯的管理机构，同时强调为平台注入的利他性，最终也会反哺平台本身，形成良性持久的动力。此后在卓建的整个演化过程中，卓建始终重视顶层设计、制度创新，这些在卓建的管理实践中都得到了体现和验证。

卓建的学习文化，一方面鼓励卓建的所有律师自我突破、自我提高，同时也鼓励雷锋精神，让榜样起到“传、帮、带”的作用，无论所内还是所外，都不遗余力地利用自己的专业所学为律所、为社会、为国家做出贡献。这样良性的律所氛围并不是单纯只靠意识与文化层面的熏陶，卓建建设了一套完备的系统，通过科学的制度与清晰的流程，让平台上的每一位卓建人都能人尽其才，能清晰地看到努力的方向，并不断通过努力与付出获得应得的回报。卓建就是这样通过建立长效机制来切实奖励雷锋、扶植个人，最终起到卓建所整个平台共赢的效果。

卓建所探索并成功走上了适合提成制律所转型的第三条道路——一体化运营。一体化运营的核心目的，是要调动每个人的积极性和能动性。要实现这样的目的，最核心的就是要把律所打造成一个利他平台，在这个平台上，人人平等，同时，这个平台又能奖勤罚懒、让能者获得更多的机会，让奉献者得到公正的回报。卓建的公共积分制度，是一体化运营的核心密码之一，也是卓建整个正向流动系统得以顺利运转的关键。

在传统公司制律所中，通常采用的是计点制，即公司制律所合伙人每年年终分红时，按照个人的绩点来计算，主要是考量每年办业务花费的时间、每年参与所里的公共事务贡献度、所占用的时间等，每一个层次的合伙人有统一的封顶。但在卓建看来，对于提成制律所，计点制度并不合适，因为计点制更重要的是衡量一个合伙人每年做业务花了多少时间，贡献了多少力量，但是提成制律所律师的业务最终都是为了自己的效益，具有一定的独立性与自主性，因此业务的考量仅需要对应到合伙人的业绩考核，并决定其晋升与降级就足够了。正是因为业务都是自己的，公共的事都是大家的，才会出现“公地悲剧”这样的现象，为了避免“公地悲剧”现象的产生，避免仅有少数的活雷锋在奉献的情形，卓建决定把公共事务的参与也予以量化，最终推出了公共积分制。

公共积分制作为一种有效的激励系统，避免了在提成制律所“干和不干一个样，干好干坏一个样”的弊端，能够成功调动律师和助理参与所里的公共事务。年初列出积分任务清单，年底算总账。卓建所把平均分分为三个层次，积分高于平均分的就给予奖励，低于平均分的要多交管理费。积分最高的人不仅不用交管理费，还可以奖励一倍管理费；而积分最低的不仅要交管理费，而且还要多交。除此之外，公共积分与合伙人升降挂钩，与评优评先挂钩，从而在持续不断扶植优秀个人的同时也解决了所里资源分配的难题。

另一方面，卓建独特的合伙人制度也为个人的成长与律所的发展保驾护航。卓建作为一家特殊普通合伙制律所，引入了股份制，实现了股份制与合伙制的融合。根据合伙人对律所的贡献大小、出资份额及各年度业绩，将卓建人分成三级，分别是初级合伙人、高级合伙人及创始合伙人，各自有不同的入选原则。卓建还建立了合伙人年度考评和降级制度，对于业绩或公共积分连续两年不达标的合伙人要进行降级处理，为了促进合伙人进步，卓建还建立了对合伙人红、橙、黄牌提醒制度。

卓建合伙人在律所治理中发挥着关键作用。在卓建，合伙人通常也是律师团队的带头人，由高级合伙人推举并担任的律所管理委员会成员均是律所事务的核心决策者和执行者。同时，卓建合伙人作为团队带头人，在团队建设中发挥着主体作用。合伙人以身作则，以团队为点，以专业为线，以部门为面，将专业学习、服务提供、团队建设、战略执行、风险分摊及律所公共事务承担等多重职能集于一身，使顶层设计与基层实践完美结合。最重要的是，卓建合伙人在保证卓建制度和文化传承上发挥着核心作用。卓建合伙人积极推进并确保卓建制度不断持续传承和与时俱进，并保持文化持久传承，通过合伙人，卓建建立了一支支紧密团结、协调一致的团队，确保了卓建的战略与执行不脱轨，不走样。

《律所再造：律所革命的宣言书》一书中有一句话“合伙人常常关注外部竞争的敌人，然而律所内部机制才是真正的敌人”。在卓建看来，律所困境除了外部的制约外，很大一部分来源于内部，即散兵游勇式的机制。当机制无法把人激活，无法调动内部的积极性，仅仅依靠部分强者“能者多劳”时，那么势必将走得艰难而困苦。只有通过有效的激励机制从内部激活，让散的变成相对有集中度的，打出组合拳，才能真正形成对外的竞争力。

这就是卓建，一家专注于业务和服务的律所，一家专注于制度和管理创新的律所，一家专注于文化融合的律所，一家以人为本的律所，一家利他的律所。正是这些独特的原则和独具的气质，让卓建从一家小所成长为大所，更会将卓建从一家大所转变成强所。

二、卓建一体化运营的实践意义

近年来，“合伙人”成为企业界热门的关键词，很多人高呼“雇佣时代结束，合伙时代到来”，一个新时代和大趋势正扑面而来。正如高盛高级合伙人费里德曼所说：“没有人去清洗一辆租来的车。成为合伙人的梦想是一种无与伦比的激励力量，也是吸引最优秀人才的巨大诱惑。”国外的合伙人制度由来已久，在高盛文化中，“合伙人”变成了一种身份的象征，也为员工的职业发展指明了方向。员工毕业加入高盛，从分析员做起，历经各种层级的职位，最终成为合伙人，这是一条让员工备受激励的职业发展通道。在国内，很多公司制企业都在呼唤合伙人制度，合伙人制度成为大势所趋。优秀企业如阿里巴巴、万科、海尔以及永辉等都行进在从公司制向合伙人制度转型的道路上，借鉴前人，不断修正，最终总结经验，供其他企业学习效仿。

英雄所见略同，永辉超市 CEO 张轩宁也曾说过：“全员合伙制最大的特点是让员工真正意识到自己是企业的主人，从而融入企业，增强了主动性、创造性和责任感。”永辉超市历经十几年的发展，永辉超市用持之以恒的努力将生鲜做成了自己的特色和王牌，同时形成了“融合共享、成于至善”的企业文化。而永辉从公司制向合伙人制度的转型，正是萌芽于企业文化这一沃土，在这个层面上永辉与卓建有异曲同工之妙，抑或是若想真正推行合伙人制度，一个适合合伙人制度生长的企业文化和氛围是必不可少的。成立于2000年，从福州屏西路上租的一个1500平方米的店面开始，经过了2001～2010年10年的起步期的永辉，在第二个10年开启了它的战略转型。时值中国零售业的转型期，零售业行业风云变幻，永辉内部也是问题涌现。2013年，永辉超市董事长张轩松在一次进店调研中发现，当一名一线员工每个月只有2000多元的收入时，他们可能刚刚温饱，根本就没有什么干劲，每天上班事实上就是“当一天和尚敲一天钟”而已。而一线员工是与顾客直接接触的“门面”，直接影响着超市的营收，因此如何调动员工的积极性，增强与公司的黏性，提升其参与度是处在转型期的永辉需要解决的要事。

内忧外患之下，永辉决定通过从公司制转向合伙人制度来试图解决这一困境，永辉在品类、柜台、部门达到基础设定的毛利额或利润额后，由企业和员工进行收益分成。其中，对于一些店铺（主要是精品店），甚至可能出现无基础消费额的要求。以此将员工个人的收入和品类或部门、科目、柜台等的收入挂钩，从而自内而外真正调动员工的自主性、积极性，把永辉平台视作自身经营的平台，通过尽全力提供更出色的服务，获得更多的回报，从而对自身的收入起到“开源”的效果。同时，鉴于不少员工组和企业的协定是利润或毛利分成，因此员工还会注意尽量避免不必要的成本浪费，以果蔬为例，员工至少在码放时就会轻拿轻放，并注意保鲜程序，这样一来节省的成本就是所谓的“节流”，也让永辉超市在国内整个果蔬部门损耗率超过30%的情况下，仍保持只有4% ~5%的损耗率。转型产生了显著的成效，2014 中国版财富 500 强榜单中，零售企业共有 31 家，其中永辉超市以营收305.43 亿元领衔超市业态，在转型期寻找到了正确道路的永辉，也将以崭新的面貌和蓬勃的气概走向未来。

企业经营管理要依靠自上至下的制度规范员工行为，也要能真正激发从下至上的员工的自主驱动力，而合伙人制度背后所蕴含的“共享经济”趋势与“利他”精神，为公司利益与员工利益找到了平衡点，提供了完整的逻辑链，让这个链条上的每个人都自主行动起来，最终让个人与平台双方形成共赢的局面。无论是永辉的“柴米油盐”还是阿里巴巴的“前沿科技”，不同领域、不同定位、不同目标群的众多企业，都不约而同地把眼光投向了合伙人制度，或许具体的执行细节因为企业的不同情况而各自不同，但背后所传达的“共享、共建、共成”的理念确实闪耀着时代的光辉与智慧，合伙人制度显然已是大势所趋。

如何把公司传统的、僵化的、被动执行的团队，变成一群生机勃勃，主动积极的合伙人，让员工自动自发地完成角色转变，成为企业的主人，而不是成为企业的成本，这是越来越多企业开始思考的问题。在超市业界原始生态中，企业与员工、超市营收与员工工资的关系是割裂的，永辉的转型，是试图通过提升员工个人的积极度，增加黏性，从而让员工能自主自发地为自己努力为公司奋斗。

永辉超市等传统企业向合伙人制度靠拢，正说明了合伙人制度可能的潜力与优势。卓建的一体化运营实践，可以为传统企业转型合伙人制度提供有利的借鉴。

律师行业一直是合伙人制度大行其道，但传统的合伙人制度律师基本都是个人英雄主义，孤独地进行自我奋斗，卓建则要搭建一个平台，成为律师的家与港湾，让律师无后顾之忧。无论是永辉，还是其他合伙人制度的企业，都可以学习和效仿卓建的做法。

卓建是一家强文化的律所，卓建文化标志的三大文化——“家文化”、“学习文化”与“团队文化”展现了卓建的包容、和谐与强大，以卓建文化为支撑形成的一系列对于平台之上卓建人的激励制度，如公共积分制度及智能化管理系统，是卓建一体化运营的首要核心密码。卓建文化与制度的交融，使整个卓建的运行跳出冰冷的绩效、僵硬的制度束缚，让卓建人既能感受组织的公正，又能感受家的氛围、人文氛围，真正让员工与律所形成同呼吸、共命运的事业共同体。

卓建的一体化运营实践不仅能为提成制律所转型提供良好的借鉴，同时也能给予其他处在转型中的合伙人制度企业提供经验。15 年的不断探索与实践，卓建所以制度为基，以文化为魂，走出了这条介乎提成制与公司制之间的律所管理新路径，形成了协同共生的一体化运营模式。通过筑牢事业发展平台，实现与员工协同共生；通过与客户共同成长，实现与客户协同共生；通过与法律职业共同体平等交流，构筑良性关系，实现与法律职业共同体协同共生；通过与社会共同繁荣，实现与社会协同共生。

今天，卓建把自己的经验分享出来，希望能够对律所同行、专业服务公司、合伙制转型的企业以及其他企业提供管理的经验和借鉴，这也是卓建协同共生哲学的体现，希望我们一起努力，能够服务于我们的行业，服务于企业，服务于社会，建设好我们伟大的祖国。

后　记

卓建在短短15年的时间内，从小所成长为大规模普通合伙制律所，得益于卓建在一体化管理实践方面的探索。

在中国当下的法律界，要探索一种新的管理模式并非易事。思维的封闭、知识的局限让很多人困于自我而不自知，随波逐流的轻松、创新变革的风险让很多人望而却步。然而，卓建深知，一个组织的发展，一定要构建一个良好的机制，这个机制能够调动组织内所有员工的感情、热情和激情，而要调动员工，组织一定是能帮助员工、成就员工。卓建就是在这样的理念指引下，小心翼翼地进行着律所管理实践的探索，在一体化运营方面走出了自己的一条独特路径。

卓建的一体化管理实践，充分关注了提成制律所给予律师的自由、潜力，同时也仔细考量了平台应该给予律师的支持和赋能，卓建的一体化实践在自由与合作、个体与集体之间达到了很好的平衡。卓建的一体化管理实践，重视文化和精神的力量，重视用信念和理想团结律所成员，也重视治理、制度的作用，重视通过科学的治理、合理的制度让组织能够正确决策，让付出者都能得到充分的回报。卓建的一体化管理实践，重视战略的指引，也重视组织的力量，通过有序的、有机的组织让组织战略落地。卓建的一体化实践不仅面向现在，还面向未来，对未来进行的人才、技术、知识管理的规划让卓建能够相对从容地面向未来。

在本书中，我们认真分析了中国当前法律界存在的问题、面临的障碍，也分享了我们对于如何解决这些问题的思考。同时我们也详细展现了卓建一体化管理实践的指导理念、关键环节、关键流程以及具体的操作步骤，希望卓建的一体化实践能够对中国法治共同体管理水平的提高有所助益，对中国法治社会的进步尽一份绵薄之力。

在本书最后，向所有卓建同仁表示深深的感谢，感谢你们对卓建的信任，感谢你们对卓建的付出，感谢你们在艰辛的奋斗之旅中对卓建不离不弃。能与你们在一起风雨同舟、一起成长和进步是此生最快乐的事情。同时，也要对我们的家人表示深深的感激，你们的支持和理解让我们没有后顾之忧，让我们在不惑之年还依然能够有勇气开始新的人生征程，在知命之年依然能够以青春热情的姿态去面对未来的挑战。还要感谢厦门大学管理学院的成瑾教授、厦门大学管理学院的硕士研究生王萃英，新闻传播学院的林翊颉，没有你们对卓建一体化运营实践的悉心梳理，本书也不会在卓建15周年之际付梓。

如今的卓建，已然迈入新的征程，有令人期待的未来，也会面临更大的困难和挑战。然而，没有比人更高的山，没有比脚更长的路。我们坚信，只要我们坚守正确的价值观念，只要我们有一颗勇敢的心，勇于探索、勇于变革、百折不挠、一往无前，我们终将到达胜利的彼岸。